携手新手父母　打造天才宝宝

最有效的健康直通车　最关爱女性的家庭必备健康顾问

青　铜◎编著

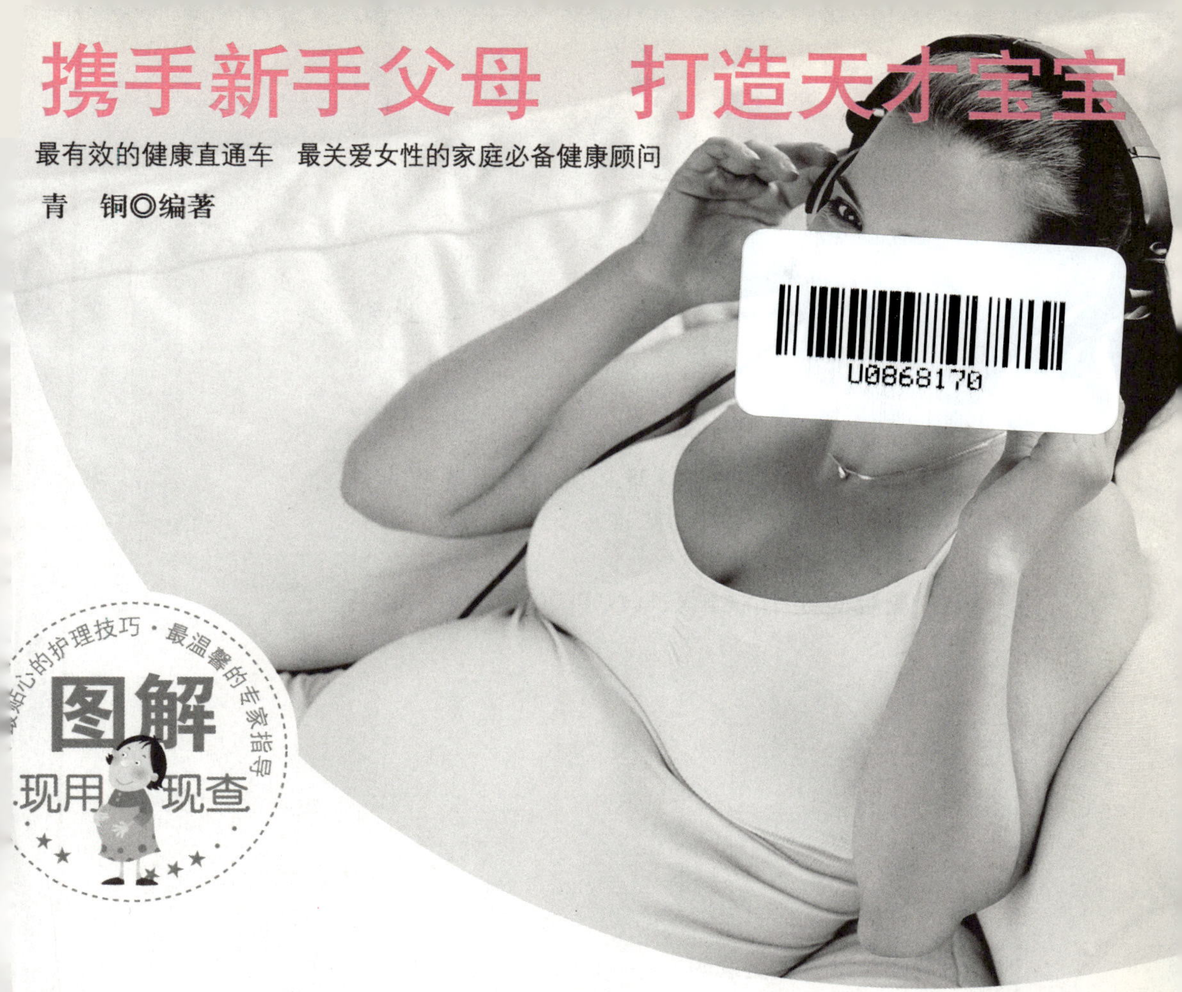

科学胎教宝宝更聪明

方位同步科学胎教宝典

婴健康专家鼎力推荐

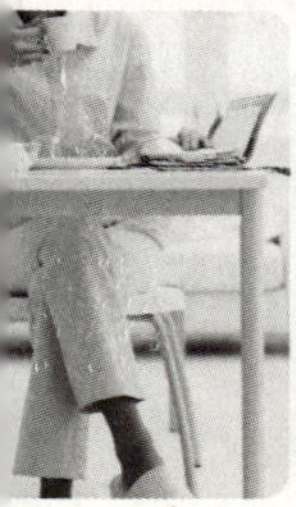

中医古籍出版社

图书在版编目(CIP)数据

图解科学胎教宝宝更聪明 / 青铜编著. -- 北京：中医古籍出版社，2013.5

ISBN 978-7-5152-0378-2

Ⅰ. ①图… Ⅱ. ①青… Ⅲ. ①胎教-图解 Ⅳ. ①G61-64

中国版本图书馆 CIP 数据核字(2013)第084886号

图解科学胎教宝宝更聪明

青　铜　编著

责任编辑　邓永标
排版制作　腾飞文化
出版发行　中医古籍出版社
社　　址　北京市东直门内南小街16号(100700)
经　　销　全国各地新华书店
印　　刷　北京盛兰兄弟印刷装订有限公司
开　　本　710×1000　1/16
印　　张　17
字　　数　320千字
版　　次　2013年6月第1版　2013年6月第1次印刷
书　　号　ISBN 978-7-5152-0378-2
定　　价　36.00元

前 言

胎教是一门新兴的科学，是随着科学文化和优生优育的发展而产生的。为了培养优秀聪明的子孙后代，人人都应该学习现代胎教的科学方法，自觉地对胎儿进行正确的胎教，铸就孩子先天的良好的身心素质，为孩子的成长奠定坚实的基础。

所谓胎教，就是从怀孕早期就开始的，对孕妇体内外的各种条件进行有效控制，有意识地给予胎儿良好的刺激，防止不良因素对胎儿的影响，使婴儿具有更好的先天身体和智力素质，为出生后的健康成长和智力发育打下良好基础的教育。胎教是一个有关优生优育的科学新概念，为了培养优秀的后代，人们有必要学习胎教的基本知识，自觉对胎儿进行科学胎教。

每一个准妈妈都希望孕育一个健康聪明的宝宝，胎教也越来越被人们所关注。孕期做没做胎教，胎教是否到位，与子女将来的智能紧密相连。有专家指出，胎教并不是教育，而是从营养和环境两方面维护和促进胎儿大脑的生长发育。中国优生优育协会胎教专业委员会实践证明，对胎儿进行科学的胎教可以对胎儿早期发育，尤其是对胎儿大脑的发育有极大的促进作用，对胎儿出生后的智力培养也与未经过胎教的胎儿有明显的不同。

为此，我们在有关专家的指导下，特别编撰了《图解科学胎教宝宝更聪明》一书。我们综合国内外的最新研究成果，按照胎儿 1 ~10 个月生长发育的不同阶段进行不同胎教的科学编撰了本书，主要包括各胎龄的胎儿发育、胎教科学、胎教方法等内容，具有很强的科学性和实用性，非常易学、易懂和易用，是广大年轻父母用以指导科学胎教的参考资料。

本书以通俗的语言，深入浅出地详细介绍了什么是胎教，胎教包括哪些具体内容，怎样进行胎教，以及胎教中须注意哪些事项等。准妈妈、准爸爸只要熟读本书，并按其方法去做，就一定会生一个健康、俊美、聪慧的小宝宝。

本书包括怀孕10个月不同孕期的胎儿发育、胎教方法、养胎保健等内容，通俗易懂、简便实用、科学权威，非常易于操作和实施，是广大年轻父母用以进行胎教不可多得的优良读物。

科学的胎教能使胎儿真正受益，年轻的夫妇必须认真学习胎教内容，准确掌握胎教方法。只要您把培养孩子作为生活的重点，严格遵循科学胎教的方法，付出一定的精力和时间，那么您未来的孩子就一定会令您骄傲。

目录

CONTENTS

孕早期
当妈妈的惊喜和不易(孕1月~孕3月)

第一章
让你惊喜的第 1 月

第二章
惴惴期盼的第 2 月

第三章

相伴成长的第 3 月

孕中期

把握胎教的最佳时期(孕4月~孕7月)

第一章 享受孕育幸福的第4月

第二章 胎动频繁的第5月

第三章

天使也调皮的第 6 月

第四章

感受甜蜜的第 7 月

孕晚期

迎接聪明宝宝的降临(孕8月~孕10月)

第一章

与宝宝一起看世界的第 8 月

第二章

离宝宝越来越近的第 9 月

第三章

天使即将降临的第 10 月

孕早期

当妈妈的惊喜和不易（孕1月～孕3月）

第一章

让你惊喜的第1月

怀孕第一个月，首先要理解胎教的意义，并做好胎教的计划，明确胎教是母亲通过自身的调节来对胎儿的身心发育提供良好的影响或直接对胎儿的发育施加有益的影响，为十个月后生出一个健康、聪明的宝宝做好充分的准备。

认识胎教

什么是胎教呢？胎教，顾名思义，就是胎儿教育，即对即将出生的胎儿的教育，它属于优生学的范畴，又是教育学的一个分支。

>> 科学胎教课堂

胎教是指对胎儿施行超早期教育，由于近几年胎教科学的发展和应用，发现胎儿在子宫内已有听觉、视觉和触觉，能感知外界环境传入子宫内的种种信息，并有一定的记忆力，因而对胎儿能够施行超早期教育。

我国是胎教学说的发源地，早在两千多年前，《黄帝内经》中就有了关于胎教的记载，最早提出“胎教”一词的，是在唐以前成书的《洞玄子》中。书中要求孕妇做到：“勿视恶色，勿听恶语，省淫欲，勿咒诅，勿骂詈，勿惊恐，勿劳倦，勿忘语，勿忧愁，勿生吃醋滑热食，勿乘车马，勿登高，勿临深，勿下坡，勿急行，勿服饵，勿针灸，背须端心正念，常听经书，遂令男女如是，聪明智慧，忠真贞良，所谓胎教者也。”这里是从孕妇视、听、言、思、动等方面对孕妇加以约束，由此，才可能孕育出聪明、贤孝的子女。到了北齐时代，徐之才所著的《逐月养胎法》在医学角度上正式提出胎教，并对其加以详细阐述。到了清代，我国医学界名家对前人的胎教论述加以整理和发展，使我国古代胎教发展史更加全面和系统，如陈梦雷等所编的《古今图书集成医部全录》儿科分卷之首“小儿未生胎养门”，对历代胎教学说做了总结。

尽管胎教思想在古代就得到了很好的认证，然而作为一门大众性实用学科，到了现代，却得不到人们的广泛认可，许多人视胎教为天方夜谭，根本不予相信。就连一些学者专家都认为胎儿没有完整的神经系统，根本不能思维。

随着超声波诊断仪的发明和推广，在我们面前展现出胎儿的世界。借助超声波仪器，我们能看到胎儿在子宫内的一举一动，如打哈欠、吮吸、抓东西、伸懒腰、眨眼睛，甚至做鬼脸。

现代科学证明，胎儿已具备了五种感觉，同时又具有感知和记忆两种能力，使得对胎儿进行教育可能而有意义。

20 世纪 60 年代以来，世界上许多国家，特别是发达国家纷纷建立专门的胎教研究机构、胎教研究中心和胎教大学，进行胎教实验，研究胎教理论，普及胎教知识，推广胎教方法。他们的研究，在理论和实践上都取得了重大的成就。

>> 专家提示

现代人越来越认识到了胎教的重要性。所谓胎教，广义上讲就是在妊娠期间，孕妇除了要重视自身的健康和营养条件外，还要重视周围环境对胎儿的影响，努力培养积极的心理状况和情绪体验，以便让胎儿在胎内环境中受到良好的感应，以使他们出生后健壮而聪明。

1979 年，美国加利福尼亚州希活市的妇产科专家尼·凡特卡创办了世界上第一所“胎儿大学”，课程有三门：运动课、音乐课、语言课。孕妇从妊娠 5 个月开始上课，每天上两节，每节课用 5 分钟。

“胎儿大学”自创办以来，已经培养出了几千名学生，这些学生出生后，大都与众不同，他们聪明活泼，坐、立、行及说话都较早，对语言和数字能较轻易地理解，认知能力较强。据说，从“胎儿大学”毕业的胎儿，有的刚出生就表现超常。

英格兰女教师艾伦曾花费了七年时间对 100 多位孕妇进行“语言胎教法”试

验。她要求孕妇用胶布将录音机的耳机直接固定在隆起的腹部，让胎儿听一段英语录音，每次10分钟，每月3~4次。除听英语以外，还让其听儿歌、音乐，有时也听著名歌星的歌曲，但忌听高尖音、嘈杂的音乐与歌曲。艾伦对出生后的100多位孩子进行了追踪调查，结果发现这些孩子在语言学习上很顺利，发音也十分标准。其中一位法国小孩在两岁时已能用英语数数，而他的母语——法语却未达到这种水平。还有一名叫保罗的英国孩子在刚学说话时就发出了一个非常难发的音节，令人惊奇不已，这正是“胎教”的效果。

说完美欧，让我们再看看咱们的邻国日本。日本人十分注重智能开发，人们已经不满足于零岁开始教育，而是从“负二岁”就开始了教育。日本科学家阿部顺一主持的“英才造就工程”就是一项专门的胎教训练活动。阿部顺一对127名孕妇进行了科学的胎教指导，内容包括体育锻炼、排演短剧、欣赏音乐、阅读书籍、互相交谈等。孕妇们每天按阿部顺一的要求做操，排演他编写的短剧，有计划地读他指导的书，看指定的电影和电视，而且每天听优美的音乐，进行轻松愉快的聊天等。实验结果，这127名孕妇所生的小孩，有71%智力发育明显高于平均水平。

胎教的理论基础

1. 胎教的教育学理论

胎教的教育学理论认为，胎教实际上是对胎儿进行超早期教育，是人一生中所接受的全部教育中最基础的部分。因此这种理论重视孕妇在胎教过程中的主导作用，主张胎教必须从孕妇自身做起，加强孕妇的知识、道德修养、培养孕妇良好的行为习惯和审美情趣是胎教的关键。

>> 孕妈妈早知道

胎教理论来源于胎教实践，反过来又从更高的层次上指导胎教活动，并在胎教的实践中得到检验和发展。胎教研究的历史较长，研究较多，其理论十分丰富。

2. 胎教的心理学理论

这种理论强调暗示、期望、焦虑、应激等心理现象对胎儿生长发育的影响，注重用心理学的有关原理去分析、研究孕妇的心理变化和胎儿心理的发生、发展规律，主张让孕妇掌握必要的心理学知识，使之能够把握自己的心理活动，以愉快的情绪和积极的心态去对待胎教。

3. 胎教的生理学理论

这一理论倾向于把胎教过程看作是一种生理过程，重视对胎教生理机制的探讨，认为一切来自母体外部的社会心理因素，都首先引起母体内部的生理变化，进而再影响胎儿的生长发育。因此胎教的主要任务就是为胎儿创造出一个良好的生物化学环境和生物物理环境，如保证孕妇血液循环、正常的内分泌和子宫内温度、压力等的恒定。

4. 胎教的优生学理论

从优生优育的观点出发，制约和影响胎儿生长发育的因素很多，而胎教实际上就是对这些因素进行人为的控制，以消除不良刺激对胚胎和胎儿的影响，使之得到更顺利、更完善的发展。具体地说，像合理营养、预防疾病、谨慎用药、忌烟戒酒、节制性交、保持心情愉快、避免强烈振动、远离射线和毒物等均属于胎教范围。

>> 专家提示

胎教的优生学理论，实际上是运用教育学、心理学、生理学、医学、卫生学等多种学科的知识，对胎教进行综合研究，代表了胎教理论发展的方向。

胎教的基本内容

总的来说，胎教是指妊娠期间，孕妇本身的情绪及外在的环境，对胎儿生长发育所产生的影响，并试图利用这两方面的因素，促进胎儿身体与智力方面的良好发育。

因此，胎教的基本内容与方法，可概略地分为以下几点：

(1)孕妇的情绪须尽量处于稳定的状态，须保持轻松愉快的心情。

(2)对胎儿施以触摸或轻轻拍打式的“呼唤”刺激，通过这些刺激让胎儿经常与外界联系。

(3)用特定的音乐声波，对胎儿进行反复的听觉刺激，并通过不断强化这种音乐刺激，促使胎儿大脑神经细胞之间的突触联系发育更快、数量更多，为信息储存场所的广泛建立，创造一个先天良好的物质基础。

>> 科学胎教课堂

传统胎教要求孕妇不看不美好的东西，言行举止都端庄守礼，平时多听美好言词，保持思想纯洁、精神健康，等等。一句话，就是要保持孕妇本身的平静情绪和创造一个美好的胎外环境。

准妈妈要知道

如果你准备怀孕，最大的可能就是下次月经的前14天。孕期妇女生理心理上会有很多变化，生活上要有相应的调适，因为宝宝的发育与你息息相关。

为了你的健康和宝宝的成长，你需要学习很多知识，并开始做些准备工作，比如：可以自己测算一下排卵周期，即月经周期。主要方法是基础体温法，即每天早晨醒来后身体不做任何运动，用体温表测出体温，坚持一个月后，就可以制成一个基础体温表曲线图。一般排卵期的体温会升高0.3～0.5℃，根据基础体温图，在排卵期你就可以做好迎接新生命的准备了。

1. 聆听专家讲解

现在你已经开始准备要一个可爱的宝宝了，应该准备好身体的内环境与生活的外环境。内环境是指保持健康的身体和心态，这时应戒掉烟酒，因为过度抽烟喝酒会造成精子和卵子畸形，你一定不愿意让宝宝的生命在异常状态下开始吧。外环境是指生活居室要保持清新爽洁，尽量把小家庭布置得浪漫温馨，营造一个和谐愉快的氛围。

在有计划的受孕过程中，不要接触有毒物质，如麻醉剂、农药、灭害灵、铅、汞、镉等，不要照 X 射线等放射性物质。这时要保持身体的轻松闲适，不要在大强度运动和过度疲劳的状态下受孕。

>> 孕妈妈早知道

周期月经未出现，有的孕妈妈会以为是月经推迟了，但实际上已经完全停止了。体温仍然较高(比正常体温高 0.2℃ 左右)。这种情况大约要持续到怀孕第 15 周，如果在日常的体温监测中发现体温降低，或者发现自己的妊娠反应突然停止，那么有可能发生流产，要尽快到医院检查。

2. 亲情胎教小知识

天下的父母都想生一个健康聪明的宝宝，因此，父母在怀孕前双方都要有一个周全的考虑和计划，包括：了解孕前准备、优生优育的相关医学知识；孕前健康检查；避免过度劳累、不良心情；避免 X 射线、辐射；要戒烟戒酒；注意药物影响怀孕等。当然，如果这些事情你们在几个月前已经做好了，那么现在，你们要做的就是，一边熟悉胎教的理论，一边幸福地等待宝宝的到来。

胎教的原则

(1) 自觉性原则。自觉性原则要求孕妇在正确认识胎教的重要意义的基础上，主动学习和运用胎教方法，有目的、有计划地进行胎教。

(2) 及时性原则。胎教过程具有不可逆转性，因此胎教必须尽早地及时地进行。否则错过了胎教最佳的时机，再采取措施就难以弥补。一般来说，胎教的最关键时期是怀孕 5 ~7 个月。

(3) 科学性原则。以科学的教育学、心理学、生理学和优生学等理论为指导，根据胎教过程的基本规律，恰当地选择胎教方法，引导胎儿在母体内更顺利、更健康地成长。

（4）个别性原则。根据孕妇本人及其家庭的具体情况，选择适宜的方式方法。由于孕妇本人的智力能力、气质性格等许多方面都存在着个体差异，所以，胎教的途径和手段也应该随之而异。此外，家庭经济状况、文化背景和生活情趣等也会给胎教活动带来一系列影响。遵循个别性原则，能够扬长避短，收到较好的效果。

>> 科学胎教课堂

胎教原则是人们进行胎教时必须遵循的准则，它反映了胎教的客观规律，同时也是千百年来胎教实践经验的概括和总结，贯穿于胎教的整个过程之中，对具体的胎教活动起着极为重要的指导作用。自觉遵循胎教的基本原则，是胎教成功的前提和保证。

了解胎教的可行性

胎教作为一个完整的教育体系，可分为四个阶段：第一个阶段是胎教的前期准备阶段，包括心理上和物质上的准备；第二阶段，从受精到妊娠5个月，这一时期是胚胎发育、胎儿器官细胞迅速分化和形成，大脑开始初期发育的阶段。这个阶段的胎教，要以保持孕妇良好的情绪为主要目标；第三个阶段，从妊娠5个月到出生前，这个阶段是胎儿大脑迅速发育直到比较完善的阶段。这时，胎儿不仅能接受刺激并做出反应，而且具有初步的学习能力，并能形成最初的记忆，所以此阶段应以积极胎教为主要目标；第四个阶段，从临产到胎儿娩出。这时成熟胎儿经历产程的考验而来到世间，尽管时间短暂，但对胎儿完成出生前的最后发育意义重大，影响深远。这个阶段，

应以全力保护胎儿顺利降生为主要目标。

>> 专家提示

胎教是让胎儿在母亲子宫里时享有好的环境，使孩子生下来后聪明、个性稳定，EQ、IQ 都比较高。要达到这一目的，就必须要了解母体的变化，胎儿的成长，创造良好的胎教环境，使孕妇生活在舒适如意的环境中，保持健康的精神及心理状态，避免不良因素的刺激，度过漫漫十月，孕育健康聪明宝宝。

生活在母亲子宫里的胎儿是个能听、能看、能感觉的小生命。孕妇和胎儿之间存在着相互沟通、相互作用的三条信息系统，它们是：

生理信息传递系统——胎儿的存在促使母体分泌种种激素，以维持妊娠的需要。另一方面，母体也在积极地向胎儿传递生理信息，如母亲情绪不安时所分泌出来的激素可使胎儿产生不安反应，导致胎动异常、心动过速等。

行为信息传递系统——行为也是一种不说话的语言。人们通过观察发现，每当胎儿感到不适、不安或意识到危险临近时，就会拳打脚踢向母亲报警；而当孕妇极度疲劳或气愤时，其心情也会自然而然地传递给胎儿，胎儿得到母亲行为的暗示，也会影响到胎儿的健康和发育。

情感信息传递系统——孕妇和胎儿间具有心灵情感相通的关系，彼此可传递情感信息。

总之，胎儿与母亲血肉相连，这就为胎教的顺利实施奠定了理论基础。

重视遗传与优生

遗传的奥秘

自然界中的万物都是遵循着一定的遗传规律来繁衍后代的，只能产生同种的后代，后代继承前代的基本特征。在人类中，个子高矮、眼睛大小、鼻梁高低，甚至走路姿势都与父母亲有相似之处。遗传与变异是生物界普遍存在的现象，它们之间是对立统一的。遗传使人类身体形态和生理特征得以保持，这样才使人类世代相续繁衍。

什么叫遗传

大家知道，人体是由亿万个细胞组成的，而新的生命最初只是起源于1个由父亲的精子和母亲的卵子结合而成的细胞——受精卵。所有的细胞都有细胞核，细胞核内有一种形态、数目、大小都很恒定的物质叫染色体。生物的遗传信息就储存在染色体里面。不同种生物的染色体数目和形态结构各不相同，而同一种生物染色体的数目及形状则是相对不变的。

>> 孕妈妈早知道

人的染色体共有23对(46条)，在总数为46条的染色体中，有44条男女都一样，称为常染色体；另外2条男女不一样的染色体则称为性染色体。男性的性染色体为XY，女性的性染色体为XX。不管在身体哪个部位的细胞里人类染色体都是成对存在的，都是46条，可是唯独在生殖细胞——卵子和精子里，却只有23条。

精子和卵子的形成要经过一个叫做减数分裂的过程，通过减数分裂，把具有46条染色体的细胞变为只含有23条染色体的精子和卵子。而当精子和卵子结合成受精卵时，染色体又成为46条。这46条染色体中有23条来自父亲，另外23条则来自母亲，既携带有父亲的遗传信息，又携带有母亲的遗传信息。这样来自双亲的各种特征才得以传递，人类才得以代代产生与自己相似的后代。

遗传与智力的关系

在自然界，只有素质良好的种子才有可能结出优良的果实。同样道理，只有继承了父母双方良好遗传基因的健康胎儿，才有可能达到优生。我们知道，胎教就是对母腹中胎儿的感觉器官进行有目的的、良好的刺激，前提是胎儿必须具备健全的感觉器官、神经系统及全身各器官。显然，一个先天性痴呆的智残胎儿是不可能接受胎教的。

研究认为，每个人都有一个范围相当宽的智力潜力，这个范围的上限和下限是由遗传决定的。一个儿童，虽然父母的遗传因素很好，如果这个儿童生活环境差，无良好教育，个人努力也不够，他的智力发育就会受到限制，智商就较低；相反，虽然某儿童的父母遗传因素一般，但这个儿童得到良好的教育，个人又勤奋努力，他的智力就会得到充分发育，智商较高。因此，专家将先天的遗传因素，后天的环境、教育条件（包括胎教），个人的主观努力程度称为决定人类智力差异的三要素。

受孕心理对胎儿的影响

绝大多数青年男女组成家庭后，都越来越感到有一种需要，一种共同孕育一个孩子来寄托他们希望的需要。于是，在热切的期待和希望中，等来了怀孕的消息。"太好了，盼望中的宝宝终于来了！"这是一种健全的受孕心理。持有这种心理的夫妇，当然对受孕有了积极的心理准备，会成功地将情感和理智合二为一，选择最佳受孕时机，创造最好的孕育条件，施行最积极的胎教手段，从而为即将降临人世的孩子奠定良好的生理基础。

"嘿，怎么这么快就有了？既然有了就要了吧。"显然这类父母缺少受孕的心理准备，糊里糊涂地就怀孕了，一切任其自然发展。这样做对于即将出生的孩子来说，是不够负责任的。当然也就不能产生积极的影响。

"怀孕了！那怎么办？"由于工作、学习、生活等诸多因素的影响，有些青年夫妇暂时没准备要孩子，但又未能有效地采取避孕措施，而是怀有侥幸心理。一旦怀孕，他们往往犹豫不决，"亦真亦幻难取舍"。这种矛盾的心理状态如不及时纠正，势必对胎儿产生消极的影响。

> **>> 科学胎教课堂**
>
> 良好的受孕心理是胎教不可缺少的组成部分。未来的父母应充分重视这一环节，在充分的准备下，在极大的喜悦中，等待与您血肉相连的新生命的诞生吧。

"真烦人！凑什么热闹？"这类父母对怀孕持否定的排斥心理。显然，这种心理对胎儿的身心健康是十分不利的。此外，还有一些父母盼子心切，一心只想生男孩子，从心理上不能接受女孩。或者是婚姻生活不幸福，想生个孩子来维系日渐分裂的婚姻，聊补精神上的空虚等。诸如此类的种种受孕心理都是不健康的，当然也就不能对孩子心理上和生理上的健康成长起到积极作用。

了解古代胎教

古人所说的胎教，是指孕妇在妊娠期间为有利于胎儿的生长发育而在自己的精神、饮食、生活起居等方面采取有利措施，这也可以使母子的身心都得到健康的发展。

妊娠是女性生理上的一个特殊过程，孕妇不仅生理上会发生一系列变化，心理上同样也会产生相应的反应，这种心理反应过程即为古人所说的情志变化。古人云，凡有孕之妇，宜情志舒畅，遇事乐观，过分的喜、怒、悲、思皆可使气血失和而影响胎儿。胎借母气以生，呼吸相通，喜怒相应，若有所逆，即致子疾。《增补大生要旨》中说："除恼怒，凡受胎后切不可打骂人，盖气调则胎安，气逆则胎病。"就是说：孕妇要心情舒畅，不要轻易动肝火，否则会导致气不顺，气不顺则孕胎必受影响。

西汉刘向的《列女卷》中讲到："古者妇人妊子寝不侧，坐不边，立不跛，不食邪味，割不正不食，席不正不坐，目不视于邪色，耳不听于淫声，夜则令瞽诵诗书，道正言。如此则生子形容端正，才德必过人矣。故妊子之时必慎所感，感于善则善，感于恶则恶，人生而肖父母者……"

贾谊在《新书·胎教》中记有："周妃后妊成王于身，立而不跛，坐而不差，笑而不渲，独处不倨，虽怒不骂，胎教也谓之。"

隋代巢元方在《诸病源候论·妊娠候》中记有"子欲端正庄严，常口谈正言，身行正事"，提出外象内感的胎教理论。

相传孟子之母曾说过："吾怀孕是子，席不正不坐，割不正不食，胎教之也。"

唐代大医学家孙思邈在《备急千金要方·养胎》一书中记有"调心神，和情性，节嗜欲，庶事清静"，并阐明了逐月养胎法。

宋代陈自明在《妇人大全良方·总论》中记有"立胎教，能令人生良善、长寿、忠效、仁义、聪明、无疾，盖须十月好景象""欲子美好，玩白璧，观孔雀"。

清代末年的改良派代表人物康有为在他的《大同书》中提出创建"人本院"即"胎教院"的主张。

胎教成功六大法则

(1)怀孕以前：选择天时地利人和之时，保证身心健康愉悦，精子和卵子质量优良。

(2)尽早确诊怀孕：避免有害环境等不利因素如X射线、农药、病毒感染以及服用药物对胎儿造成危害。

(3)做好产前检查：避免孕期发生意外，如有合并症(如心脏病、糖尿病等)及并发症(如妊娠高血压综合征等)要在医生监护下进行适当的保健和治疗。

(4)胎教应积极而且耐心：要孩子以前或确诊怀孕后就应进"胎儿大学"，学习如何进行孕期保健，如何实施胎教，如何当好准父母。0~3个月婴儿保健及教育课应在妊娠期进行，胎教实施过程中要始终如一地充满热情，要有耐心，不能只有三分钟热度，浅尝辄止。

(5)安全分娩：分娩时，要积极配合争取自然分娩，尽量不采用剖宫产。认为剖宫产出的孩子聪明的观点是不正确的。

(6)注重早教：切不可认为胎儿一出生就可以结束胎教训练了，胎儿出生后，要不失时机地进行全方位的感觉教育。

从广义上来说，胎教应该从择偶时就开始。选择对象时就应考虑对方的思想品质、性格气质、健康状况、相貌、教养以及彼此的感情等因素，因为父母在各方面对孩子的影响是不言而喻的。从狭义上来说，胎教从孕前三个月就应开始了。

妊娠是从精卵结合、生命之吻成功的瞬间就宣告开始。然而，影响精子和卵子质量的父母的身心状态则已提前开始。精子从精细胞的分裂、形成到成熟约需 90 天的时间，要想使精子质量总体上都有所提高，孕育出好的后代，在孕前三个月就必须注意实施胎教的有关方法。

古人从胎儿形成那天就开始计算孩子的年龄，到出生时将近 1 岁，也即所说的“虚岁”。事实上虚岁不虚，在此期间，胎儿的听觉、视觉、记忆和思维的功能已经开始发育并先后开始运转。研究结果表明，胎儿发育到第 4 周时神经系统已经开始建立，到第 20 周时开始对光线有反应，第 26 周时听觉反应开始发育，到了第 28 周时能够对音响刺激做出反应。可以毫不夸张地说，胎儿期是人的一生中生长发育最为迅速、最为关键的发展时期。因此，年轻的准父母们应抓住这一大好时机，实施切实可行的、科学有效的胎教手段，使胎儿出生后更容易成长为聪明、健康的优秀人才。

>> 小贴士

胎教成功的法则，是相信胎儿能力和对胎儿倾注的“爱与耐心”。胎教的种种内容都是围绕一个目的，即输入良性信息，确保胎儿生存的内外环境良好，使胎儿在自然而然中、在无意识探索中健康成长。一切胎教内容都宜在胎儿清醒时进行，且时间掌握需科学合理。填鸭式、拔苗助长式施教，将适得其反。

了解胎教三大学派

目前全世界研究胎教的学派包括：

1. 日本学派

由妇产科医师组成，指导准妈妈从生理和心理入手，让胎儿在最有利的环境中成长。

2. 美国学派

由精神科医师组成，较注重心理层面，其研究方向包括：

(1)在孕前及产前，研究能让妇女心情松弛的方法。

(2)研究胎儿的生理及心理反应。

3. 中国学派

根据胎儿的感知能力，适时进行音乐教育启蒙，做了许多相关的研究。

现代胎儿学的进展，主要是借助超声波等手段，监测胎儿在妈妈腹中的身心发育状况，让准爸爸和准妈妈能在胎儿尚未出生时就能够更精确地获知胎儿的发育动态。

美国知名的胎幼儿心理学先驱汤玛士·维尼博士根据多年临床研究，设计出一套包含声乐、抚摸、跳舞、按摩、做梦和对话等内容的胎教课程。不管用哪一种方法，准妈妈在学习的过程中，其直接途径就是借助上述这些胎教课程，让胎儿在环境中学习；其间接途径就是准妈妈自身在接受这些胎教课程时心情会较稳定，因而会产生好的激素，这些好的激素会经由内分泌系统传输到胎盘、脐带，从而影响胎儿，开发胎儿的潜能。

上述胎教内容，不管是借助直接还是间接的影响途径，殊途同归，其作用都是尽可能地开发胎儿的潜能。

>> 专家提示

胎教的作用：

(1)安抚情绪：安抚胎儿情绪，让胎儿将来有较高的EQ。

(2)刺激胎儿：刺激胎儿的感觉神经和运动神经。

(3)胎内沟通：直接可以和胎儿通过血液、心灵来沟通。

胎儿是一个看得到，听得见，能够记忆，具有高度感觉能力的个体。因此，我们可以更确切地相信，胎教是有其必要性与可信度的。

了解美国胎教

对于怀胎，作为当事人，妻子可谓是直接的责任者，妻子自身的情绪对胎儿有着直接的影响。妻子必须保持良好的身体素质、健康的心理状态、优良的品格和修养。1979年，美国加利福尼亚州有一位产科医生创办了一所胎儿大学。在这里，产科专家们给孕期满5个月的孕妇所怀的胎宝宝"上课"，课程包括语言、音乐、体育等。每次"上课"时，先让孕妇用手轻轻拍拍肚皮，通知一下胎宝宝就要"上课"了。这时，胎宝宝会回应似的又蹬又踢几下妈妈的肚皮。如此进行几次后，妈妈对胎宝宝讲话，还让他们听音乐。

待胎宝宝满6个月龄后，孕妈妈开始用喇叭把简单的谈话声、笑声和歌声传入子宫里，还用钢琴弹出一些音符给胎宝宝听，让他们认识一些音调。更有趣的是，这些胎宝宝出生后学校还给他们发文凭，授予学位，并给戴上方帽子。这所胎儿大学自成立以来，已经先后培养了上千名学生。经过这种胎教训练的孩子出生后，在学习上理解能力强，智力和体格发育都较好。

胎教与优生学的关系

科学胎教指的是正常孕妇在保证充足的营养和休息的条件下，从胎龄5个月（胎儿已有听力）开始，对正常胎儿实行定时的声音和触摸刺激。

这里所说的"正常孕妇"和"正常胎儿"是胎教的先决条件。要确保具备正常孕妇和正常胎儿的条件，首先孕妇应做好婚前检查，怀孕时应做好孕期保健、产前检查、分娩监护、新生儿保健等，这些均为临床优生学的内容。而孕期给孩子语言和音乐的反复刺激，则是属于环境优生学的内容。因此，胎教是临床优生学和环境优生学相结合的具体工作，由于它旨在促进体能与智能优秀的个体的出生，故胎教亦为优生学的具体工作之一，由此可知科学胎教在优生学中占有极重要的地位。

现代的胎教

尽管我国古代的胎教术从心理和生理上对孕胎进行了较为系统的探索和尝试，但重胎养而轻胎教却是它的明显不足和不完善之处。随着社会的进步和科学的发展，人们对胎教的认识越来越深，把调控母体的内外环境当成实施胎教的最重要内容，提出了更为全面和科学的胎教内涵和理念。

现代医学把胎教的内涵扩展为：保持孕妇心情愉快，生活规律，饮食均衡，环境卫生、安静，创造最优良的条件以保证胎儿正常发育，并采用某些适宜的方法对胎儿进行感觉教育。这种教育是通过母体对胎儿的综合影响来实施的，也就是说，胎教是一项系统工程，它包括两个方面的内容，一是科学地“养胎”，二是开拓地“教胎”。

根据现代胎教的理念，人们在提倡更科学地养胎基础之上进行胎教，着力加强了孕妇和胎儿的沟通，强调了孕妇对胎儿的刺激以及孕妇对胎儿的影响，开发了音乐胎教法、对话胎教法、游戏胎教法、抚摸胎教法等。

这些具体可行的胎教法在继承了传统胎教术精髓的基础上，不仅充实和完善了现代胎教的理论，更为现代胎教理论进行了可贵的实践，使得胎教真正成为一门系统的科学。

受孕瞬间胎教

传统医学认为，男女交合时必须心情良好，才能为孕育优生打下良好的基础。《景岳全书》指出，“男女交合应在时和气爽，情思清宁，精神闲裕”下进行。这样“得子非唯少疾，且聪慧贤明”。因此，在您选择好的最佳受孕日里，下班后应早些回家，夫妻双方共同操持家务，在和谐愉快的气氛中共进晚餐。饭后最好夫妻待在一起，放一些轻音乐，一边听一边进行感情交流：可以体会对方的情感和需求，可以表达自己的感受，也可以共同回忆恋爱中的趣事，憧憬未来的家庭和孩子。当夫妻双方在情感、思维和行为等方面都达到高度协调时同房。在同房的过程中，夫妻双方都应有好的意念，要把自己的美好愿望转化为具体的形象。带着美好的愿望和充分的激情进入“角色”，最大限度地发挥各自的潜能，可调动一些手段以增强双方的性感及性欲高潮。女性达到性高潮时，血液中氨基酸和糖分能够渗入阴道，使阴道中精子的运动能力增强；同时，小阴唇充血膨胀，阴道口变紧，阴道深部皱褶伸展变宽，便于储存精液；平时坚硬闭锁的子宫颈口也松弛张开，使精子容易进入。数千万个精子经过激烈竞争，强壮而优秀的精子与卵子结合，孕育出高素质的后代。

>> 温馨小贴士

大凡父母，都希望子女能继承自己的优点，健康、强壮、聪慧、俊美。那么，如何才能达成这一心愿呢？请记住，受孕瞬间正是关键的时刻。

这样，用夫妻的爱培育出的孩子将集中双亲在身体、相貌、智慧等方面的优点，并且“青出于蓝而胜于蓝”。

如何进行科学的胎教

科学地实施胎教是有益的。孕妇要创造一个安逸优美的环境，避免噪声、尖锐声响的刺激，少到声音嘈杂的地方去。和谐、柔美、节律鲜明的音乐是有益于胎儿的。避免污浊空气、剧烈的颠簸和震动，如坐汽车经过坎坷不平的路面等。孕妇还要保持坦然舒畅、愉快豁达、充满美好的向往的心情，避免沮丧、忧虑等不良心态，避免精神刺激等。

>> 科学胎教课堂

孕妇可以听音乐，欣赏艺术作品，看轻松愉快的小说故事，追忆美好的童年往事，力求使自己不断产生美的感受，以刺激胎儿大脑的发育。

游览公园、散步田野、观看湖光山色的美丽景观，能促进孕妇分泌酶与血管活性物质，调节全身的血流量，也能够让大脑神经细胞更加兴奋，从而可改善胎盘的供血状况，促进胎儿智力和全身各器官的迅速发育。家庭和睦，爱人体贴，父母关心，与邻居和工作单位同事关系融洽、相互帮助，以及孕妇阅读有关妊娠与分娩方面常识的书籍，增加孕妇自身的卫生保健知识，减少孕妇对妊娠与分娩的恐惧，均可使孕妇保持心情舒畅，情绪安定，生活规律，从而为优生创造重要条件。可见，胎教不仅是母亲的事，父亲、家庭及社会都有责任。

认识遗传病

子女所生的疾病，倘若是由于父母双方或一方遗传给后代引起的，就称遗传性疾病，简称遗传病。遗传病是生殖细胞或受精卵的遗传物质(基因或染色体)发生突变(或畸变)所引起的疾病，通常具有垂直传递的特征。

已知的遗传病有许多种，但是父母存在的病变也并不说明他们所生的孩子一定会有遗传病。遗传病有一定的概率，因此一母所生的子女，有的得遗传病，有的不得遗传病，但在不得病的孩子身上可能带有遗传病的基因，等带有基因的孩子长大成人，婚配以后生育后代，又可能使其后代患遗传病。遗传病中也有根据性别遗传的，有的病只传给男孩，不传给女孩，而有的则多传给女孩。遗传病的发病有一定的规律，只要孕妇与医生密切配合，一般可以被预测识别，从而得到妥善的处理。

患者携带的致病基因将会通过后代的繁衍而继续遗传下去。遗传性表现出垂直传递，即由上代传至下代，在后代中表现出一定的发病比例。如为常染色体显性遗传，后代中约50%为患者；若为常染色体隐性遗传，有了一个患病的孩子，以后的每一胎子女中再出现的机会为25%。伴性遗传，如血友病、红绿色盲，一般传男不传女，儿子中也不是个个都会得病，风险为50%；女儿不会发病，但有50%的机会成为遗传基因的携带者，使其男性后代发病。

>> 孕妈妈早知道

有时表面上后代未见上代的特征，但从基因水平看确实已经传递，而且再往下代形成纯合子状态时就会表现出来。苯丙酮尿症患者所生的孩子，只要其丈夫无该病，子女均不发病，但子女均会带有一些可导致疾病的隐性基因，成年结婚时如恰巧其配偶也带有相同的隐性基因，子女就会发病。

“见物而变”的胎教理论

我国古代医学家很早就提出了妇女怀孕以后“见物而变”的胎教理论，后世并将其发扬光大。如隋代的巢原方在《诸病源候论》一书中写道：“妊娠三月名始胎，当此之时，血不流行，形象始化，未有定仪，因感而变。”大体意思是，妇女怀孕3个月时，胚胎已渐次发育成胎儿，这时虽然已从形体上初步成形，但是还没有定型，即所谓“未有定仪”，其可塑性很大，当孕妇见到带有什么特征的东西，她所怀胎儿的形象，包括胎儿的形体和精神，也就会随之产生变化，这就是“见物而变”的本意。

故此给那些想生一个长相俊美、体力过人、才华出众的孩子的孕妇提出了要求，在孕期内要多想好事，多做善事，多看美好的事物，以期感化腹内的胎儿。通过母亲美与善的良好“见物”刺激，而使胎儿向聪明、善良、健康、漂亮的方面“变化”。古人“见物而变”胎教理论的提出，当然受当时文化背景的影响，有时代的局限性，但还是有一定的科学价值和实际指导意义的。

有意胎教与无意胎教

有意胎教是指有心思、有目的和有计划地在怀孕期间，采用某些方法，创造某些条件，让孕妇和胎儿的身心得到调养。无意胎教则是指没有刻意采取某些方法、创造某些条件，但某些日常生活中的情况也能够使孕妇和胎儿的身心得到调养，在无意中产生了有意的效果。实际上，无意胎教所占的比例比较大。

有的孕妇虽然文化水平不高，对胎教一无所知，也没有特意去创造某些条件，或是采取什么方法，而是随心所欲，毫无胎教目的去实现自己的某种愿望和嗜好，却在这不经意的生活当中取得了胎教的意外效果，生出的孩子与经过精心施以胎教者所生的孩子，在体质、智力等方面基本或完全一样，甚至更优于有意进行胎教者所生的子女。专家认为，孕妇的精神、意向、习惯、嗜好等，在成年以后已基本定型。即便是有意也较难在孕期内强行加以改变。故孕妇在孕前应多读一些有关胎教的书刊，增加文化知识，提高个人修养与文明程度，力争使无心胎教转变为有意胎教。虽然有的孕妇收到了“无心插柳柳成荫”的效果，但毕竟带有一定盲目性，不能和有意胎教相提并论。

胎儿的大脑是怎样发育的

做父母的都想得到一个聪明伶俐、活泼可爱的好孩子，然而，聪明孩子的前提却取决于胎儿期大脑的发育情况。现在我们就来看看胎儿的大脑是怎样发育的。

早在受孕后的第20天左右，胚胎中已有大脑原基存在；妊娠第2个月时，大脑里沟回的轮廓已经很明显；到了第3个月，脑细胞的发育进入了第一个高峰时期；妊娠第4~5个月时，胎儿的脑细胞仍处于迅速发育的高峰阶段，并且偶尔出现记忆痕迹；从第6个月起，胎儿大脑表面开始出现沟回，大脑皮层的层次结构也已经基本定型；第7个月的胎儿大脑中主持知觉和运动的神经已经比较发达，开始具有思维和记忆的能力；第8个月时，胎儿的大脑皮层更为发达，大脑表面的主要沟回也已经完全形成。

据有关报道，胎儿的大脑从妊娠6个月起就已具有140亿个脑细胞，也就是说已经基本具备了一生中所有的脑细胞数量，其后的任务只是在于如何提高大脑细胞的质量，若想再增加一些脑细胞，恐怕是不可能了。

>> 科学胎教课堂

胎儿期是脑发育十分关键的时期。仅仅从这一点来看，从胎儿期开始的系统科学的胎教就势在必行。当然，胎儿脑的发育还不够成熟，尤其起重要作用的脑神经末梢尚未完全形成，大概要到出生后10岁左右才能全部发育完成。未来的父母在胎教过程中应注意到这一问题，切不可急于求成，否则只能是欲速则不达。

环境污染对优生的影响

影响优生的因素

(1)化学物质。某些化学物质，可以影响胎儿的发育或导致畸形。金属或化学物质，如镉、铬、镍、钼、锂及敌敌涕、亚硫酸盐、五氯酚钠、一氧化碳、咪基硫脲、甲基硫脲等，如果这些物质污染了环境，对孕妇都会产生很大影响。铅、砷、苯、农药等金属及化学物质，也可以通过胎盘影响胎儿发育，或引起流产、早产和死胎。

(2)物理因素。在怀孕12周内，X射线对胚胎有很强的致畸作用。孕妇在应用放射性碘治疗时，放射线会经胎盘到达胎体，破坏胎儿甲状腺功能，引起胎儿甲状腺功能低下或产生无脑儿。

(3)病原体感染。在怀孕早期感染病毒引起的疾病，如风疹、流感和肝炎等可导致胎儿畸形。此外，巨细胞病毒、疱疹病毒，以及脊髓灰质炎、腮腺炎、麻疹、水痘等感染，也可能引起胎儿畸形。

改善环境，防止胎儿畸形

(1)保护环境。搞好污水、污气、污物的处理，绿化、美化环境，避免化学物质污染周围环境而影响孕妇健康或危及胎儿。

(2)加强孕期保健。孕妇必须加强孕期保健，预防病毒感染的发生。怀孕时，要尽量少到公共场所去，尽量杜绝各种被感染的机会。特别是在怀孕早期，更要注意个人卫生和环境卫生，居室尽量保持良好的通风和采光，注意冷暖适宜，加强锻炼，积极预防感冒，保证孕期身体健康。

（3）加强劳动保护。孕期妇女若因工作需要经常接触有毒物质，应在条件许可的范围内，调换工种，缩短工作时间，加强防护措施。农村孕妇最好不要从事喷洒农药等劳动。环境中的其他有害因素，如噪声、震动、高温、低温、粉尘等，也会对孕妇和胎儿产生不良影响，孕妇应做好个人防护措施。从事接触放射线工作的女性，怀孕后应调换工作，脱离该环境。

>> 专家提示

在怀孕头3个月内甚至更长一段时间内，应禁止X射线照射。一般认为，即使是常规的肺部透视，也要推迟到妊娠7个月时方可进行。

了解胎儿的发育状况

胎儿的生长基本上遵循从头到脚的顺序，脑发育一般在受孕后的2～11周；眼发育在受孕后的3～7周；心脏发育在受孕后3～7周；牙齿发育在受孕后6～10周；四肢发育在受孕后4～8周；耳朵发育在受孕后7～12周；口唇发育在受孕后5～6周；上下腭发育在受孕后10～12周；腹腔脏器发育在受孕后9～10周。

胎儿在腹内会认真听吗

胎儿的听觉系统在怀孕期间就已大部分形成，因此，胎儿一直在腹内倾听着各种各样的声音。为此，我们做过一些实验。将诗句录入磁带，在母亲的腹部放给胎儿听，结果发现孩子出生以后，对磁带中的诗句有明显的反应。另外，住在噪声很大的机场附近的产妇所生的新生儿，很少有被巨大声音惊吓而啼哭的情况，因为他在胎儿期就已经听习惯了。

别人都哄不好的孩子，由母亲来哄就很容易停止啼哭，因为他能记得在母腹中听到的母亲的声音。

胎儿听得最熟悉的难道不是母亲的心跳吗？是的。母亲心跳的声音是胎儿在体内听得最熟悉的声音。

>> 科学胎教课堂

不只是声音，胎儿对光线也有反应。在母亲的腹部照以强光，腹内的胎儿就会有反应，有时还会转变方向。

让爱为胎教护航

曾经有一位刚分娩的母亲，婴儿的体重达3400克。可是新生儿却一直不吃母乳。检查母亲的乳房也没有任何异状，新生儿也没有问题。母亲曾计划喂母乳，并且母乳的分泌量非常充足。

可是，每当母亲准备喂奶的时候，婴儿却转过头去。主治的医师表示还没有碰到过这种婴儿。即使拉长哺乳的间隔时间，不让婴儿吃太饱，再次试着母乳喂养，婴儿仍然是别过头去大哭，在毫无办法的情况下只好仍喂牛奶。

最后，医师又向这位母亲询问其怀孕期间的情况以及夫妻之间的感情问题。

“我在大学时曾有一位非常爱我我也爱他的恋人，由于父母的反对，于是就和现在的先生结婚了。先生似乎也不是很喜欢我，平常不怎么体贴。母亲和周围的朋友都曾劝说，只要结婚了，婚后自然就会有感情的。但是，婚后那种感觉一直没有改变。由于公婆一直盼着抱孙子，总是催我们早一些要孩子。当我知道自己怀孕的时候，心中却没有任何感觉。”

听完这位母亲的话，令人想起美国巴尼博士的书。巴尼博士是第一位专门研究胎儿的专家，在他的著作中，曾经介绍有出生后的新生儿不吃母乳的案例。

书中介绍的新生儿，每次面对母亲的乳房时总是转过头去，妇产科医师试着让其他的母亲哺乳。结果这一新生儿竟然愿意吃了。

和这位母亲深谈之后，医师才知道她原来打心里不想要这个孩子，只是碍于丈夫想要，不得已才生了下来。胎儿在腹中时，可能已经感受到母亲不想要自己的想法，所以在出生之后，也就对母亲表现出抗拒的态度。

要对腹中的胎儿进行爱的胎教，倘若缺乏打从心底喜欢宝宝的心情，无论再怎么做，都是无法实现胎教的。

胎教与行为

医学早已证实，孕妈妈的一切活动可以通过信息传递并影响到胎儿。我国古人认为，胎儿在母体内能接受母亲言行的影响，因此要求孕妈妈在怀胎时应修心养性、端正品行，给胎儿以良好的影响。

美国心理学家指出：父母如果曾有犯罪史，那么孩子成为罪犯的几率比出身清白的孩子要大一倍左右。因此，父母规范自己的言行，平时注重自身道德品质修养，对胎儿身心发育有很大帮助。

父母的不良行为、不高尚的行动，会在胎儿大脑中留下痕迹，这不仅影响到胎儿的生长发育，甚至会导致孩子出生后产生不良情绪。所以父母在孕期中要多注意，以避免产生对胎儿心理潜在的不良影响。父母亲通过动作和声音与腹中的胎儿对话，是一种积极有益的胎教手段。用文明、礼貌、富有哲理的语言，有目的地对子宫中的胎儿讲话，为其后天的学习打下基础，称为语言胎教。行为是一种没有声音的语言，孕妈妈的行为通过信息传递可以影响到胎儿。我国古人在这方面就早有论述，古人认为，胎儿在母体内就应该接受母亲言行的感化，因此要求妇女在怀胎时就应该清心养性、循规蹈矩、品行端正，给胎儿以良好的影响。而在近代，国外对此也有相应的研究。华盛顿大学医院的精神病科医生克洛宁格，经过大量的调查得出一份报告，认为如果父母是罪犯，出生后的男孩即使给别人哺养，成长后比起亲生父母不是罪犯的人来，犯罪的可能要大出 4 倍之多。如果父母亲其中一位是经济犯罪分子，那么他们的儿子很可能也成为经济犯罪分子。而女儿却并不这样，但让人迷惑不解的是，女儿往往患有头痛之类的毛病。

美国南加利福尼亚大学一位心理学家梅迪尼克，耗时 30 年专门研究犯罪和家庭成员的关系。他研究了 1447 名丹麦男性，发现这批人中如果父母是经济犯罪分子，那么孩子成为经济罪犯的可能性达到 20% ~24.5% 。如果父母是清白公民，那么这个比率将下降为 13.5% 。以上事例说明父母尤其是孕妇行为的好与坏会对胎儿行为产生重大的影响。

营养的摄取

众所皆知，孕妇的营养对胎儿的发育有很大的影响。妊娠第 1 个月，因为胚胎只有 1 ~2 厘米大，所以只需要极微量的营养。可是很快的，胚胎即需从母体摄取大量的养分，供自己成长，因此母亲必须从此时开始就应合理地摄取营养，为将来胎儿的发育打下良好的基础。

那么，怀孕之后应该吃些什么呢？要吃多少，才会生下聪明健康的宝宝呢？虽然没有确切的答案，但腹中的胎儿要依靠母体的营养才能成长，这是不容置疑的事实。如果母亲缺乏营养，那么生下的婴儿也会营养不良，如果母亲偏食，胎儿也容易发生营养不均衡的情况。所以，为了使体内的胎儿能顺利成长，孕妇要尽量安排好每天的饮食生活，养成均衡良好的饮食习惯，尽量将食物烹调得美味可口，以增进食欲。

> **>> 温馨小贴士**
>
> 制定食谱时应注意合理而全面的营养，包括蛋白质、脂肪、碳水化合物、矿物质、维生素和水。

首先，要确保孕妇摄取合理的营养。孕妇可多吃一些肉类、奶类、蛋类和鱼类，保证优质蛋白质的供给；适当增加热能的摄入，比未孕时略有增加就可以了，热能主要来源于脂肪和碳水化合物；矿物质的摄入是很重要的，孕妇所需的钙质比正常人要多，所以孕妇要多吃乳制品、豆类、绿色蔬菜、动物骨等含有丰富钙质的食品；铁是人体造血的主要元素，女性每次月经都要流失铁，因而女性应补充铁质，最行之有效的补铁方法是多食用一些含铁量高的食物，如猪肝、牛肝、羊肚、猪血、鸭血、豆制品、芝麻、蘑菇、木耳、海带、紫菜、桂圆等，此外，常用铁锅做饭也可以增加铁的摄入量；锌在促进发育、维持正常功能、增强人体抗病力等方面有不可取代的优势，含锌多的食物有海产品、豆类、苹果、瓜子、芝麻，块根蔬菜也含有较丰富的锌；维生素对胎儿的发育也是非常重要的，奶类、豆类、海产品、肉类、芝麻、木耳、动物肝脏、花生、核桃等都含有丰富的维生素，为防止胎儿神经器官缺损，应多吃些绿叶蔬菜、橘子、麦穗、豆类、谷物等含有丰富叶酸的食物。

其次，要养成良好的饮食习惯。良好的饮食习惯是保证胎儿健康发育的基本条件。一般情况下，要坚持不断地补充充足的水果和蔬菜，禁止吃刺激的、咸的食物，更不要进食一些变质的、含过量添加剂或受污染的食物。早餐是很重要的，一定要重视。经常吃少食的东西要比一次性吃大量的东西更重要，所以要养成少食多餐的习惯，即每天吃5~6次饭，每次少吃一些。每天应吃1~2次少量的零食，如色拉、牛奶（每天300~500毫升）、乳酸菌发酵食物、水果等。

>> 科学胎教课堂

孕妇也要养成多喝水的习惯，吸收充足的水分很重要，专家建议孕妇每天应摄入水分1000~1500毫升，可用水果、汤菜、牛奶、淡茶、酸梅汤、柠檬汁等来补充，但禁止喝含有酒精的饮料，避免喝浓咖啡、浓茶、碳酸饮料等。

母体与胎儿之间的信息传递

母亲与胎儿之间，不但有血脉相连的关系，而且还具有心灵情感相通的关系。母亲与胎儿之间分别通过不同的途径彼此传递生理、行为、情感信息。这也是能够进行胎教的前提条件。

首先，胎儿的存在促进了母体分泌维持妊娠所需要的激素，并使母体产生孕育胎儿所必需的生理上的变化，如子宫增大变软、乳腺增生、乳房增大、基础代谢加快、激素活动增加以及全身各器官的生理机能增强等，胎盘分泌的一系列激素可以维持妊娠的进行。总而言之，胎儿在积极地促使身体分泌一些物质，协助母亲维持自己的生命。就是说胎儿已经能够对自己的生命施加一定的影响。

另一方面，母体也在积极地向胎儿传递生理信息，如母亲不安时分泌出来的激素使血液中化学成分发生变化，从而通过胎盘对胎儿的生长发育产生影响。当母亲有嗜烟、酗酒、滥用药物、暴饮暴食以及遭受外伤等情况时，可使胎儿的生长环境发生有害的变化，进而使胎儿产生恐惧的心理，表现为胎动异常、心动过速等。

母亲的情感诸如怜爱胎儿、喜欢胎儿，以及恐惧、不安等信息也将通过有关途径传递给胎儿，进而产生潜移默化的影响。比如说，当母亲在绿树成荫的小路上散步，心情愉快舒畅，这种信息便很快地传递给胎儿，使他体察到母亲恬静的心情，随之安静下来。而母亲愤怒之时，胎儿则迅速捕捉到来自母亲的情感信息，变得躁动不安。据报道，一些毫无医学原因的自然流产正是由于母亲的极度恐惧不安造成的。

总之，母亲与胎儿之间是存在情感沟通渠道的。至于这条渠道是怎样建立，这些影响又是如何发生的，目前还是一个令人不解的谜。但是充分的事实已经证明，凡是生活幸福美满的母亲所生的孩子大都聪明伶俐，性格外向；而生活不幸福的母亲所生的孩子反应迟钝，存在自卑、怯懦等心理缺陷。

婴儿对于爱的感受力是非常敏锐的，你千万不要以为这小家伙懵懂无知，无论你怎样的隐藏，婴儿生下不久就可凭感觉体会出一切的，他会感觉出家人的失望和自己的不受欢迎。不要认为光靠充分的营养就能养活孩子。没有爱的滋润，虽有充分的营养和完善的医药保健，孩子仍然会萎缩下来，他们的生长发育会显得迟滞而缓慢。

>> 专家提示

婴儿需要母爱就如同植物需要阳光一样，被爱包围着的孩子是幸福而安定的。缺乏爱的滋润的孩子在他们幼小的心灵里易充满着疑惧、不安和焦虑。

胎儿在子宫内是怎样学习的

人们发现，婴儿从出生第一天起就能辨认出母亲的声音，而且对这种声音表现出极大的兴趣。法国学者曾经对一些婴儿进行过法语和俄语的选择试验，结果发现他们对法语发音反应更为强烈。这就说明了这样一个问题：这个小生命在胎儿时期就已经具备了学习能力。

>> 孕妈妈早知道

鉴于胎儿这种潜在的学习能力，母亲在妊娠期间，尤其是后半期应强化与胎儿的交流，及时实施早期胎教，通过各种可能的渠道，使胎儿接受有益的刺激，获得良好的胎内教育。

人们都说婴儿是一张白纸。其实，早在胎儿时期这张白纸上就已经开始描绘图画了。瞧，深居在母亲子宫内的小生命伸出小脚来探测他的胎盘，“这是什么东西”？经过几个回合的研究，他终于放心了，确认这是一个柔软、安全的物品；一个偶然的机会，胎儿的手碰到了漂浮在旁边的脐带，“这又是什么东西”？很快，脐带就成了胎儿的玩具，一有机会便抓过来玩弄几下；对于包围他的羊水，小生命更是潜心研究，不时地吞咽几口品尝一下；母亲子宫的血流声、肠道的蠕动声以及心跳的搏动声，对于胎儿来说无异于一首首美妙动听的曲子，统统被收入大脑，储存进记忆系统，以致出生后依然念念不忘；对于外界传入的音乐声，胎儿也颇感兴趣，转动头部，让耳朵贴近外部世界认真倾听。久而久之，一旦这种声音传来，胎儿便产生一连串的动作反应。

总而言之，子宫内的小生命具有出色的学习能力，他将利用一切可能的机会抓紧学习。他学习吞咽、学习吮吸、学习运动、学习呼吸……当然，他还是一个小小的“心理学家”，通过母亲传递过来的一切信息揣摩着母亲的心绪，学习心理感应。

第二章

惴惴期盼的第2月

由于在妊娠第2个月胎儿的听觉器官已经开始发育,而且神经系统也已初步形成,尽管发育得还很不成熟,但已具备了可以接受训练的最基本条件。因此,从这个月的月末开始,可以给母亲和胎儿放一些优美、柔和的乐曲,以训练胎儿的听觉能力。

受孕当月的胎教要点

受精卵种植在母亲的子宫内膜这块“肥沃的土壤”上的第1个月,从现代胚胎学的角度讲,正是卵裂期、胚层期和肢节期,其生长速度快得惊人。到第1个月末,胚胎的体积能增长近10000倍,大约已经有1厘米长。这时母亲的血液已在小生命的血管中缓缓地流动,心脏已经形成并开始了工作。

《千金方·徐之才逐月养胎方》中指出:“一月之时,血行苦涩,不为力事,寝必安静,无令恐畏。”也就是说妊娠第1个月,血的运行尚滞涩,不要做力所不能及的劳务,睡卧须安静,不要有恐惧害怕的情绪。但由于妊娠产生的反应,孕妇容易情绪不快,精神疲倦,烦躁不安。这时特别需要增加精神鼓励与饮食营养。如丈夫或其他家人给以精神上的抚慰;努力调节好日常生活;给孕妇看些描述天伦之乐的图书;丈夫陪妻子定时到户外散步,协助做胎教练习等。切实保护好初期孕育的胚胎,为日后胎儿的正常生长发育开个好头。这段时间是胎儿形成脑及内脏的重要时期,不可接受X射线检查,也不要轻易服药,尤其应该避免感冒。

烟和酒会给胎儿带来不良影响,两者都不宜尝试。如果家中有猫、狗或小鸟等宠物,应尽量避免与之接触,以免感染疾病。最好把这些宠物送给别人或暂时寄养在朋友家中。

写字楼里的准妈妈须知

写字楼里环境幽雅舒适，远离风吹日晒，但装修精美、设备先进的办公室里，其实存在各种各样的污染源。怀孕后如果继续在写字楼里工作，有些问题还要小心。

1. 电脑

现代社会，电脑是我们缺少不了的左膀右臂。但你可知道，电脑开启时，显示器产生的电磁辐射对细胞分裂有破坏作用，在怀孕早期会损伤胚胎的微细结构。根据最新的研究报告，怀孕早期的妇女，每周上机 20 小时以上，流产率增加 80%，生出畸形胎儿的几率也会增加。

所以，在怀孕 3 个月以前，最好冷落你的电脑，即使是别人操作的电脑，你也要与它保持一定的距离。虽然这很难做到，不过尽量少接触电脑还是可以的，如果必须上机的话，应与屏幕保持一臂的距离，或佩戴防护装置。

3 个月后，胎儿的基本发育已经完成，你可以和电脑恢复良好"邦交"了，不过也不要整日坐在电脑前接受辐射，否则也会影响胎儿的发育。除了必须完成的工作外，上网浏览、聊天室、游戏之类的娱乐都应该暂时放弃。

2. 电话

电话是一种最容易在写字楼里传播疾病的办公用品。电话听筒上 2/3 的细菌可以传给下一个拿电话的人，使用电话是办公室里传播感冒和腹泻的主要途径。如果办公室里有人患感冒，或是如厕后未把双手洗干净，疾病就会通过电话在办公室里蔓延开来，很可能殃及你和你腹中的宝宝。所以你最好拥有一部独立的电话机。如果不得不和其他同事共用，就应减少打电话的次数，或者干脆勤快一点，经常用酒精擦拭听筒和按键。

3. 空调

写字楼里的中央空调人工制造了一种凉爽宜人的环境。刚从户外步入写字楼,你也许会感觉很舒适,但在里面待久了,你可能会感到头昏、疲倦或心情烦躁。

研究显示,长期在空调环境里工作的人,50%以上有头痛和血液循环方面的问题,而且特别容易感冒。这是空调使室内空气流通不畅,负氧离子减少的缘故。担负着两个人健康责任的准妈妈们,可要特别小心了。

预防的办法很简单:定时开窗通风,尽量每隔两三个小时到室外待一会儿,呼吸呼吸新鲜空气。

4. 复印机

由于复印机的静电作用,空气中会产生出臭氧,它会使人头痛和眩晕。复印机启动时,还会释放一些有毒的气体,过敏体质的人会因此咳嗽、哮喘。如果你的办公室里有一台复印机的话,可以把它放在一个空气流通比较好的地方,并要避免日光直接照射。你还要减少与复印机打交道,并要多进食富含维生素 E 的食物。

胎儿有视觉吗

胎儿的视觉比其他感觉的发育要缓慢,其原因是显而易见的。子宫虽说不是漆黑一片,却也不适于用眼睛看东西。然而,胎儿的眼睛并不是完全看不见东西,胎儿从第 4 个月起,对光线就非常敏感。母亲进行日光浴时,胎儿就可感觉到光线强弱的变化。

刚刚生下不久的婴儿,视觉并不是特别敏感。而且其视野比较狭窄,但不至于把一棵树看得像一个足球场那样大,这只不过是个比喻。其实,树木也好,球场也好,都不是新生儿所关心的东西。如果把一样东西放在新生儿眼前,它能够十分清楚地看到那件东西。而且,新生儿还能够在离自己15~30 厘米处看清母亲表情的变化。甚至还有报告说:新生儿能够在离自己 3 米左右的地方,看清手指的轮廓。

>> 专家提示

对母亲腹部直接进行光线照射,有时会使胎儿感到不快。这时,即使胎儿不背过脸去,也会显出惊恐不安的样子。现代医学利用 B 超观察发现,用手电光一闪一灭地照射孕妇腹部,胎儿心搏数就会出现剧烈变化。

1981 年，美国哈佛医学院发现，利用新近研制的仪器得以目视观察妊娠后半期的胎儿眼睛显影，辨认区分眼动的方式。妊娠期 16 ~ 42 周的胎儿的眼睛有 90% 以上可以目视可见。孕 16 周出现慢速眼动，孕 23 周开始出现快速眼动，而在妊娠 24 ~ 35 周眼动会较频繁出现。

胎儿能啼哭吗

近年来，一些报纸和杂志先后披露过，胎儿在孕妇子宫内嘤嘤啼泣。例如，上海某报曾报道过，某孕妇怀孕 7 个半月时，从自己耳道内传出体内胎儿的微弱哭声。时长时短，持续了 1 ~ 2 分钟。医生为了验证此事，还接她入院，结果值班的医务人员从孕妇右耳听到了胎儿哭声；上海医院器械研究所生理仪器研究室的科研人员，还将孕妇宫内的胎儿哭声用仪器记录下来，并拍了照片，曾轰动一时。

第二军医大学于 1985 年报道过一例，是经产妇双胎的第二个胎儿，在第一个胎儿娩出后不久在宫内啼哭，哭声中等响度。同正常婴儿哭声无异，持续两分钟。医生立即对产妇做阴道检查，发现胎膜已破；作臀牵引术娩出胎儿，呈苍白窒息状，急救后婴儿正常。

更有趣的是专业医学刊物报的报道，1980 年山东莱阳中心医院报道一例，是第一胎过期妊娠，注催产素及人工剥膜引产，剥膜时胎膜似已破，剥膜后胎儿啼哭，其声宛如蒙在被内之新生儿哭泣，哭声休止时站在产妇床旁可清楚听到胎儿呼吸声息，手触宫体可感觉气管痰鸣振动。阴道检查，宫口容一指，取出手指，有一股气体自阴道内逸出，宫内儿啼长达 3 小时左右才停止，但痰鸣如故。经 4 小时顺产一女婴，苍白窒息，抢救无效死亡。

胎儿在子宫内真会哭吗？大多数医学专家认为：胎儿生活在母体羊膜腔的羊水内，肺内充满液体，不能进行自主呼吸，它的呼吸是依靠胎盘进行着气体交换，不可能哭出声来，那么孕妇听到的是什么声音呢？专家们认为，这可能是某些患过中耳炎或耳鸣的孕妇，由于鼓膜松弛或听骨链松弛等原因，致使鼓膜振动而发出的某种音响所造成的错觉。

但持有相反意见的专家则认为，胎儿在宫内啼哭并非罕见。在我国医学中，很早就有这类记载，并依据胎儿在宫内所发出的声音特点不同，分别称为腹内钟鸣、子鸣、子啼等。9 世纪，唐代妇科医学家殷昝在《经效产宝》一书中就解释了宫内儿啼的发生原因，并提出了治疗方法，他说："腹中脐带上疙瘩，儿含口中，因孕妇登高举臂，脱出儿口，以此作声。"此时可让孕妇"曲腰就地，如拾物状"，使脐带上疙瘩复入儿口。其声即可停止。后人又进一步完善了"曲腰就地"的治法。如清代医学家沈尧封说："腹内钟鸣，即是儿哭。今人治此，撒豆一把在地，令孕妇细细拾完，即愈。"他们认为，古医籍所载并非怪诞不经的传说，可用现代科学方法解释，认为宫内儿啼可能与宫膜破口，空气逸入宫腔，刺激胎儿声带有关。并认为胎儿在宫内的哭声有两种类型：一种是轻柔的呜咽，多发生在临产前及临产早期，胎儿无窒息，对胎儿无害；另一种是大声喘息哭声，多见于生产晚期，常伴有胎儿窒息。此外还有一种可能是胎儿的哭声，它是由高级神经中枢缺氧引起的。

胎儿在宫内到底会不会哭？随着科学技术的发展，这个谜一定会揭开的。

了解影响胎儿脑部功能的因素

这种神经细胞互相联结，以传达信息。为了传达信息，一定要有名叫"突触"的接触点，突触愈多，脑的网络便愈加细密复杂，便可以传达更多的信息。

然而，要如何增加突触的数量呢？从神经细胞突出类似胡须的物体，称为神经纤维，从其他神经细胞的反面突出的物体，称为棘的托盘，二者联结之后即成突触。

一个神经细胞可以制造数十个至数万个突触。脑会制造突触来应对外在环境的平衡刺激，这种增加神经网络的能力称之为脑的可塑性。

突触为了保持脑的这种可塑性，于是新生、消失或移动神经细胞的表面，其本身就宛如一个活跃的生物体。

>> 科学胎教课堂

脑的神经细胞是由细胞体和长神经纤维两个部分构成的。从细胞体会突出刺状的树状突起，从神经纤维的末端也会突出几根类似胡须的物体，称为末端按钮。

突触在脑中扮演相当重要的转播站，可以将神经细胞的细胞体部分所发生的信息传达到下一个细胞。突触数量多，可以到处传递信息，使信息网络变得复杂，因而能同时处理众多信息，才能发挥脑部的功能。

如果面临不平衡的刺激，即使突触形成，也可能变成具有负面功能的网络构造，那可就非常可怕了。

胎儿在聆听世界

1. 科学家的深思

出生几天的婴儿，哭闹是常有的事。如果母亲把婴儿抱在左胸前，婴儿会很快安静下来，歇息入睡。这也许并未被年轻妈妈注意，可是却引起了科学家的深思，这是因胎儿在母亲体内时，就已习惯了母体血液流动的声音和血管的搏动，出生后，婴儿的耳朵贴近母亲的胸脯，这种声音和跳动，把婴儿带回昔日宁静的日子和安全的环境中，这种早已体验过的安全感，是任何优美的催眠曲都无法比拟的。

胎儿的眼、耳、鼻、皮肤等感觉器官，在妊娠早期就已形成，但功能的建立和发展，则是妊娠中后期的事，这也和感觉的司令部——大脑的发育有关。妊娠4~5个月，脑的结构已日趋完善，胎儿的各种感觉就逐渐发挥了作用。譬如，妊娠中期，胎儿对声音已相当敏感。这声音既包括母体体内的声音，如大血管的搏动，其节律是与心脏相同的，这也许是胎儿出生后对母亲心音有亲昵感的缘故；胎儿还十分熟悉子宫动脉和脐带血管的搏动以及肠蠕动等；另外，也包括母亲体外的声音，如外界的各种响动。有人发现，孕妇的一次大声喷嚏，也会使胎儿为之一惊，这说明，母亲与胎儿已建立起一套信息传递系统，形成一个母子统一体。

2. 子宫内的“小窃听者”

据最近的研究结果显示，自妊娠6个月起，胎儿就开始不断地“凝神倾听”。妊娠期间，母亲的腹内（子宫）是一个非常“嘈杂”的场所，因此，有大量的声音传入胎儿耳内。在传入胎儿耳内的声音中，最为嘈杂的是母亲胃内发出的咕噜咕噜的声音。另外，即使是父母间比较低微的谈话声，胎儿也会全神贯注地倾听。

但是，支配胎儿所处环境的声音，毕竟是母亲那富有节奏的心脏搏动声。如其节奏正常，胎儿就会知道一切正常，即胎儿会感到所处环境安全无忧。

何以见得呢？随着现代医学的发展，借助于B型超声波诊断仪，人们已能观察到胎儿在母体子宫内的活动情况以及吞吐羊水的有趣模样。胎儿能接受外界的刺激，并做出反应。当胎儿听到音响时，胎心音会变快；听到汽车的喇叭声时，会出现频繁的胎动。

在聊天中，做母亲的也常常讲起自己的亲身体会：猛然一下关门声，腹中胎儿竟会缩成一团；置身于车水马龙的街头，噪声与喇叭声常会引起频繁的胎动。

有人还做了这样一个实验：在妊娠期间，父母给胎儿起一个小名，并让父母常常向腹中的胎儿呼唤他的小名。胎儿出生后，当他听到呼唤他的小名时，会突然停止吃奶或在哭闹中安静下来，有时甚至会露出似乎高兴的表情。这项试验结果在一定程度上说明，胎儿不但具有听力，而且有一定的领悟能力。

数年前的一项研究对照结果表明，在新生儿室内给一部分新生儿播放心脏跳动的录音时，听到这种录音的新生儿比没有听到这种录音的新生儿表现得活泼，饮食和睡眠状况良好，体重迅速增加，呼吸能力不断增强，不爱哭闹，不易生病。

>> 科学胎教课堂

专家们认为，胎儿在宫腔内被羊水包围，是生活在一个水环境中，而水对声音具有选择的过滤作用，它能除去一部分低音而对高音则有较多的保留，故胎儿对声音具有很强的敏感性。

3. 听觉在胎教上的重大意义

听觉系统是胎儿与环境保持联系的主要系统，也是进行听力训练即音乐胎教的物质基础。因此近年来人们对胎儿听觉机能研究越来越重视了。到20世纪80年代，人们用现代科学技术对胎儿听力进行测定，除证明胎儿有完整的听力外，进而提出胎儿在子宫内能接受"教育"，进行"学习"，并形成最初的"记忆"。

随着对胎儿听觉系统的研究，胎儿若患先天性耳聋，在子宫内就能得到诊断，当他出生后，可进行早期听觉训练，为避免部分儿童失去听觉提供了可能。

胎儿的性格与习惯

胎儿和新生儿的区别仅在于是否经历分娩这一过程，其实作为一个具有能力的人来说，两者是没有本质区别的，他们都有自己的性格。比如，刚出生的新生儿有只爱睡觉的，有睁着眼睛东张西望、手舞足蹈的，也有低声长时间哭泣的。胎儿也一样，有爱动的，也有不爱动的，他们的性格特征随母亲的环境和母子组合的不同而呈现不同特点。

研究报告证明，若对孕妇施以雌激素和黄体酮(或是其中之一)，那么所生的孩子就具有明显的女性特征。另一个事实是，由于所服药量与行为有密切联系，所以，同时注射了雌激素及黄体酮等雌激素化合物的孕妇所生的孩子，与只注射雌激素孕妇所生的孩子相比，前者更具有女性特征。胎儿过分接受母体的特定激素，就会引起器官上的变化，使胎儿的性格发生变化，从而导致胎儿出现先天的性格变异。这种先天异常，不仅表现为行为上的异常，心神不宁，性格变异，而且还表现为缺乏男孩气质或女孩气质。

由此看来，胎儿的个性和母亲妊娠期间的环境、生活方式、身体状况有密切的关系。因此。为了培养胎儿良好的性格，孕妇就必须调整好自己的精神状态，在此前提下对胎儿实施的科学胎教才能有所成效。

据瑞士小儿科医生舒蒂尔曼博士的研究报告分析，新生儿的睡眠习惯是由母亲在怀胎后数月内决定的。舒蒂尔曼博士在此项研究中将孕妇分为早起和晚睡两种类型，分别对她们所生的孩子进行了调查，结果不出所料，早起型的母亲所生的孩子一生下来就有早醒的习惯；而晚睡型母亲所生的孩子，一生下来则有晚睡的习惯。这表明，胎儿在母亲腹中就会准确地适应母亲的日常生活节律，他的习惯与母亲的习惯密切有关，而且出生前就与母亲之间存在“感通”。据舒蒂尔曼研究，在胎儿出生前的数月内，母亲和胎儿就已经能把生物节律和情绪相互联结在一起了。出生后母子间的“感通”是出生前就早已存在的那一“感通”过程的延续。因此，“感通”不仅为胎教提供了科学的依据，也是胎教实施的途径。

>> 孕妈妈早知道

黄体酮和雌激素均为孕妇血液中常见的激素，其分泌量的多少取决于孕妇植物神经与中枢神经互换信号的平衡状态，控制这种信号的正是孕妇日常精神状态，即孕妇的思维、感觉、行为和语言。

走出胎教的误区

误区1：胎儿没有意识，胎教也不会有作用。

有人根本不相信胎教，认为胎儿不可能接受教育。这是因为，这些人还不了解胎儿的发育情况，不了解胎儿的能力。5个月的胎儿就已经具备了全方位的感知觉能力，就已经具备了受教育的“能力”。但这里所说的“教育”不同于幼儿园和学校“教育”，狭义地讲，主要是对胎儿实施感观刺激，即对皮肤触觉、运动觉、视觉和听觉进行良性刺激，使胎儿建立起条件反射，进而促进其大脑机能、感觉机能，为宝宝出生后的早期教育奠定基础。

误区2：胎教就是教胎儿唱歌、说话、算算术。

胎教的目的不是教胎儿唱歌、识字、算算术，而是通过各种适当的、合理的信息刺激，促进胎儿各种感觉功能的发育成熟，为出生后的早期教育即感觉学习打下一个良好的基础。

误区3：胎教做好了，宝宝长大一定是神童。

经过胎教的孩子，也不一定个个都是神童。我们提倡胎教，并不是因为胎教可以培养神童，而是因为胎教可以发掘个体的素质潜能，让每一个胎宝宝的先天性遗传素质获得最优秀的发展。如果把合适正确的胎教和出生后的早期教育很好地结合起来，我们相信，每位出生正常的宝宝都能成为“天才”。

误区4：胎教就是给胎儿听音乐

胎教这个概念在很早以前就已产生，许多年轻的爸爸妈妈认为胎教就是让孕妇和胎儿一起听音乐，有的说听古典音乐，有的说要培养孩子开朗的个性就要听摇滚乐，甚至还有听流行歌曲、听京剧的。其实，孕期适当听音乐是正确的，但要讲求内容和方法、时间和音乐种类的选择，并根据胎动的类型进行调整等。此外，胎教还包含其他方面的内容，如父母的抚摸、与胎儿的对话，母亲的情绪、睡眠的姿势等。各大医院妇产科开办的准妈妈课堂会对孕期胎教的细节问题进行指导和操作演练，教会准父母们正确的胎教方法。

误区5：胎教从怀孕后开始。

许多年轻的父母一旦得知怀孕，就会非常高兴地开始多方面的准备工作，例如：加强营养、定时检查、适量运动等。应该说这些都是有益的。

真正的胎教应该从怀孕前甚至是婚前就开始，包括进行婚前检查，了解生育的生理功能；在计划怀孕前选择理想的受孕季节和时间，保持良好的心情，避免不良因素的影响；考虑职业、工作环境对受孕和胚胎发育的影响等，可向专业医生进行咨询。

益智食品及食用方法

凡能明显作用于大脑，使之发育健康的食品，统称益智食品。

芝麻，特别是黑芝麻“可通肠胃、疏血脉、润肌肉”，《本草纲目》中说它具有“补气、强筋、健脑”的效果。黑芝麻含有丰富的钙、磷、铁，同时含有19.7%的优质蛋白质和近10种重要的氨基酸，这些氨基酸均为构成脑神经细胞的主要成分，必须随时进行补充。芝麻的食用方式较多，炒熟后研末，加入盐或焙过的花椒粉后可夹馍、调面条，还可拌在凉菜里或蒸花卷，制成芝麻酱等。经常食用，有补血、养发、润肠、生津、通乳等功效。自古以来，在妇女孕、产期饮食中，总是离不开芝麻、香油和芝麻酱的，这对胎儿大脑的发育也有莫大的好处。日常可用黑芝麻、粳米适量煮粥，加糖食用。

核桃的药用价值更为突出。《本草纲目》记载“补气养血，润燥化痰……温肺润肠”，《开宝本草》则说：“食之令人肥健，润肌，黑须发。”核桃的营养非常丰富，其中脂肪含量占63%~65%，蛋白质含量占15%~20%，糖占10%左右。据测定，500克核桃仁相当于2500克鸡蛋或4500克牛奶的营养价值，特别对大脑神经细胞有益，钙、磷、铁、维生素A、维生素B_1、维生素B_2等营养成分含量比较高。可以去皮后生吃，研碎与红糖拌和蒸包子吃，

炒熟后稍压拌盐和其他调料一起蒸花卷吃。还可以煮粥或做成桃酥吃。总之，如果孕妇每天坚持吃几个核桃，对自己身体保养和对胎儿发育均有很大的好处。核桃仁外包的一层皮略带苦味，可用开水冲泡一下，便很容易剥去此皮。也可在火上烘烤一下，用手一搓皮就可以掉下来。

红枣具有“健脾开胃，理气解郁”的作用。每100克红枣中维生素C的含量高

达540毫克，是所有食用水果中含量最高的一种。除了煮粥食用外，还可以制成枣馅、枣糕、枣饼、枣馍或包在粽子里食用。总之，民间流传着许多不损失营养成分吃起来又香甜适口的食用方法，如炖羊肉、兔肉、鸡和鸭时，配以大枣补疗效果大增；牛、羊、猪骨配红枣、糯米煮粥食，可治腰酸腿软、贫血、妊娠缺钙、小儿软骨症；用大枣、山药、糯米各适量，共煮粥食，也有补虚健身之作用。

现代医学和营养学研究表明，花生蛋白中含有人体所需的氨基酸，利用率可达98%以上。其中赖氨酸可以防止人体过早衰老和提高儿童智力；谷氨酸和天门冬氨酸可促使脑细胞发育和增强记忆力；花生油中的脑磷脂、卵磷脂可以加强脑细胞发育，保护血管、防止硬化。不仅如此，卵磷脂中的胆碱还可以防止脑功能衰退，增强记忆力。但炒、炸花生米不可一次食用太多，避免多食引起动火生痰、滑肠腹泻。切不可食用发霉变质的花生米，以免有毒素侵入人体。

以上所举主食与副食的作用，均被近年来国内外营养学家、妇幼保健医师研究应用证实。许多孕妇在坚持食用这些食品后，所生婴儿身体都很强壮。胎儿出生后，均无胎风、胎惊、胎赤、胎黄、胎肥、胎热等新生儿不良症状(以上新生儿病症，均是孕妇妊娠期间，饮食调养失常、脾胃积热，使胎儿感受热毒所致)，智力发育优于同龄儿。有条件的孕妇不妨一试。

认识维生素 B_{12}

维生素 B_{12} 是人体三大造血原料之一。它是唯一含有金属元素钴的维生素，故又称为钴胺素。维生素 B_{12} 与四氢叶酸(另一种造血原料)的作用是相互联系的。如果孕妈妈身体内缺乏维生素 B_{12}，就会降低四氢叶酸的利用率，从而导致“妊娠巨幼红细胞性贫血”。这种病可以引起胎儿最严重的缺陷。

维生素 B_{12} 缺乏的原因有3种：

食物中维生素 B_{12} 的供应不足，多发生在长期习惯于吃素食的人群之中。

“内因子”的缺乏，这种内因子是胃贲门和胃底部黏膜分泌的一种糖蛋白，可以由先天缺乏或者全胃切除术造成。

某些传染病可以影响肠道对维生素 B_{12} 的吸收。

维生素 B_{12} 除了对血细胞的生成及中枢神经系统的完整起很重要的作用之外，

还有消除疲劳、恐惧、气馁等不良情绪的作用，更可以防治口腔炎等疾患。维生素 B_{12}只存在于动物食品中，如牛奶、肉类、鸡蛋等。180 克软干奶酪或半升牛奶中所含的维生素 B_{12}就可以满足人体每日所需(0.005 毫克)，所以孕妈妈此时一定不要偏食。

了解气功胎教法

孕妇由于怀有身孕，不能进行大运动量的锻炼，而气功的运动量很小，只要求孕妇自我松弛，用意念内守精神，调节自我的生理与心理，从而可达到孕妇与胎儿互相受益的养生健身和怡神益智的目的。姚全兴在《胎教与美育》一书中介绍了两种适合孕妇练习的胎教气功，简单易学，现抄录于后：

>> 专家提示

孕妇在做轻便工作、家务和日常生活中，也可以进行这种养生气功锻炼。如看书、读报、看电视、谈话时，不必"全神贯注"，要使自己心静意敛，不至于双眼因太全神贯注，放出了全部眼神而伤神耗气，这样可以节省精神。

第一种：孕妇休息时，先将身体用意念进行自我放松，重点使小腹丹田(脐下)放松。然后，舌尖微抵上腭，精神内守，除去杂念，意守膻中穴(两乳正中间，乳房无下垂时即两乳头连线的正中间)或丹田或涌泉穴(足底去趾前三分之一处，足趾屈时呈凹陷处即是)，三穴可任选一穴，也可轮流意守，直至大脑入静。经常不断地有意识地放松丹田。精神内守和舌抵上颚，能使自己周身舒服，消除疲劳，津液(即唾液)增多。

第二种：孕妇通过默念口诀，意想气流从放松的部位呼出，全身放松后把思想意识提升到无思无念的假睡眠状态，来调节精神。其功法要点是：

(1)身法：端正平坐(站、靠、卧，都可以)，上体自然伸直，不要前俯后仰，上体与大腿成90°角，大腿与小腿成90°~100°角，两膝分开与肩同宽，垂肩含胸，两手自然轻放膝上，目微闭以"垂帘"，口自然闭合，两嘴角自然上翘，舌轻抵上颚齿根。

(2)息法：身体坐定以后，进行呼吸法，以鼻吸口呼自然呼吸为主，息以深、长、匀、细为原则，要顺其自然，不能强求。当气从鼻中吸入时，要意想气经呼吸道入丹田，然后想丹田似一个小气球，吸入的气在丹田里绕几圈后，因容纳不下，便又经呼吸道由口呼出，这样不断循环 10 次。

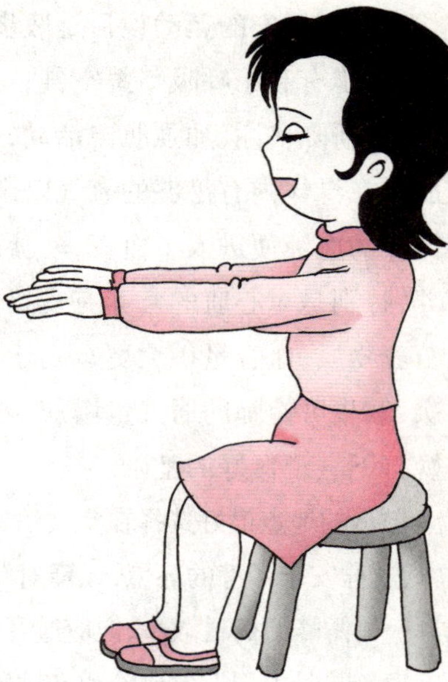

(3)心法：是指口诀与意念。息法完成后，脑子放空，排除一切杂念，再默念11个“松”字，即百会(即头顶)松、印堂(即眼眉中间)松、人中松、喉头松、双肩松、胸部松、腹部松、臀部松、大腿松、小腿松、涌泉松等。在逐一做好放松的同时，意想气从松的部位呼出，自然帮助入静，最后迷迷糊糊，似睡非睡，进入无人无我的更高境界。如此假睡眠15分钟。

(4)收功：眼睛仍微闭，两手的食指和中指并拢，轻轻敲打太阳穴50次，敲打完毕后，像大功告成一样，轻松地、深长地从口中把气呼出，即练功完毕。

练习胎教气功，要长期坚持。在练习气功意守的过程中，要把对未来小宝宝的愿望，如希望宝宝聪明伶俐、活泼健壮、容貌姣俊等转化为意念，以心声来呼唤胎儿。

适度的运动

运动既可增强孕妇的体质，又有利于胎儿健康的发育，因此孕妇在怀孕初期进行锻炼是非常必要的。适合孕妇的运动项目有很多，但孕妇要根据自己的实际情况选择适合自己的运动项目来进行锻炼。如果怀孕前就一直爱好运动的孕妇，怀孕后如果没有特殊的情况可以继续进行，但运动要有限度，不要运动到令自己感到疲劳或上气不接下气的地步。

>> 温馨小贴士

注意不要尝试那些剧烈的运动，要避免任何有损伤腹部危险的运动。如果怀孕前一直不怎么运动的孕妇，那么怀孕后最好选择一些简单易行的运动方法，如散步、打太极拳、做孕妇体操等。

最适宜孕妇的运动项目是散步，散步是增强孕妇和胎儿健康的有效运动方式。首先，散步有利于呼吸新鲜空气，可以提高神经系统和心肺功能，促进全身血液循环，增加新陈代谢，加强肌肉活动，可使腿肌、腹壁肌、胸廓肌、心肌加强活动，也可使胎儿在母体内有足够的氧气以供其生长发育。其次，由于血管的容量扩大，肝和脾储存的血液便进入了血管，动脉血的大量增加和血液循环的加快，对身体细胞和营养，特别是对心肌的营养有良好的作用。胎儿可从母亲的血液中获得生长所需的营养物质，血容量扩大更有利于胎儿对营养物质的吸收，从而促进胎儿的成长。再次，散步可使肺的通气量增加，呼吸变得深沉，也加强了肌肉的能力，为正常顺利分娩打下一个良好的基础。

散步的地点最好选择在空气清新、氧气浓度高、尘土和噪声都比较少的花草茂盛的地方，这样安宁恬静的环境，无疑对孕妇的身心是极好的调节。如果条件不允许，则可选择一些僻静的街道散步，但应避开空气污浊和人群聚集的地方，以防撞击肚子和传染上疾病。同时由于上下台阶和走坡道有摔倒的危险，所以还应尽量避开有台阶和坡度的地方。

做孕妇体操可减轻腰部的沉重感，解除腿部疲劳，锻炼和分娩有直接关系的关节和肌肉，如腰部和骨盆的肌肉，为将来的分娩做准备，并且做孕妇体操还可使胎儿得到良好的锻炼，有利于胎儿的健康发育。孕妇体操有很多种，孕妇可根据自己的实际情况选择适合自己的体操进行锻炼，这里介绍一种被孕妇们普遍接受的“床上体操”。

首先，自然地坐在床上，两腿前伸成“V”字，双手放在膝盖上，上身右转，保持两腿伸直，足趾向上，腰部要直，目视右脚，慢慢数到10个数，然后再转至左边，同样数到10个数，恢复原来的正面姿势。接着，仰卧床上，膝部放松，双足平放床面，两手放在身旁，将右膝抱起，使之向胸部靠拢，放回原处。然后将左膝抱起，使之向胸部靠拢，放回原处。然后，仰卧，双膝屈起，手臂放在身旁，滚向左侧，用左臂着床，头向右看，恢复原来的姿势。然后滚向右侧以右臂着床，头向左看，动作可以反复做几次，以活动颈部和腰部。最后，跪在床上，双手双膝平均承担体重，背直，头与脊柱成一直线，慢慢将右膝抬起靠近胸部，抬头，再伸直右腿，然后改用左腿做这一动作。

>> 孕妈妈早知道

孕妇也可根据自己的情况选择练太极拳、瑜伽等，既可修身养性，又有利于胎儿的发育成长。

智能教育在胎儿期最有成效

(1)胎儿从出生到2岁期间，最好激发所有智能因子。女作家三石由起子曾以自己教育3岁儿子和4岁女儿的经验，写了一本《创造天才儿童》的书。她在书中提到：

“现代的‘才能教育’，应该以胎教当作启蒙的时代。我是在孩子3岁和4岁时开始做的，当我越了解孩子的天赋时越后悔，自己做得太慢、太迟了。如果让我重新来过，我一定从‘胎教’开始做启蒙工作。因此，当我瞥见大腹便便的准妈妈，都会忍不住由衷羡慕她们，有更好的机会启蒙孩子。”

为什么三石由起子如此关心宝宝的早期教育？她的动机是什么？

说起她的教育观念，其实是从看到《奇迹之子，杜兰》这本书时开始的。这本书是关于一位母亲，为了让智障孩子获得比一般孩子高的智能，依照美国脑研究权威学者格兰，杜曼的《脑部活性法》理论，进行启蒙教育的真实报道。

杜曼的理论很简单。他认为，人体内脑细胞极多，但有关脑部的运作，到目前为止，科学尚无法解释。不过，可以确知的是，一旦脑部有一处坏死，其他部分便会加以弥补，发挥替代效果。

三石由起子心里在想，这个训练智障儿的方法是不是可以应用到脑部发育还未健全的幼儿身上？

一般而言，人类的大脑约在8岁时才成长完成。而且年龄层越低，脑部的成长速度越惊人。如此推算，便回归到胎儿时期。

>> 科学胎教课堂

据说人有102个智能因子。这些因子若在幼年时期不使用，就会死掉。如果曾经受刺激开发过，就会像睡觉一样，再经刺激就会自觉醒来。像孩子升上中学，成绩突然变好的情形，就是因为胎儿时期受过刺激，而到中学时期才自觉造成的。所以，一切刺激智能因子的方法，应该从胎教时期开始，持续到一两岁。

(2)对没反应的小生命进行胎教是种信仰。三石由起子提醒跃跃欲试的妈妈们，胎教需要有相对的觉悟。也就是说，对没有任何反应的胎儿灌注“能源”，并不是一件容易的事，它需要持之以恒的信心。

“妈妈若看到孩子有喜欢的反应，自然会有想为孩子多做些事情的感觉，但对看不见反应的胎儿说话，从旁人角度来看，实在是有些不正常。所以，我常觉得胎教是一种‘信仰’，不下定决心就无法做好。我常说一句话，怀孕中的妈妈持有青云般的崇高志向，将自己的胎儿当作最珍贵的资产，唯有持这种态度，才能持续维持胎教的热忱。”

(3)怀孕期间亲手做教材也是一种胎教。说归说，实际上要怎么做，才会刺激胎儿的脑部，增进智商呢？这是一个问题。三石由起子认为，只是对宝宝说说话，起不了什么作用，应该设计更高的课程。譬如，在怀孕期间，亲手制作一些“幼儿教育”使用的原始教材，每天读给胎儿听，也是一个方法。

这里介绍三石由起子对自己的两个孩子进行“个人幼教”的示范，供大家做参考。她准备了一些稿纸，一册册用订书机装订。要教“眼镜”这个名词时，她就在第一页中央贴一张从杂志剪下来的眼镜图片或自己涂鸦，然后在最上面写文字“眼镜”，下方写注音符号。

在下一页写“眼睛不好的人要戴眼镜”，次页再写“眼镜有两个镜片”“透过镜片，使眼睛不好的人会看得更清楚”“眼镜是眼睛不好的人，借以看清楚东西的工具”。如此，将眼镜用浅显易懂的话加以说明。建议准妈妈，不妨在闲暇的时候，准备类似这样的教材，作为胎教的依据。

此外，每日朗诵歌词，也颇有效果。待宝宝足岁开始学说话时，以前妈妈口诵的句子，早就潜移默化深植在他的脑中了。

顺应胎儿发展规律

我们要顺应胎儿身心发展的自然规律，为其“修路搭桥”，为他的生存发展创造一个好环境。父母健康的身心，优美、宁静、舒适、和谐的生活环境，母亲平和、安乐的心境，都能使胎儿的感觉器官——大脑皮层受到良性刺激，为孩子未来拥有智慧和好性情奠定基础，孕育出健康聪明的宝宝。可以说，胎教是集优生、优育、优教于一身的学问。国内外大量实践证明，经过良好胎教出生的新生儿，在听力、记忆力、性格等方面都表现出明显的优势。

>> 专家提示

怀孕的妈妈们，请不要再对胎儿施教有错误的想法。建立一个充满温暖、亲情的胎内环境，让胎儿感到舒适、快乐，是母亲唯一能为胎儿做的事，这也是我们所倡导的科学胎教。

有效地活动母亲的肢体

由于母亲的身体活动可影响胎儿性格，即决定其EQ高低，怀孕中的母亲必须用心控制自身的行为举止。我们常会因为事情不尽如人意，粗暴地甩门，洗碗、盘时乒乒乓乓地碰撞，一不小心便打破五六个碗，而事后又懊悔不已。愤怒时做出的事情，常常导致身心受伤。这就是内心慌乱所表现出的动作反应。相反的，听到或见到了令人感动的事件，自然而然地会心情缓和平静，动作也变得稳重收敛。直接胎教非常重视母亲的举动带给胎儿的影响。所以妈妈们请以发自内心的真诚，体验以动作、姿势等具体的身体活动影响胎儿，凡事三思而后行。

母亲所有的肢体动作，当然是母亲心情的具体呈现。

因此，直接胎教中母体的活动，特别着重于：

(1)与胎儿一起感觉同一步调的轻快旋律。

(2)优雅的动作。

(3)安全移动母体重心。

胎教，丰富多彩的音乐之旅

(1)音乐开启了天才的心扉。孙素意家出了一位天才儿童，这天才是她的女儿——刘航安。当别人问起女儿今天的成就，她会笑着说:“这是自己刻意制造安排的”。目前在科隆国家剧院交响乐团担任竖琴首席演奏的女儿，无疑是孙素意引以自豪的掌上明珠，也是世界乐团争相邀请的出色演奏家。

孙素意结婚时 28 岁，而先生已届不惑之龄。这样的组合，曾令他们担心不孕。然而，老天爷终究是慈悲的，在新婚燕尔期间孙素意怀孕了。也许是天注定，他们给孩子起了刘航安的名字，取航行平安之意，果真应验了妈妈的期盼，日后忙碌地奔波在世界各地。

11 岁就以天才儿童出国深造的刘航安，自小即流露出对音乐的特殊喜好。当然，这必须归因于母亲的“胎教成功”。

据她所说，怀孕时期，由于尚就读于师大主修钢琴专业，每天念书认真的态度和不间断地练琴，无形中陶冶了小生命的音乐感。另外，晚年得子使他们不论何时都有一张笑眯眯的脸孔，心情愉悦。因此，刘航安从小就是人见人爱的甜姐儿，她性情开朗、乐观、上进。也就是这无所畏的个性，支持她 11 岁离家远赴奥地利深造，继而在 21 岁时以杰出的成绩取得竖琴教师、钢琴教师与竖琴演奏家三张文凭，又于重要的世界比赛中脱颖而出，赢得无数的掌声。

(2)胎教是顺其自然。孙素意是一位充满活力、洋溢自信的女性。对于怀孕、生子、育儿，她有独特的见解。认为造物者赋予女人生育权利，就该以健康心态去面对它，绝不能因怀孕而停止一切活动。

因此怀孕时她照常做学生、教学生钢琴、做家庭主妇，认真地扮演生活中的每个角色。尤其是练琴方面，没有一天懈怠过。大约是整天浸染在音乐世界里，自小刘航安对美的事物就容易入神，听到音乐声便安静下来不肯离去，看书时能从图画中理解整个故事内容，小小年纪，已显示出音乐发展的潜力。这使孙素意感觉到，孩子是可造之才，应全力培养。

(3)胎教是开始不是终点。弹得一手好钢琴的孙素意是刘航安的启蒙老师。4 岁学琴对小孩而言是件苦差事。但她认为，父母亲有责任延续小孩的兴趣，才不致胎教前功尽弃。一开始，丈夫觉得让小孩 4 岁学琴太辛苦了。于是，她背着丈夫，在家里偷偷地教，结果，从一次次出色的表演中，丈夫才认同了她的教育方法。然后为孩子安排课程，聘请名师指导，训练她的胆识，才造就出现在出色的刘航安，使之为世界创造了更多美妙的音符。

应重视怡情胎教

为了生出一个健康的宝宝，自然要努力使胎儿在良好环境中成长，因此，也就必须保持母体的健康，同时要保持精神方面的安定。对于胎儿来说，创造母亲精神安定的环境是不可缺少的重要条件。现代的胎教就是来自母亲想生出好孩子的心愿。

母亲怀胎期间如果能做到怡情悦性，会给胎儿以良好影响。反之，母亲生活在焦躁不安中，则胎儿也会受到很大的影响。如果胎教不良和环境恶劣，胎儿就会向不良方向发展，最坏的结果就是流产。

孕妇在怀孕期间要保持愉快的心情和乐观的态度，尽量控制自己的喜、怒、哀、乐，防止过度的情绪、情感活动给胎儿带来不必要的损害。研究表明，孕妇的情绪变化可以直接影响到胎儿，当孕妇的情绪出现波动时，其自主神经系统的活动明显增强，内分泌功能失调，体内会释放出多种有害物质，而这些物质又可以随血液循环通过胎盘干扰胎儿正常的生理机能。孕妇如果经常处于紧张和抑郁状态，那么胎儿生长发育的全部过程都将受到极大影响，不但出生时体重会低于正常婴儿，而且出生后还会出现哭闹不止、消化不良、四肢短小、智力低下等现象。如果孕妇遭受巨大的精神刺激和严重的心理创伤，还会造成早产，甚至死胎。

>> 温馨小贴士

母亲要自觉并有责任感地注意身体健康，接触优美的自然环境和阅读有益书籍并欣赏艺术。边期待着孩子出生，边注意修身养性。现代胎教致力于上述的精神生活，这是生出健康婴儿所不可缺少的重要因素。

为什么记忆从胎儿开始

德国医生、催眠疗法的先驱人物保罗·比库博士治疗过一位男性患者。这位患者的情况，清楚地证明了胎儿期的潜在记忆对人的一生将产生巨大的影响。这位患者遭受剧烈不安时，全身常出现暂时性发热感觉。

为查明原因，比库博士将患者引入睡眠状态。于是这位患者渐渐回到胎儿时期，回想起当时发生的重大事情。他在讲述胎儿7个月以前的情况时，语调平缓、神情自若。当开始讲述其后的情况时，突然嘴角僵硬，浑身颤抖，身体发高烧，露出惊惧的神色。显而易见，这位患者回忆起了导致他出现这一症状的胎儿时期的体验。然而，其原因何在呢？数周后，博士走访了这位患者的母亲。据患者的母亲说，当她妊娠7个月后曾洗过热水浴，试图堕胎。

在出生前数月内，胎儿的行为渐趋复杂、成熟，这是因为迅速增大的记忆储存促进了自我形成，并开始引导胎儿行为的发展。

在某一个阶段内，人的对立情绪皆起源于记忆，不管这一记忆是有意识的，还是无意识的。

譬如说，比库博士所治疗的男性患者，在他的记忆中并未储存不安的发生源，但从其发生源中产生的恐惧却并未因此而销声匿迹。因为20年来，胎儿期的深刻记忆一直潜在地支配着这一患者的行为。每个人都有自己已被忘却的记忆，而且这种记忆，正在无意识地对人们的一生产生着影响。

责任重大的准爸爸

散步有利于母子身心健康，在丈夫的陪同下，一边散步，一边呼吸新鲜空气，一边谈笑，一边与丈夫描绘美丽多姿、聪明可爱的胎儿，于是很快沉浸在愉快和幸福之中。作为丈夫，在情绪胎教中有着义不容辞的责任。

首先，要关心妻子孕期的营养问题，尽心尽力当好妻子和胎儿的“后勤部长”。其次，要丰富生活情趣。早晨陪妻子一起到环境清新的公园、树林或田野中去散步，做做早操，嘱咐妻子白天晒晒太阳。这样，妻子也会感到丈夫温馨的体贴，心情舒畅惬意。再次，要风趣幽默处事。妻子由于妊娠后体内激素分泌变化大，产生种种令人不适的妊娠反应，因而情绪不太稳定，因此，特别需要向丈夫倾诉。这时，丈夫唯有用风趣的语言及幽默的笑话宽慰及开导妻子，才是稳定妻子情绪的良方。最后，要积极协助妻子胎教。丈夫对妻子的体贴与关心，爸爸对胎儿的抚摸与“交谈”，都是生动有效的情绪胎教。

情绪胎教

人的个体差异在胎儿期就有所表现。有的老实文静;有的活泼好动,又淘气、顽皮。这既与先天神经类型有关,也和胎内外环境有关。正常情况下胎动多是好事,不但反映出胎儿发育正常,而且也预示着出生后孩子的抓、握、爬、坐等各种动作将发展较快。

必须注意,孕妇的情绪过分紧张,极度疲劳,腹部的过重压力以及外界的强烈噪声等,都可使胎儿躁动不安,产生剧烈骚动。这种反应是不好的征兆,它不但易引起流产、早产,而且易出现胎儿畸形或给出生后婴儿的行为带来不良影响。

在妊娠7~10周内孕妇情绪过度不安,可能导致胎儿口唇畸变,出现唇腭裂,因为胎儿腭部的发育恰好在这个时期。在妊娠后期,孕妇精神状态的突然变化,如惊吓、恐惧、忧伤、严重的刺激或其他原因引起的精神过度紧张,能使大脑皮层与内脏之间的平衡关系失调,引起循环紊乱,胎盘早期剥离,甚至造成胎儿死亡。

另外,当孕妇情绪不安时,胎动次数会较平时多3倍,最多达正常的10倍。如胎儿长期不安,体力消耗过多,出生时往往比一般婴儿体重轻450~900克;如有的孕妇与人争吵后3周内情绪不好,在此期间,胎动次数较之前增加1倍。孕妇在孕期的情绪长期受到压抑,婴儿出生后往往出现身体功能失调,特别是消化系统容易出现功能乱。

>> 科学胎教课堂

孕妇的情绪刺激能引起植物神经系统的活动,从而释放出乙酰胆碱等化学物质,同时引起内分泌的变化,分泌出不同种类、不同数量的激素。所有这些物质都通过血液经胎盘和脐带进入胎儿体内而影响其身心健康。另外,神经过度紧张使大脑皮层兴奋性增强,致使大脑皮层失去与内脏间的平衡,也会影响胎儿。

预防焦虑对胎儿影响

孕妇的焦虑情绪引起了自身生理上的某些变化,而这些变化可导致胎儿胎动的频率和强度倍增,胎儿这种过度的活动可能贯穿整个胎儿期。胎儿长期不安,可导致体力消耗多，从而影响胎儿的健康发育，甚至影响到胎儿出生后生理、心理及智力的发育，如胎儿出生后有瘦小虚弱、体重较轻、躁动不安、喜欢哭闹、不爱睡觉等表现。为了下一代的健康成长，孕妇平时要保持乐观情绪，遇事不急不躁，要避免不良情绪给胎儿带来的不良影响。

预防孤独对胎儿影响

从心理学讲，孤独感是一个人友谊的需要得不到满足而产生的一种空虚的内心体验。产生孤独、寂寞感的主要原因，除了外界的强迫因素外，一是自己过于洁身自好，或自命清高，不善交往；二是自己过于自卑，缺乏积极从事交往活动的勇气。有的总认为别人瞧不起自己，因而把自己封闭起来。低层次的孤独感如不及时引导，往往会淡化工作热情，削弱开拓精神，影响工作成绩和身心健康。严重的孤独感患者还会产生厌世情绪，甚至走上自杀的绝路。另外，低层次的孤独感，还会导致有些人寻求消极的精神寄托和感情依赖。长期的孤独感还会造成情绪紊乱，使人的免疫系统受到影响，因而易患各种疾病。由此可见，孤独感是成功道路上不可忽视的重要心理障碍之一，孕妇孤独寂寞虽有其特殊的原因，但解决的方法

却是相同的。

预防小心眼对胎儿影响

小心眼是心理不健康的表现。主要表现为：心胸过于狭隘，爱斤斤计较小是小非，爱挑剔他人；办事刻板，谨小慎微，一点小事就会形成很重的思想负担，有时甚至发展到吝啬、自我封闭的程度。小心眼的人既不会由衷地帮助别人，也不会从别人那里得到温暖，因而阻碍了人际间的正常交往，影响了个人的身心健康。有一些孕妇在没有怀孕之前宽宏豁达，但在怀孕之后却斤斤计较，变得小心眼起来。人的一切性格都是可以改变的。同样，偏激、狭隘的性格通过自身修养，也可以变得宽宏豁达。

预防羞怯对胎儿影响

羞怯是逃避行为的最常见形式，特别是与陌生人或异性交往时，产生的一种紧张、拘束乃至尴尬的心理状态。这种心理状态往往给自己造成很大的心理压力。孕妇因为自己肚子大大的，特别是初次怀孕，都会感到羞怯。

>> 温馨小贴士

从心理角度讲，羞怯的原因是神经活动过于敏感和缺乏自信，这固然与人的气质特点有关，但主要是环境和教育的作用。

怀孕晚期心理特点主要是担心分娩问题，如胎儿多大，是否能顺利生下来？是否需要剖宫分娩？是否能到条件好些的医院分娩？等。与此同时产生恐慌、担忧，甚至要求医生做剖宫产。其实，完全不必要这么忧虑，只要孕妇按时做产前检查，在怀孕37周时由医生做全面的鉴定，并与医生配合，有产前出血、不规律宫缩（肚子一阵阵变硬，腹疼）、羊水破裂等情况时应及早到医院检查。

无尽的对话让宝宝更聪明

凌鸿健与李惠美——一对很可爱、很幽默的夫妻。他儿子3个月大时就会叫爸爸、妈妈，而且是有意识地叫。让我们一起来听听他们的胎教经。

他们的儿子“豆豆”，一出生就会“啊啊，呜呜”地与人对话，3个月有意识地叫爸爸、妈妈；5~6个月会站、会简单的表达，懂得什么叫“危险”，什么是“后面”等抽象名词；7个月会扶着婴儿床边的栏杆螃蟹似的走路，也能分辨左边右边；1岁会放手走路。现在他1岁8个月了，会自己穿袜、穿鞋。

每个人看到他都喜欢他，以为他生来就是这么聪慧敏捷，然而如果回顾李惠美的怀孕过程，你会发现他并非天之骄子，甚至是7个月的早产儿。

1. 不算顺利的怀孕过程

他们才结婚一两个月就发现有了孩子。那时候的心情不是很平稳，一方面是因为结婚前太累，婚后即得了急性肠胃炎，所以怀孕前几个月都在生病。虽然毫无准备，但夫妻从没有过拿掉小孩的念头，不过怀孕的过程并不顺利。电视台忙碌紧张的工作，令人喘不过气来；由于住家旁边就是菜市场，晚上睡觉很容易被吵醒。

心脏能不能负荷也是他们所担心的，鸿健就有一个朋友，有先天性心脏病，怀孕8个月突然暴死，死前无任何征兆。这事鸿健一直瞒到产后才告诉妻子，也因此，他常有事没事打电话给妻子，东聊西扯，只为确定“妻子还健在”。

5个多月时第一次照超声波。医师发现豆豆是“站”在李惠美肚子里的，两脚踩她的髋骨，头顶住她的肋骨，即使到后来照医师的指示做胎位矫正运动，也改变不了他“与生俱来”的姿势。因此，她脊椎负荷比一般准妈妈大，水肿得全身变形。血管也受到压迫，甚至到6个多月时胎儿压迫神经，造成她右半身完全麻痹。

待她赴医院检查，发现胎儿生长停滞，也就是和前一个月比没有明显长大，医师说可能是血液不流通造成胎盘供血不良，再拖下去对母体来说也很危险。于是医师要她请假休息，硬是"熬"到儿子不用住保温箱的体重——2500克，随即剖宫产产下他。那时她怀孕才刚满7个月。

2. 成人般地对话

虽然她怀孕前3个月生病，后4个月也不怎么舒服，但她的心情始终因为能拥有一个孩子而感到喜悦。打从他"住"进她肚子开始，她就把他当成一个"人"来看待，而且是大人，不是小孩。所以母子间的对话方式是用完整的句子，像是"风吹树叶摇摇"“红灯停、绿灯行"都是她与宝宝常常说的对话。

而且，她是真的说出来，完全融入情境地碎碎念，管不着别人怎样看她。举例子来说：在怀孕三四个月她去夏威夷玩，她踩着细细的沙子直奔向大海，手拍打着浪花，兴奋地嚷着："哇！宝宝，你看，多清澈的海，多洁净的沙，多蓝的天……"倾尽所有地描绘每一个字眼，只希望肚里的孩子和她一样亲身经历和得到感受。

爱是胎教的基础

人们常常说，孩子是爱情的结晶。因此，胎教首先源于爱。

父母实施胎教时必须充满着爱心。母亲只有用充满爱的心灵去孕育胎儿，才能时刻关注胎儿的成长，并积极付诸行动，与胎儿进行积极的交流和沟通。在这样一个充满爱心的孕育过程中，母亲才能深切感受到胎儿的点滴变化，体验到从未有过的母爱，情感逐步得到升华，并能缓解和转移烦躁与不安情绪，从而产生出一种对胎儿健康成长极为重要的母子亲情。正是这种感情，给意识萌芽中的胎儿传递了一种爱的信息，为日后形成热爱生活、积极向上的优良性格打下基础。反之，孕妇若怀着怨恨和烦躁的心理，把孕育胎儿当作一种负担，就不能让胎儿感受到母亲深深的爱意和情感，胎儿的心智发育必然受到消极影响。所以，十月怀胎对孕妇来说不仅是一个孕育生命的生理过程，也是一段艰辛的心路历程，在这个过程中实施胎教，对胎儿的父母来说都是爱心和耐心的挑战。父母能否坚持下来，能否充满爱心地与胎儿沟通、交流，是胎教最终能否成功的关键。父母实施胎教的爱心越强烈，胎教效果也就越好。

胎教从孕前开始，胎教从爱心起步。充满爱心的生活，科学的生活规划，就是胎教的起跑线。

认识锌

胎儿在母亲肚子里，脑细胞的发育需要各种营养素的供给。在脑细胞的发育过程中如果缺乏维生素或矿物质等营养物质，就会产生不良的后遗症。聪明伶俐是指脑细胞的活力强度，这其中很大的影响因素就与营养有关系。营造一个舒适、健康的怀孕环境，让宝宝在妈妈的肚子里正常成长，是每个孕妈妈怀孕时期最重要的功课。均衡、足够的营养是宝宝能否健康发育最重要的因素之一，因此，孕妇要"吃得营养、吃得均衡"，充分提供给宝宝成长所需的营养物质。

锌和铁、钙一样，也是人体不可缺少的微量元素，是人体内许多生命活动离不开的酶的重要组成成分。除铁以外，锌在体内比其他任何微量元素都多，含 2 ~2.5 克（相当于铁含量的一半）。它广泛存在于体内各个组织器官，其中 60% 在肌肉，30% 在骨骼，剩下 10% 在其他组织器官。足月小儿体内有 60 毫克锌，其中1/3在骨骼，1/4在肝脏。

孕妈妈缺锌，会影响胎儿的生长发育，胎儿发生畸形的概率较大；还会使胎儿在宫内生长迟缓，至成年时往往身材矮小，严重缺锌会引起"缺锌性侏儒症"，而且易患糖尿病、心血管疾病，发生癌症的机会要超过正常儿童的 10 倍。

预防和改善缺锌，首先应该食补。孕妈妈每天的需要量为20毫克。一般来说，经常吃肉、蛋、乳类的人，不会出现缺锌的情况。另外，栗子、核桃、花生、瓜子等带皮壳的坚果类食品含锌也很丰富。如果缺锌，要在医生指导下服用含锌的药物，如硫酸锌、醋酸锌等，但对胃肠道常有刺激作用，可引起胃部不适或恶心、呕吐等反应。葡萄糖酸锌易吸收、副作用小，适合任何年龄的人服用。服锌过多也有副作用，所以一定要在医生指导下服用，不可自作主张。

怀孕2个月的胎教

音乐胎教

根据母亲的心情和状态，来选择合适的音乐听。如民族管弦乐《喜洋洋》《春天来了》等乐曲，柔和平缓、优美细致，带有诗情画意，具有镇静的作用；奥地利作曲家约翰·施特劳斯的《春之声》圆舞曲等乐曲，曲调优美酣畅、起伏跳跃，旋律轻盈优雅，可以调节孕妇忧郁的情绪；《江南好》《春风得意》等乐曲，轻松悠扬、节奏明朗、优美动听，使人赏心悦目；《锦上添花》《矫健的步伐》以及奥地利作曲家海顿的《水上音乐》等乐曲，清丽柔美、抒情明朗，可以消除孕妇的疲劳；《步步高》《金蛇狂舞》等这类作品，曲调激昂、引人向上，旋律变化较快，令人精神振奋；《花好月圆》《欢乐舞曲》等乐曲，可促进孕妇的食欲；德国音乐家勃拉姆斯的《摇篮曲》、德国浪漫派作曲家门德尔松的《仲夏夜之梦》等乐曲，旋律轻盈灵巧、美妙活泼，情调安详柔和，具有催眠的作用。此外，还可选择约翰·施特劳斯的华尔兹或古典名曲。

>> 专家提示

受孕以后母亲的一举一动，都会对胎儿产生影响，不要以为胎儿“毫无知觉”。为了鼓励母亲能自觉地对胎儿实施胎教，就必须保持一种轻松而愉快的精神状态。

情绪胎教

孕妇的精神情绪，不仅可以影响到孕妇本人的身心健康，而且通过神经和体液的调节也对胎儿的发育产生着有力的影响。妊娠第2个月应当继续树立“宁静养胎即教胎”的观点，在整个妊娠期间确保孕妇的情绪乐观稳定，切忌大悲大怒，更不应吵骂争斗，力求始终持着平和的心态。

为了达到对胎儿实施情绪胎教的目的，准爸爸除了应协助妻子掌握制怒的10种方法，还要做到以下三点。

孕早期是妊娠反应最强烈的一个时期，常伴有呕吐、头晕、懒散等症状，因而丈夫的作用更显重要。

首先，要注意妻子的性格和心理的变化，为之创造一个和睦、亲热的生活环境。多体贴、照顾妻子，主动承担家务，尽量多花些时间陪妻子消遣娱乐。

其次，帮助妻子创造一个良好的胎教环境。环境的绿化、美化、净化是胎儿健康发育的必要条件，应力求排除环境污染和噪声的危害。因为，强烈的噪声或震动会引起胎儿心跳加快和痉挛性胎动。

第三，要激发妻子的爱子之情。妻子的情绪会直接影响胎儿的发育和身心健康。要引导她产生爱护胎儿、关心胎儿、期盼胎儿的情感，这对增进母子感情是十分重要的。

即将做母亲的孕妇，要加强自我修养，要善于控制各种有害的情绪，制怒节哀，无忧少虑。

(1)凡事要往好处想，不要生气，不要着急。

(2)遇到不开心的事情要往别处想，离开不愉快的情境，要转移注意力。

(3)跟自己说话，相信有办法解决困难，说话慢一点，平和一些。

(4)坐下来，身子往后靠，使心情平静下来。

(5)按摩头部和太阳穴。

(6)用温水洗澡。

(7)把眼睛闭上几秒钟。

(8)置身于欢乐的人群中，给自己的情绪以积极的感染，从中得到宽慰。

(9)到附近草木茂盛的宁静小路上散步。

(10)听自己喜爱的乐曲，翻翻自己喜爱的书籍，想一想未来小宝宝的模样，构思一下他的名字等。

>> 温馨小贴士

孕妇要善于控制和稳定自己的情绪，尽量创造良好的心理环境，以利于胎儿的生长。

联想胎教

有些科学家认为，在母亲怀孕期间，如果经常设想孩子的形象，则这种设想的形象在某种程度上与将要出生的胎儿较相似。因为，母亲与胎儿具有心理与生理上的相通，从胎教的角度来看，孕妇的想象是通过母亲联想构成胎教的重要因素，并转化渗透在胎儿的身心感受之中。同时，母亲在对胎儿形象的构想中，会使情绪达到最佳状态，促进体内具有美容作用的激素增多，使胎儿面部器官的结构组合及皮肤的发育良好，从而塑造出自己理想中的胎儿。在我们日常生活中，看到许多相貌平平的父母却能生出非常漂亮的孩子，这与怀孕时母亲经常强化孩子的形象是有关系的。

在怀孕的第 2 个月，正是胎儿各器官进行分化的关键时期，孕妇可用意念胎教的方法使胎儿发育得更加完善，最常用的是脑呼吸。脑呼吸胎教是与简单的基本动作一起冥想的，即从脑运动开始。方法是：首先熟悉脑的各个部位的名称和位置，闭上眼睛，在心里按次序感觉大脑、小脑、间脑的各个部位，想象脑的各个部位并叫出名字，集中意识，这样做可提高集中力，能清楚地感觉到脑的各个部位。刚开始做脑呼吸时，先在安静的气氛下简短做 5 分钟左右，在逐渐熟悉方法后，可增加时间。吃饭前，在身体轻快的状态下做脑呼吸更有效果。还可以通过脑呼吸和胎儿进行对话，想象一下肚子里的孩子，想象胎儿的各个身体部位的构造，从内心感觉孩子，如通过超声波照片来看的话，形象更容易想象。与脑呼吸一起说话，或写胎教日记，会使胎儿和母亲更容易进行交流。

做做好梦

胎教专家们建议孕妈妈们，在胎儿的性格培养上，不妨经常做做“白日梦”。

在清醒状态下所出现的一系列带有幻想情节的心理活动，在心理学上叫退想。专家们认为，白日梦与夜间梦一样，是从生活中得到的一部分，信息绕开了知觉，成为梦的原始资料，这些无意识的资料，像一幅一幅的电影画面那样剪辑拼凑成梦。

研究者们发现：“白日梦”的情节大多数是愉快的结局，一般没有挫折和烦恼。从心理学观点来说，做“白日梦”是一种相当有效的心理放松方法，对放松身心、解决问题大有益处。孕妈妈们愉快了，胎儿自然会愉快。

>> 科学胎教课堂

孕妈妈不妨经常想想自己未来的宝宝长得是多么可爱，身体多么结实，头脑多么聪明。也可以幻想一下以后一家三口的欢乐生活。

第三章

相伴成长的第3月

怀孕3个月时，孕妇由于生理功能的变化，很容易心情烦躁，不能很好休息。此期，是胚胎发育和各器官形成的重要时期，胚胎迅速成长，人体的主要系统和器官逐渐分化出来。因此孕妈妈此时要特别注意宝宝的变化。

怀孕3个月的胎教

抚摩胎教

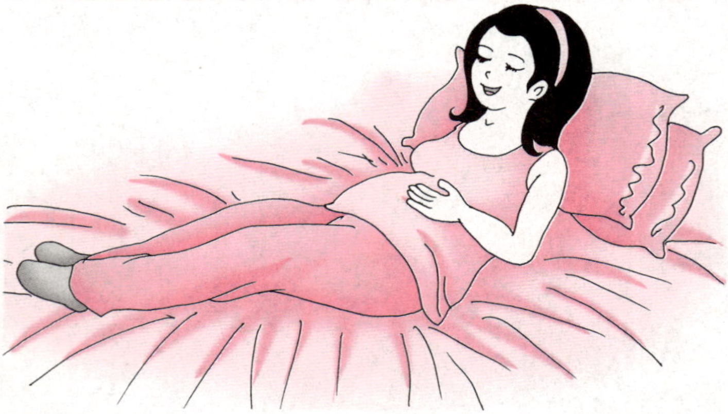

胎儿一般在怀孕后第7周开始活动。胎儿的活动是丰富的，有吞羊水、眯眼、吮拇指、握拳头、伸展四肢、转身、蹬腿、翻筋斗等；而且受到刺激后会做出各种反应。因此，这个时候孕妇不仅可以抚摩胎儿与其沟通信息、交流感情，还应当抚摩胎儿，帮助胎儿做“体操”。

抚摩方法：孕妇平躺在床上，全身尽量放松，在腹部松弛的情况下，用一个手指轻轻按一下胎儿再抬起，此时胎儿会立即有轻微胎动以示反应；有时则要过一阵子，甚至做了几天后才有反应。

一般以早晨和晚上做为宜，且每次时间不要太长，5~10分钟即可。

音乐胎教

音乐的曲调、旋律、节奏不同，对孕妇和胎儿产生的情感和共鸣也不同，优美细腻、韵律柔和、带有诗情画意的乐曲，有镇静作用；轻松悠扬、节奏明朗、优美动听的乐曲，有舒心愉快的作用。由此可见，乐曲的类别必须根据孕妇不同阶段的需要来选择。鉴于这个时期的孕妇易于情绪波动，常常会影响到胎儿的发育；孕妇出现的焦虑和忧郁也会感应到胎儿。因此，这段时间孕妇适宜听轻松愉快、诙谐有趣、幽雅温馨的音乐，使孕妇早孕反应的不安心情得以放松，精神上得到安慰；切勿播放那些过分激烈、声音刺耳、旋律嘈杂的乐曲，更不宜听那些过分激烈的摇滚音乐和电子舞曲，因为这些音乐的音量较大、节奏紧张激烈、声音刺耳嘈杂，可使胎儿烦躁不安，对神经系统和消化系统产生不良的反应，促使母体分泌一些有害的物质，直接危害胎儿和孕妇。

这个阶段胎儿原始的耳朵已经形成，虽然内耳的发育尚需一段时间，但从宫内观察，胎儿对声音已经有了一些反应，因此，在为孕妇播放乐曲时，对胎儿的听觉发育也是一种良性刺激，有利于整个听觉系统的发育和完善，为以后积极的听觉训练打下基础。

胎教实际上是对胎儿进行良性刺激，主要通过感觉的刺激来发展胎儿的视觉，有利于未来观察力的培养；发展胎儿听觉，有利于培养其对事物反应的敏感性；发展胎儿的动作，可使将来孩子动作协调、反应敏捷、心灵手巧。由于胎儿生长在子宫的特殊环境里，胎教就必须通过母体来施行，通过神经可以传递到胎儿未成熟的大脑，对其发育成熟起到良性的效应，一些刺激可以长久地保存在大脑的某个功能区，一旦遇到合适的机会，惊人的才能就会发挥出来。因此，除了听音乐外，孕妇还应当多接触琴棋书画，要安排孕妇多看画展、花展、科技展，多阅读一些轻松乐观、文字优美的文学作品，还可以学习插花、摄影和刺绣等知识和操作，陶冶自己的情操，与胎儿进行心灵、情感的交流。

情绪胎教

从怀孕开始，母子信息的沟通就已经建立。虽然母亲与胎儿间没有直接的神经联系，但在整个孕期，母子间通过心理上的相互作用、生物节律的逐渐同步，以及听觉、视觉、动觉、触觉的相互感应而建立起密切的信息沟通。当母亲紧张、焦虑、愤怒、悲伤时，母亲的情绪会通过神经系统的调节而影响内分泌系统，产生相关激素，使母亲的心脏搏动加快，血压升高，这些变化会通过胎盘的血液循环影响胎儿的情感与性格或心理的发育，特别是在孕早期，妈妈情绪的极端变化有可能造成胚胎分化异常，如新生儿唇腭裂等畸形。

妊娠从卵子受精开始，孕妇在这一过程中所发生的生理巨大的变化和即将发生的社会角色的转变，必然引起孕妇错综复杂的心理变化。此时，女性的心理反应强烈，感情丰富，如矛盾、恐惧、焦虑、将信将疑或内向等，情感变化甚至可影响整个妊娠期，有少数孕妇甚至因为一点暂时的身体不适而出现对胎儿的怨恨心理，这时胎儿在母体内就会意识到母亲的这种不良情感，引起异常反应。许多专家认为，这样的胎儿出生后大多数感情障碍、神经质、感觉迟钝、情绪不稳，易患胃肠疾病，疲乏无力、体质差等。因此，孕妇在妊娠期间应将善良、温柔的母爱充分体现出来，通过各方面的爱护关心胎儿的成长。

胎儿的成长除了充分的营养之外，母亲的爱心对胎儿来说也是一种重要的“养分”。当孕妇情绪激动时，胃液分泌减少，肠功能减退，因此会影响食欲，腹中的胎儿也不能获得足够的养分，从而导致生长的障碍。因此，为了胎儿的健康，对于那些令人不愉快的事情，应一笑置之。时时拥有一颗平静愉快的心，过着充实舒畅的生活，就是最好的胎教。此期，就应注重情绪胎教，孕妇对待自身的变化要有一个积极的心态，多欣赏娓娓动听的歌曲，想象胎儿的样子，输入眷恋小生命的母爱，这样对胎教起着尤为重要的作用。

联想胎教

联想胎教使孕妇的心情平和，也可使胎儿向理想的方面发展。孕妇应多接受文学和艺术的美的熏陶，除了多听音乐外，还可欣赏人体摄影、人体绘画和人体塑像，以及阅读优美的散文、童话等，还可以观摩动画片等，以此陶冶孕妇的情操，并对腹中胎儿的形体起潜移默化的作用。孕妇还要适度修饰自己，一方面，可以弥补因怀孕而引起的形体、肤色的缺陷；另一方面，也可以对胎儿进行美感的熏染。

>> 温馨小贴士

丈夫也要注意行为举止，避免给予自己妻子不良的刺激，以保证妻子的情绪与心理处于最佳状态，使妻子与胎儿进行最佳的信息沟通与情感交流。这些信息沟通，便是通过对母体的刺激而间接地对胎儿实施的教育——胎教。

孕早期应如何选用胎教音乐

受孕早期宜听轻松愉快、诙谐有趣、优美动听的音乐。力求将孕妇的忧郁和疲乏消除在音乐之中。可以选听《春江花月夜》《假日的海滩》《锦上添花》《矫健的步伐》等曲子。特别值得一提的是《春江花月夜》这支曲子，如果仔细体会这支和谐、优美、明朗、愉快的乐曲，就仿佛是置身于春光明媚、鸟语花香的大自然中。这支乐曲的题目也令人心驰神往，春、江、花、月、夜，这 5 物体现了动人的良辰美景，构成了引人探寻追求的艺术境界。

胎教宜重视大自然的陶冶

人类世世代代在大自然这片绿洲上生存、繁衍，感受到了它的广阔、神奇、美丽、富饶和温馨，这对一个新生命来说，首先要让他了解大自然，这也是促进胎儿智力开发的很重要的胎教基础课。

在大自然中可以欣赏到那飞流直下的瀑布，那“卷起千堆雪”的拍岸惊涛，还有那幽静的峡谷、叮咚的泉水。不但领略到诗一般的奇观，使人赏心悦目，而且还可以将这些胜景不断地在大脑中汇集、组合，然后经母亲的情感通路，将这一信息传递给胎儿使他受到大自然的陶冶。

另外大自然中新鲜的空气有利于胎儿的大脑发育，大自然给胎儿提供了充足的氧气，而且郊外、公园、田野、瀑布、海滨、森林中的负氧离子含量很高，对人的身心健康有益。因此，孕妇经常到大自然中就能有机会获得这种“空气维生素”。

从大自然中归来时，皮肤会变得黑红，这正是阳光的无私馈赠。太阳光可以促进血液循环，杀灭麻疹、流脑、猩红热等传染病的细菌和病毒，还能促进母体内钙的吸收，促进胎儿骨骼的生长发育。总之，大自然是无限美好的，它使人大开眼界，增长知识，陶冶情操，同时得到了放松，有利于母子身心健康。

日常生活养胎

孕早期孕妇的身体会发生哪些变化

孕早期基础体温出现持续微温状态，这种状态将持续 14 ~ 19 天为止。

身体慵懒发热，下腹部和腰部稍凸出，乳房发胀，乳头时有胀痛、颜色变暗，排尿次数增加，心情烦躁，胸部感到恶心，有的人会出现孕吐情形，有些人甚至会出现头晕、鼻出血、心跳加速等症状。这些都是孕早期特有的现象，不必过于担心。

此时，子宫如鹅卵一般，比未怀孕时稍大一点，但孕妇腹部表面还没有增大的变化。

冬季孕妇应多晒太阳吗

孕妇可别忽视了日光“进补”。最新研究表明孕妇是最需要接受冬季阳光照射的人群，冬阳对孕妇有以下 3 方面的好处：

(1)常晒冬阳，可降低孕妇患骨质疏松症的风险，减少佝偻病儿的发生率。

(2)常晒冬阳可增强孕妇的抵抗力，有助于预防各种感染。因为阳光中的紫外线有杀灭病原微生物的作用。

(3)常晒冬阳有利于防止孕妇情绪波动，杜绝冬季抑郁症的发生。在孕期，由于受妊娠或内分泌变化引起不适的影响，孕妇最容易出现情绪波动或情感障碍，而冬季又是季节性情感障碍——冬季抑郁症的高发期。在日照少的冬季，晒晒太阳是孕妇防治冬季抑郁症的最好办法。

从胎内开始开发宝宝智商

IQ 高不一定就是天才

才能究竟是什么呢？母亲们所认为的聪明究竟又是什么呢？这点在为孩子实施才能教育之前，要多想一想。

IQ(智力商数)通常被用来作为代表聪明与否的指数。IQ 的数值高则表示聪明。不过，近来“IQ 高则聪明”的说法已开始受到教育界的质疑。

>> 科学胎教课堂

美国曾经对受过天才儿童教育的孩子们(IQ200~220)进行过问卷调查，结果竟然发现80%的孩子曾经想过自杀。IQ值虽然很高，生存却很痛苦，人们究竟为何要实施天才儿童教育呢？

以前“IQ 一生不变”的提法比较普遍。而且由于有“IQ 一生不变”的想法，使 IQ 在教育界受到重视，导致父母亲对孩子的 IQ 值感到忧心。IQ 成为人类标注优劣的标准。

但是实际情况却是原本应该是一生不变的 IQ 值，有的人却随着成长而提升 20 或 30；或者有的人在幼儿园时代的 IQ 高达 160，甚至被誉为天才的孩子，长大成人之后也不过是平凡的人。种种事实证明,IQ 数值不是绝对的。

IQ 不过是测量人类拥有的多种能力中的一小部分而已,而且,IQ 和性格、意志等毫无关系。那么,到底该把出生的婴儿培育成什么样的人呢?

本书将重点从大脑生理学的角度来研究如何开发胎儿脑力。从这个角度说,兼具感性和智慧的人类,不论在何种情况下,都能靠自己的力量探索出生存之道。

胎儿期的脑部发育

成人的脑神经细胞究竟有多少呢?

一个小小的头里面,竟然约有 1000 亿个神经细胞。其中,主司高等与重要功能的在大脑皮层(大脑新皮质)神经细胞,据说数量就已高达 150 亿个。

或许有人会质疑,既然婴儿的神经细胞数量与成人相仿,为何还不会思考呢?事实上,神经细胞的数量虽然相同,但其重量是不同的,而且脑细胞的神经组织也是略有不同的。

神经细胞在母体内的时期发展而成,至于脑部的发达、神经组织的形成及重量的增加,则在出生后才逐渐发展完成。

给胎儿"欣赏"文学作品

为了保持心境宁静、情绪稳定,准妈妈不宜看那些低级污秽、暴力、血腥的文学作品,世俗人情写得过分悲惨凄厉的文学作品也不宜看。

应当看一些轻松、幽默、使人向上的作品,如《居里夫人传》《木偶奇遇记》《克雷诺夫寓言》《三毛流浪记》《塞外风情》《长江三日》《西游记》《儒林外史》《钢铁是怎样炼成的》,以及安徒生、格林童话等。另外,朱自清、冰心、秦牧等作家的散文作品优美隽永,耐人寻味,也应欣赏。除此,吟咏古典诗词,也能令人得到美的熏陶。

>> 温馨小贴士

有人说:"读一本好书,就像是与一位精神高尚的人在谈话。"书中精辟的见解和分析、丰富的哲理、风趣幽默的谈吐,都会使人精神振奋,耳目一新。准妈妈相对休息时间较多,闲暇欣赏一本好的文学作品,母子都会受益。

一些儿童文学作品,如《伊索寓言》《克雷诺夫寓言》等,欣赏过程中会使自己回到童年时代，产生童心和童趣，无形之中培植了准妈妈的爱子之心。《木偶奇遇记》等写得生动有趣，既幽默又富于感情色彩，不但能化解孕期的烦乱心绪，而且有助于领悟儿童的心理特征，使将来自己成为一位称职的母亲。

当然，欣赏文学作品时不要废寝忘食，通宵达旦，这样不仅达不到怡情养性的目的，反而会使身体疲惫。

胎儿能记住母亲的声音

母亲总是会用手抚摩着越来越大的肚子，在潜意识里对胎儿说话。这或许是怀孕的女性本能地感受到胎儿可以听到外界声音的缘故吧！

这个说法随着胎儿医学的发达已被证实。胎儿的五感在腹中发育，其中发育最明显的就是听觉。

母亲发现自己可能怀孕的时候，即6周左右，胎儿的耳朵已经开始成形。

怀孕4个月之后，脑部慢慢形成，胎儿可以感觉得到声音。

怀孕进入第5个月之后，主司传递声音功能的内耳“蜗牛壳”——耳蜗也逐渐完成，听觉器官几乎与成人相同。

当母亲习惯怀孕的状态时，胎儿在腹中也听得到外界的声音了。这么快就听得到声音，确实令人感到惊讶！

胎儿脑中的“海马体”，在怀孕4个月左右时已经制造完成。“海马体”也是声音的信息中心，可以选择取舍该遗忘或该记忆的事情。随着“海马体”的发达，胎儿可以一点点地记住声音的种类，最早进入“海马体”的声音便是母亲的声音。

怀孕5个月之后，胎儿就会记忆母亲的声音了。

胎儿不仅可以从耳朵听到母亲的声音，亦可以通过母亲身体的振动直接感觉到。同时，婴儿自出生之后，必须依附母亲而生存，所以，为了保护自己的生命，必然本能地将母亲的声音存放于自己的脑中。

影响胎儿的夫妻情绪

生儿育女是一个复杂的问题，除了受生理、病理、环境等多种因素影响外，还受到感情、情绪等心理因素的制约，夫妻的心理状态对胎儿的优生有很大影响。

近年来研究热门的神经——内分泌学说认为，心理状态的变化直接影响人体的生理、生化及免疫系统。德国心理学家曾对第二次世界大战前后出生的婴儿进行调查，发现神经管畸形的发生率有明显变化：1933 年希特勒上台之前 7 年内为 1.25‰；希特勒执政 7 年内为 2.38‰；1940～1945 年第二次大战时期为 2.58‰；1946～1950 年战后最困难的 5 年内为 6.5‰。分析其原因：一是由于战争时期人们颠沛流离，严重营养不良；另一个原因就是受战争影响，精神长期处于焦虑状态引起的。在临床观察中还发现，男性精子的活动状况与人的情绪及其行为特征是有一定联系的，女性卵子的成熟过程也受情绪的直接影响。

情绪心理通过 3 条途径影响人体的内环境：第一条是从大脑至下丘脑。大脑的信号传至下丘脑，下丘脑主管分泌性激素，直接影响精子和卵子发育，也包括性器官发育。第二条途径是肾上腺。肾上腺髓质是内分泌器官，分泌肾上腺素和去甲肾上腺素，与人的代谢有关。第三条途径是心理学研究的课题，即神经介质。它是从中脑、脑干产生的，对全身许多功能都有影响。

>> 孕妈妈早知道

男女双方从婚前到婚后及至受孕，都应注意心理卫生。同房前半个月的心理状态对卵子都有一定影响。所以，两性媾和，应在情绪最饱满的时候；受孕，则以双方都达到性高潮时为好；孕期，在母亲的视觉和脑海里应该充满美好的景象，夫妻双方相互爱慕，争取达到最佳心理状态。这对优生有极大的积极作用。

丈夫在胎教中的作用

有人认为，胎儿是在母亲的腹中，那么胎教的责任自然是由孕妇一人承担。其实这种想法是错误的。母亲是胎教的主角，未来的父亲在胎教过程中，同样担负着重要的作用。丈夫配合的好坏，直接关系着胎教的质量。

如果说母亲是土壤，胎儿是种子，那么父亲则是和风、是雨露、是阳光。他能给予“种子”许多养料，使种子发育更健全，生长更完善。母亲对于胎教处于直接地位，而父亲则处于间接地位，起辅助作用。孩子是夫妻爱情的结晶，胎教自然要双方共同承担。当你为即将做爸爸而欣喜的时候，切莫忘了胎教的责任，胎教不仅是母亲的事，和父亲的关系也很大，父亲是母亲接触最多而又最亲密的人，父亲的一举一动，乃至情感态度，不仅影响到妻子，也影响到妻子腹中的胎儿。

丈夫对胎儿的影响，主要是通过对妻子的影响而影响胎儿的。因此，在妻子怀孕间，丈夫也要保持平和愉快的心境，要特别关心、体贴和照顾妻子，要处理好家庭和外面的一切矛盾，同样还要节制房事，注意不要压迫到胎儿。只有这样，妻子才有平和愉快的情绪，从而对胎儿产生有益的影响。胎教可促进胎儿的身心发育，丈夫要协助妻子搞好胎教，除了听音乐外，还可以绘画，看电影，观看艺术表演，提高艺术修养。同时，丈夫要鼓励妻子加强学习，特别是妊娠后期，还可与胎儿一起学习，如看看儿童读物、读读外语。丈夫除了让妻子多看一些能激发母子情感的书籍或影视片外，还要多与妻子谈谈胎儿的情况，要引导妻子去爱护腹中孕育着的胎儿，切不可因妊娠反应、妊娠负担或因肚子大起来影响了外貌、体形，损害了自己的容颜等，就怨恨腹中胎儿。

孕妇腹部膨大，活动不便，操劳过度或激烈运动，会使胎儿躁动不安，甚至流产。丈夫要自觉地多分担家务，不要让妻子做重活，要保证她的睡眠和休息。在乘汽车、逛商店时，要保护妻子，避免腹部直接受到冲撞和挤压。

>> 科学胎教课堂

丈夫要关心、体贴怀孕的妻子，抽出时间多陪陪妻子。除了帮助妻子操持家务，减轻体力劳动外，还要妥善安排好妻子的饮食，以保证营养物质的摄入。

胎儿发育需要适宜的环境，也需要各种刺激和锻炼。胎儿除生理需要外，还需要一些与精神活动有关的刺激和锻炼。例如，丈夫可以与妻子开开适度的玩笑，幽默风趣的话会使妻子的感情更丰富；陪妻子观看喜剧影片；让妻子与久别的亲人重逢；陪妻子做短途旅行等。总之，让她的情绪出现短暂的、适度的变化，为未出世的孩子提供丰富的精神刺激和锻炼，以适应当今社会快节奏变化的需要。

总之，胎教是父母双方的事情，只有父母互相配合，才能做好胎教工作。

色彩对胎儿的影响

目前人们已经认识到，色彩能够影响人的精神和情绪。它通过人的视觉，给人以不同的感觉，从而影响人的情绪。可以说，不舒服的色彩如同噪音一样，会使人感到烦躁不安，而协调悦目的色彩对人则是一种美的享受。一般说来，红色使人激动、兴奋，能鼓舞人们的斗志；黄色明快、灿烂，使人感到温暖；绿色清新、宁静，给人以希望；蓝色给人的感觉是沉静、凉爽；白色显得干净、明快；粉红和嫩绿则预示着春天，使人充满活力。基于这一点，人们很早就已经懂得利用不同的色彩服务于人的不同精神要求。例如，中世纪哥特式的教堂，利用室内的色彩变幻，使人感受到神圣和神秘；医院的病房则多选用淡雅的浅绿色和淡蓝色，显得宁静柔和；而现代餐厅则往往选用橘黄色，使人胃口大开。根据这个道理，我们的胎教学说也可引进色彩理论。

相对地说，准妈妈因体内激素的变化，往往性情易急躁，情绪波动较大，因此，宜有意识地多接触一些偏冷的色彩，如绿色、蓝色、白色等，以利于情绪稳定，保持淡泊宁静的胎教心境，使腹内的小宝宝安然平和地健康成长，而不宜多接触红、黑等色彩，以免产生烦躁、恐惧等不良心理，影响胎儿的生长发育。

>> 科学胎教课堂

孕妈妈应根据个人不同喜好，把房间变换成不同的色彩，来调整不同的心理特征，培养胎儿的性格形成。不宜经常接触黑色，以免产生恐惧不安的心理，影响胎儿的生长发育。

呼唤胎教法

根据胎儿此时具有辨别各种声音并能做出相应反应的能力，父母就应该抓住这一时机经常对胎儿进行呼唤训练，也可以说是“对话”。孩子一出生就会马上识别出父母的声音，这不但对于年轻父母是一个激动人心的时刻，而且对于你的孩子来说，刚来到这个完全陌生的世界就能听到一个他所熟悉的声音，这也是莫大的安慰和快乐，同时也消除了由于环境的突然改变而带给他心理上的紧张与不安。

曾有一位父亲从胎儿7个月开始经常向胎儿说：“小宝贝，我是你的爸爸！”同时抚摩胎儿。以后每当这句话一出现胎儿就会兴奋地蠕动起来。当这个孩子出生后因环境的突变产生不快时，父亲说：“小宝贝，我是你的爸爸！”话刚出口，婴儿就像着了魔法一样突然停止了哭声，并掉转头来寻找发出声音的方向，后来竟高兴地笑了。以后每当孩子哭闹时这句话就会使孩子从哭闹中安定下来。

可见父母通过声音和动作对腹中的胎儿进行呼唤训练，是一种积极有益的胎教手段。在对话过程中，胎儿能够通过听觉和触觉感受到来自父母亲切的呼唤，增进彼此生理上的沟通和感情上的联系，这对胎儿的身心发育是很有益的。

怀孕2个月时的胎教食谱

1. 止吐食品

橙子煎:取橙子一个,去皮后用水泡去酸味,加蜂蜜煎汤服用。

甘蔗姜汁:取甘蔗汁加少量姜汁,频频缓饮。

葡萄藤煎:取干葡萄藤用水煎服,连服数天。

柚子皮煎:取柚子皮用水煎服,连服数天。

枇杷叶蜜:取枇杷叶洗净,在火上稍烤,抹去绒毛,加水煎取汁,兑入蜂蜜服用。

生姜米汤:取生姜汁数滴,放入米汤内,频服。

牛奶韭菜末:牛奶煮开,调入少量韭菜末服用。

紫苏姜橘饮:苏梗9克,生姜6克,大枣10克,陈皮6克,红糖5克,煎水取汁当茶饮,每日3次。

益胃汤:取沙参、玉竹、麦冬、生地等适量,用水煎取汁,加冰糖,每日一次饮服。

竹菇蜜:将竹菇15克煎水取汁,兑入蜂蜜30克服用。

生地黄粥:用白米煮粥,将熟时,加入地黄汁,搅匀食用。

白术鲫鱼粥:鲫鱼30~60克,去鳞及内脏,白术10克洗净,煎汁1000毫升,再将鱼和粳米30克煮粥。粥熟后加药汁和匀,每日一次,连服3~5天。

2. 安胎食谱

(1)阿胶鸡蛋粥

【原料】鸡蛋、阿胶、糯米、精盐、熟猪油。

【做法】将鸡蛋打烂搅散,糯米用清水浸泡1小时。锅内放清水,烧开后加入糯米,待开后,改用文火熬煮成粥,放入阿胶、淋入鸡蛋,开后,再加入猪油、精盐,搅匀即成。

【特点】养血安胎。适用于妊娠胎动不安,小腹痛,胎漏下血,先兆流产。

(2)大艾生姜煲鸡蛋

【原料】艾叶、生姜、鸡蛋。

【做法】鸡蛋煮熟后去壳。艾叶、生姜与鸡蛋同煮。煲好后,饮汁吃蛋。

【特点】温经止血,调经安胎。

>> 科学胎教课堂

有妊娠反应的孕妇可改变就餐方式，采取少吃多餐的方式来摄取养分。每次进食量不可太多，进餐时间也不必固定，少吃但要多吃几次，什么时候想吃就什么时候吃，要细嚼慢咽。

应给孕妇创造温馨的家庭环境

怎样才能给孕妇创造一个温馨的家庭环境呢？在这个问题上可是大有学问。从有益于调节孕妇的精神情绪来说，置办必要的家庭设施当然重要，但关键是要多搞精神上的“投入”，使夫妻生活更趋和谐。

夫妻间互敬互爱是共同创造温馨家庭的感情基础。男女之间缔结婚姻关系后，应由婚前的感情相爱，转化为理智相爱。夫妻之间应互相尊敬，既要尊重对方的人格、工作与劳动，还要尊重对方的志趣和意愿，任何一方都不能盛气凌人，傲慢无礼。丈夫不要“大男子主义”十足，认为自己是一家之主，一切自己说了算，生儿育女是女人们的事，社会大舞台才是男人们的天地，这些传统的世俗观念非常错误，应彻底加以纠正。妻子也不要一心想慑服丈夫，动辄大发威风，使对方俯首帖耳，一切都凌驾于丈夫之上。

>> 温馨小贴士

家庭并不是游离于社会之外的孤岛，而是社会的重要组成部分，一天24小时，一般只有1/3的时间是在工作岗位，其余的时间多数是在家庭中度过。有一个温馨的家庭环境，对于调节孕妇的精神情绪，增强施以胎教的信心，激起对未来生活的期盼等都大有裨益。

妈妈是宝宝最亲近的人

众所周知，胎儿是由母亲孕育的，母体既是胎儿赖以生存的物质基础，又是胎教的主体。一方面，母体为胎儿的生长发育提供了一切必要的条件，母亲的身体素质和营养状况直接关系到胎儿的体质健康；另一方面，母亲的文化素养、心理卫生状况又不可避免地在胎儿幼小的心灵中打下深深的烙印，对孩子的精神世界产生不可低估的影响。因此，孩子生命中第一任老师的重要角色责无旁贷地落在母亲的身上。

一般情况下，从发现自己的腹内已经萌发出一个小生命时起，多数未来的母亲便意识到保护和培养这一幼小生命的责任感和使命感。她努力捕捉来自宫内的任何一点细小的信号，自然而然地开始了和小生命的“对话”，进行着亲切而又温暖的交流。当然，由于每一位母亲的家庭环境、文化素养、道德修养、对胎教的认识与付出的时间和精力以及投注的爱心等方面的差异，造成了胎教的不同结局。因此，每一位即将做母亲的人都应充分认识自己所肩负的责任，增强体质，加强修养，以便很好地进入角色，为孩子的超早期教育作出贡献。

说到这里，也许有些孕妇会因为自己的文化水平不高等因素感到气馁，对胎教缺乏信心。其实，在胎教过程中最为关键的莫过于母亲的爱心，只要您把培养孩子作为生活的中心，付出一切可能的精力和时间，倾注您全部的爱心，那么您未来的孩子就一定会令人满意。这一点要求算不上苛刻，只要愿意，每一个母亲都是能够做到的。

家庭其他成员的胎教注意事项

不要以为胎教只是未来父母的责任，实际上，家庭的其他成员，尤其是孩子未来的爷爷、奶奶、外公、外婆等人也将在胎教中占据一席之地。

目前我国提倡一对夫妇只生一个孩子。但是，一些老人，尤其爷爷、奶奶往往希望生一个“虎虎势势”的小孙子，而不想要女孩。如果家庭其他成员在胎教中给孕妇施加各种压力，会产生不良影响。

因此，在孕妇怀孕期间，家庭所有成员都应给予热情的帮助和充分的体谅，不要给孕妇造成压力，更不要随意指责，而应共同努力，给孕妇营造一个宽松的生活环境，使胎儿在祥和的气氛中健康地成长，这就是积极参与胎教，为胎教做贡献了。其他家庭成员在胎教中应如何做呢？具体应避免以下几项：

一些老人，往往是孕妇的母亲或婆婆，总是滔滔不绝地介绍自己当年的亲身感受和经验。当然，这样做不无益处，但是，其中也有不少夸大之词，甚至把一切说得困难而又痛苦。这对孕妇来说无疑是一种不良刺激，甚至使她产生条件反射，从而导致一场痛苦而又沉闷的妊娠和分娩。这同样会给胎儿造成极为不利的影响。

>> 专家提示

不要重男轻女，如果老人一心想要孙子，势必给孕妇带来一定的精神压力，甚至造成心理障碍，以致影响母腹中胎儿的发育。

此外，还有一些老年人，对怀孕的媳妇不以为然，动辄“我们那时候如何如何”，言下之意就是眼下的媳妇太娇气。这对孕妇来说是一种不良刺激，往往给孕妇原本就烦躁不安的情绪火上浇油，甚至发生口角，进而影响胎儿。

尽量理解孕妇，不要指责她们懒惰、太娇气等。这对孕妇是一种不良刺激，势必影响胎儿的发育。应为胎儿创造和谐乐观的家庭氛围。一旦发现矛盾的苗头，家庭其他成员切不可计较，并尽量用幽默的方式化解，因为幽默使人的副交感神经兴奋，使身体内环境稳定，有利于孕妇情绪的稳定。

准爸爸要坚持每天对胎儿讲话

声学研究表明：胎儿在子宫内最适宜听中、低频调的声音，而男性的说话声音正是以中、低频调为主。因此，父亲坚持每天对子宫内的胎儿讲话，让胎儿熟悉父亲的声音，能够唤起胎儿最积极的反应，有益于胎儿出生后的智力发展及情绪稳定。

没有经过胎教的新生儿常常会有这种情况：即使不熟悉的女性逗乐也会微笑，而父亲逗乐则反而会哭。这正是孩子从胎儿期到出生后的一段时间里，对男性的声音不熟悉造成的。为了消除孩子对男性包括对父亲的不信任感，妊娠5个月后父亲应对胎儿讲话。

首先让孕妻坐在宽大舒适的椅子上，然后由妻子对胎儿说："乖孩子，下面我们开始与你的爸爸进行十分愉快的对话！"这时，丈夫应该坐在距离妻子50厘米的位置上，用平静的语调开始对话，随着对话内容的展开再逐渐提高声音，不能一下子发出高音而惊吓到胎儿。父亲在开始和结束对胎儿讲话的时候，都应该常规地选择抚慰及能够促使胎儿形成自我意识的语言。

开场白的语言是："宝贝（或者叫乳名），我是你的爸爸，我会天天和你讲话，我会告诉你外界一切美好的事情。"父亲应将每天讲授的话题构思好，最好在当天的

“胎教日记”中拟定一篇小小的讲话稿，稿子的内容可以是一首纯真的儿歌、一首内容浅显的古诗、一段优美动人的小故事，也可以谈自己的工作及对周围事物的认识，以刻画人间的真、善、美。用诗一般的语言，童话一般的意境，描述祖国的锦绣河山等。对话结束时，要对胎儿给予鼓励：“宝贝学习很认真，你是一个聪明的孩子，但愿我对你讲授的一切都能对你将来的人生有用。好吧，今天就学习到这儿，再见！”

准妈妈一定不要胡思乱想

准妈妈对未来的孩子的猜测与幻想，这是一个美好的愿望，也是一个美丽的梦。对此，丈夫不妨加以正确引导，让孕妇多想一些对胎儿有益的事，消除那些对胎儿不利的胡思乱想。不要让胎儿性别给妻子造成心理负担。

妊娠早期，胎儿未定形定性，丈夫要多引导妻子接触一些美好的事物，多产生一些美好的想法，多做一些有益的活动。妊娠中期，要想胎儿美丽与聪明、活泼，想象胎儿在阳光下健康成长。妊娠后期，常想胎儿是那么可爱与逗人，他在眨着眼睛和你嬉戏。聪颖的胎儿需要在美好的愿望中逐渐长大。

保证充足的睡眠

常常听到妊娠期妇女抱怨睡眠不好，有的甚至通宵失眠。随之而来的是心情烦躁，疲乏无力，精力不集中等，严重地影响了正常的工作、生活以及孕妇和胎儿的身心健康。

我们知道，睡眠是一种生理现象，可以使人消除疲劳，补偿损耗，恢复体力，使机体获得充足的能量。孕妇由于担负着双重任务，机体损耗大，容易疲劳，这就更需要充分的睡眠来保证孕体的健康。可以说，睡眠是孕妇的天然补药。

>> 孕妈妈早知道

一般说，孕妇每天起码应保证 8 个小时的睡眠时间和 1 ~ 2 小时午睡，并且要注意睡眠质量，睡得越深沉越好。

那么，怎样使孕期睡眠达到一定的深度和时间呢？首先必须养成有规律的睡眠习惯，“日出而作，日落而息”，久而久之，习惯成自然；其次，睡前不要看书，也不要饮用带有刺激性的饮料，做到心境安宁，没有杂念，最好先上个厕所，排空膀胱，并用温水洗脚；同时，要保持室内安静和空气新鲜，卧具要整洁、舒适，睡眠姿势以右侧卧位比较适宜。此外，还可进行一些自我按摩，如用双手食指推抹前额约 30 次，或用拇指背例推擦太阳穴 30 次等方法，均可帮助你解除失眠的烦恼。

孕期休息有讲究

怀孕是生理现象，不是疾病，但身体状况显然和普通人不一样。为了能平安地度过孕期，生个健康的婴儿，应注意休息，一般睡眠不少于 8 小时。怀孕期的睡眠要比平时多 1 小时左右，最低不要少于 8 小时，因为睡眠不足会引起疲劳。特别是有工作的孕妇，丈夫及家人应协助，无论如何要确保其睡眠时间。感到疲劳时要睡午觉，特别是在夏季天热时，孕妇应该每天睡午觉。但午觉也要有个规律，如果什么时候想睡就睡，或者一睡就睡很长时间，反而会使晚上睡不着。午后从几点睡到几点，最好有个安排。

午睡的时间，最多不能超过两小时，有工作的孕妇睡不了午觉，所以晚上要多睡，或在工作岗位上注意休息。

为了保证睡眠深度，还要注意睡眠时的姿势。一般说来是自己觉得舒服就行，但在不同的孕期，尤其是孕中、后期要注意尽量侧卧，避免仰卧。

怀孕中、后期如长时间仰卧位，长大的子宫压迫下腔静脉，使回心血管及心搏出血量减少，可出现低血压，故应侧卧位。如果在肚子下方放一个软垫托住增大的子宫，一方面孕妇感觉舒适，另一方面可维持良好的胎盘血循环，有助于预防妊娠中毒症。

在腿脚疲劳时，或有水肿、静脉曲张时，把叠成两折的被子垫放在腿下，把腿垫高，这样睡眠的效果好。

为了能容易入睡，可以在就寝前洗温水澡或听听舒缓的音乐等。

怀孕期要忠实于对身体的自我感觉。想休息就休息，想睡就睡会儿，这很自然。如果背逆身体的要求，不仅毫无道理，而且没有任何好处。

怀孕早期，身体对于怀孕还不适应，容易疲劳，或觉得浑身无力。稍微感到疲劳或无力时，就应该躺下休息。过度疲劳会引起各种各样的疾病，也容易感染病毒性疾病等。有过流产病史的人、有先兆流产现象的人，以及遵医嘱静养的人，特别需要休息。

到怀孕中期，妊娠反应消失，情绪也逐渐好转，往往容易不知不觉操劳过度。这时要安排好时间，常休息休息，哪怕休息5分钟、10分钟，身体疲劳的程度就大有改善。长时间总是一个姿势坐着不动，或是在全力以赴干一件事情以后，不休息是不行的。

腆着肚子行动不便的怀孕晚期，是特别容易疲劳的时期。所以要记住，只要有一点时间，就要休息。此外，在怀孕晚期，有时肚子会发胀，这时要马上放下正做着的家务事，休息5~10分钟，腹胀就会消失。如果腹胀次数频繁，休息也不见好转，要请医生检查。

宁静的孕期生活对胎儿的好处

通过胎心仪可以发现，孕妇如果情绪激动、发怒，胎儿的心跳会加快。现在西医揭示了一个规律：即人处在大怒大悲等不良情绪状态中时，体内的肾上腺素分泌会明显增加，有害物质也会大量产生，所以会危害人的健康；而保持心境的平和愉悦，体内则会产生有利于健康的一些物质。显然孕妇如能平和安宁、舒适愉悦地度过孕期每一天，孩子的身体健康、智力水平、完美个性才有可能得到保障和提高。

>> 孕妈妈早知道

你可以借助出生前心理学及围生期心理学的知识，用你从来没有想到过的方法，诱导出孩子最大的潜能，并造就孩子完整的人格。

所以孕妇必须保持良好的心态，这是促进胎儿大脑发育的一大要点。但调理情绪不是一件很容易的事，对修养差的人或脾气生来容易火爆的人尤其难。那么，有没有什么技巧、方式和经验可以供学习的呢？答案是肯定的，只要孕妇肯学，适当调理情绪还是可以做到的。为了更好地养胎，胎儿的准父亲也最好学学情绪调理，因为这也是让孕妇保持好心情、好情绪的关键。

所以，孕妈妈一定要用最平稳的心情来度过妊娠期，并且随时将你的爱传达给宝宝，以充满喜悦和期待的态度面对分娩。

光照胎教

实验和观察表明，胎儿对光照不是毫无感觉的，当孕妇在阳光灿烂的地方晒太阳时，胎儿会显得很安详，或机体细胞活动处于很积极活跃的状态；而孕妇待在光线较暗的地方时，胎儿的机体活动程度明显减低，这说明光线对胎儿个性的活跃程度、身体的健康程度都有一定影响。

如果用手电筒对孕妇腹部照，专家们发现，光线适中时，胎儿会有转过头来、眨眼等积极反应；光线太强时，胎儿会有皱眉、扭头避开光线等反应。从这一实验可以看出，一定的光线对胎儿还是可以有积极的刺激作用的，它可以促使胎儿的视网膜感光细胞进行活动，从而促使胎儿的机体也开展一系列活动，即通过视觉神经将此信息传入大脑皮层，通过大脑神经进行一系列复杂活动，再引导机体对此做出反应。所以专家们认为，适当的光照对促进胎儿眼睛、大脑、机体的积极活动和协调动作是有好处的。

准妈妈要养成散步的习惯

以前没有养成每天散步习惯的母亲，应从此开始培养散步习惯。怀孕之后，散步是一件乐事，到附近的公园散步 20 分钟左右，两旁的行道树映入眼帘，树上盛开着可爱的小白花。这将是你以前所不曾发现过的，有一种发现新大陆的感觉。在散步过程中，胎儿也会配合母亲舒展筋骨。

>> 科学胎教课堂

怀孕中期，最宜慢慢地散步。散步的时间以早晨10点到下午两三点最佳。这个时间段最不容易引起子宫收缩。

然而，如果盛夏在这段时间散步，可能会因中暑而昏倒。不如利用早晨或傍晚的时间进行，比如利用傍晚去购物的时候，顺便散散步。

在炎热的季节散步，必然会流很多汗。请穿吸汗性强的棉质内衣，避免因为流汗导致身体受寒。

美丽孕妈妈

怀孕后，孕妈妈体内激素水平的变化会影响皮肤状况。有些人皮肤变得更光滑细腻了，也有的人变得敏感粗糙了，会出现妊娠痒疹、丘疹性皮炎，甚至面部出现妊娠斑，腹部出现妊娠纹。没关系，专家表示，只要妊娠期间合理地进行皮肤养护，便能使孕妈妈保持皮肤细腻光滑。

孕期皮肤十分敏感，每次洗脸时应使用温和无刺激的洁面用品（洗面乳或香皂）。由于皮肤干燥，洗脸的次数应相对减少，每日两次即可。

洗完后用手轻轻拍打几下，等水分半干，用温和的润肤霜均匀搽于面部，并轻轻按摩，这样有利于保持皮肤水分，促进皮肤的血液循环。

适当多饮水，多吃新鲜蔬菜和水果，必要时也可服用一些维生素B_2、维生素C片，以防皮肤干裂。

保持室内一定的湿度，最好有空气加湿器，或在室内放一盆水。

避免吃辛辣食品和饼干、方便面等垃圾食品，不喝浓茶和咖啡，否则会使皮肤更加干燥而无光泽。

了解胎教的“外象内感”理论

“外象内感”是中国古人关于胎教的重要理论，这一理论是建立在“子在腹中，随母听闻”认识的基础上的。巢元方在《诸病源候论》中说：“欲子美好，宜佩白玉；欲子贤能，宜看诗书，是谓外象而内感者也。”《颅囟经》一书中也曾指出：“巢氏（即指《诸病源候论》之作者，隋代医家巢元方）论妊娠，至月始胎之时，欲谈正言，行正事……佩白玉，读诗书等人之类，其非胎教之理乎？”这种通过谈正言、行正事、佩白玉、读诗书等人为的方法与措施，加强孕妇的品德修养，培养其高尚情操，使其保持良好的精神状态，以期“外象而内感”，这样可使孩子的智力发达、性格端庄。古人所说的“外象而内感”的胎教方式，实际上是对胎儿进行早期教育的手段。孕妇在妊娠期间多接触美好的事物，诸如听美好的音乐、欣赏优美的景色、观看花卉和美术作品、读有益于身心健康的著作等，可陶冶孕妇性情、开阔其胸襟，使其心旷神怡、一身气血和顺，对未来胎儿智力与性格等发育产生良好、积极的影响。

胎儿的听力训练

胚胎学研究证明，胚胎从第 8 周开始神经系统初步形成，听神经开始发育。当胎儿发育进入 5 ~7 个月时听力完全形成，还能分辨出各种声音，并在母体内做出相应的反应。有几个有趣的实验研究：

(1)有人曾做过这样的实验，让新生儿吸吮一个与录音机相连的奶嘴，婴儿以某种方式（长吸或短吸）吸吮就可听到自己母亲的声音，而且他们通过辨别声响，表示出对自己母亲的声音特别的敏感。

(2)还有人选择在怀孕的最后的 5 ~6 周时让孕妇给胎儿朗读“戴帽子的猫”，历时 5 个多小时，当胎儿出生后进行吸吮试验。先准备两篇韵律完全不同的儿童读物：一篇是婴儿在母亲体内听到过的“戴帽子的猫”，另一篇是婴儿从未听到过的“国王、小耗子与奶酪。”婴儿通过不同的吸吮方法才能听到这两篇不同的儿童读物。结果发生了让人非常惊喜的事情，这些婴儿完全选择了他们出生前学过的“戴帽子的猫”。

(3)还有一个曾经引起世界轰动的年轻人，他叫布莱德·格尔曼，当他从医生那里知道了5个月以后的胎儿能够具有听力，并可以进行学习时，他就开始设想他自己怎样才能够同他未出世的孩子建立联系，后来他发明了“胎儿电话机”。这种电话机有点像收录机，它可以将录下的声音通过母亲的腹壁传递给胎儿，并可以随时记录胎儿在子宫内对外界各种声音刺激的反应，把这些微弱的子宫内声音再放大，就可以了解胎儿对声音的反应。他相信通过“胎儿电话机”可以使他和胎儿之间的关系同他太太和胎儿的关系一样密切，因此，布莱德·格尔曼每天不间断地将其放在妻子腹部子宫的位置。有时通过话筒直接与胎儿讲话和唱歌，逐渐他发现当胎儿喜欢听某种声音时他会表现得安静，而且胎头会逐渐移向妈妈腹壁，听到不喜欢听的声音时头会马上离开，并且用脚踢妈妈的腹壁，表示他不高兴。

经过一段时间的观察与训练，布莱德·格尔曼已经知道了他的宝贝喜欢听什么声音和不喜欢听什么声音了。格尔曼常常很兴奋地对他的朋友说：“我的孩子生下来不久，当她一听到我的声音就会掉转头来对着我，我简直无法形容她这样做使我多么高兴！”格尔曼发明的“胎儿电话机”的消息传开以后，世界各地许多人打电话给他感谢他的贡献。以上这些事实说明了胎儿在未出生前已经具备了听力。此外，科学家们还发现，如果胎儿在母体内患有先天性耳聋，通过听力训练可以做出初步的诊断，当胎儿出生就可以采取相应的措施。

母子的心电感应

不少人认为新生儿根本听不懂大人说的话，而且也没有智能与情感，因此是不能教育的。事实上，孩子从胎儿期开始，就能借着心电感应感觉母亲的波动。刚出生到2岁大的婴儿，还残留这种心电感应能力。当父母对孩子说话时，孩子耳朵听到声音的同时也能接收到心电感应。

即使孩子尚不懂词汇，但却具有正确读取话语意义的能力。孩子能够正确感受母亲对他所说的话，即使母亲想要掩饰自己的心情，孩子也能读取母亲内心深处真正的想法。美国的约翰·亚伦瓦德博士将母子间的波动关系命名为“母子的心电感应关系”。

母子间最棒的关系，就是当母亲打从心底觉得安详的时候，此时，孩子也能敞开心扉接受母亲的各种波动。如果母亲对于孩子的成长感觉不安或焦躁、疑虑等，心中有否定的情绪，孩子就会封闭心灵，无法直接接受母亲的波动。这时，即使母亲想将话语传达到孩子的心中，孩子也会充耳不闻。

>> 科学胎教课堂

其实这种情况不只限于母子之间，孩子与父亲的心电感应也是重要的沟通手段。如果从胎儿期开始，父亲就经常对孩子说话，则生下的孩子就会成长为爱父亲的孩子。

父亲只要从胎儿期开始不断进行胎教培育孩子，孩子就能获得心灵的满足，比其他孩子更容易成长为温柔的孩子。

怀孕3个月时的营养养胎

怀孕进入第三个月虽然是关键期，但在受孕初期由于胎儿体积尚小，所需的营养不是量的多少，而是质的好坏，尤其需要蛋白质、糖类和维生素较多的食物；受孕11周以后，由于胎儿迅速成长和发育，需要的营养也日渐增多。从这个时期起，不仅食品的质要求高，而且量也逐渐要增加。充足而合理的营养是保证胎儿健康成长的重要因素，也是积极开展胎教的基本条件。

这个时期，如果孕妇胃口好转，可适当加重饭菜滋味，但仍需忌辛辣、过咸、过冷的食物，以清淡、营养的食物为主。

怀孕 3 个月时的胎儿营养食谱

1. 兰花油菜

【原料】小油菜芯 22 棵，豆腐 1 块，冬菇、冬笋各 25 克，小葱 5 棵，香油 10 克，花生油 40 克，精盐 3 克，味精 2 克，料酒 5 克，水淀粉 15 克，葱、姜共 15 克，黄豆芽汤 100 克。

【做法】

(1)将葱择洗干净，取葱芯切成兰花形；冬菇洗净；冬笋和余下的葱、姜均切成末。

(2)小油菜心洗净去叶，从根部起留 4 厘米长，去掉中间嫩心备用。

(3)将豆腐用刀面压成泥，放入冬笋、冬菇末，加入精盐、味精、料酒、香油，调拌均匀，装入菜心中，上笼蒸 10 分钟取出。盘中心放做好的兰花，周围摆上蒸好的菜心。

(4)炒锅上火，放油少许，烧热，放入葱、姜末炸一下，倒入黄豆芽汤，将葱、姜捞出不要，加入精盐、味精，汤沸撇去浮沫，用水淀粉勾薄芡，淋入香油，浇在菜心上即成。

2. 南瓜蒸肉

【原料】老南瓜1个,带皮猪肉500克,酱油40克,酱豆腐汤15克,红糖、糯米酒各15克,净葱、芝麻各10克,净姜5克,黏米100克,骨汤25克。

【做法】

(1)将南瓜蒂从把的周围划入四方形刀缝,取把做盖,挖净瓤;猪肉刮洗干净,切成0.3厘米厚、5厘米长的片;将黏米、芝麻混合,入锅炒黄,磨成粗粉;葱、姜切末。

(2)猪肉片用葱、姜、酱豆腐汤、酱油、红糖、糯米酒和骨汤拌匀,加入米粉再拌匀,装入南瓜内,盖上盖,放在盘内,上笼蒸烂取出即成。

孕中期

把握胎教的最佳时期（孕4月～孕7月）

第一章

享受孕育幸福的第4月

随着妊娠月份的增加，孕妈妈体态曲线发生变化，体重逐月增加，使其日常生活与工作受到限制，加重了心理压力。这些都会使孕妈妈产生自卑、忧虑和紧张烦躁的心理。因此孕妈妈在进行胎教的同时，也要调整好自己的心态。

母子沟通

无论是早晨还是晚上，只要有时间，父母都可以和胎儿进行亲子对话。这种亲子对话既是爱的表现，又是美的传达，能够产生以美导真的效应。子宫对话就是“母亲与胎儿的沟通方法”，将母亲的情感、心绪、思考等传达给胎儿。你一定会感到疑惑，因为胎儿在肚子里，如何与他沟通呢？其实，不要觉得隔着肚皮或用心灵交流方式与胎儿说话是件深奥难懂的事。只要你用爱来看待腹中胎儿，经常对胎儿说话，就能够有效刺激胎儿的脑部发育。第5个月的胎宝宝，就开始会用自己的耳朵去倾听外界或来自父母的声音，不仅对父母的言行能做出一定的反应，还能在脑子里形成记忆，此时就可以开始子宫对话了。

母亲说话的语调要轻柔，充满感情，注意自己说话的音调、语气和用词，以便给胎儿一个良好的刺激印记。

>> 专家提示

母亲充满爱意的声音对胎儿具有一种神奇的安抚作用，有利于胎儿发育，对胎儿的智力发展起到积极的促进作用。

“对话”时，环境一定保持安静，拿放物品都不要发出太大的声音，不要用力摔门或摔物品，以免产生突发性的噪声刺激胎儿，引起胎儿的惊吓反应。

根据不同性格选择胎教音乐

每个人都有不同的性格特点，不同性格特点的孕妇，进行音乐胎教时则选择曲调、节奏、旋律、响度不同的乐曲。如孕妇情绪不稳，性情急躁，胎动频繁不安，则宜选择一些缓慢柔和、轻盈安详的乐曲。如二胡曲《二泉映月》、筝曲《渔舟唱晚》、民族管弦乐曲《春江花月夜》、琴曲《平沙落雁》等。这些柔和平缓，并带有诗情画意的乐曲，可以使孕妇及胎儿逐渐趋于安定状态，并有益于胎儿的身心朝着健康的方向发展。

如果孕妇性格阴郁迟缓，胎动也比较弱，则宜选择一些轻松活泼、节奏感强的乐曲。如《春天来了》《江南好》《步步高》，以及奥地利作曲家约翰·施特劳斯的《春之声圆舞曲》等。这些乐曲旋律轻盈优雅，曲调优美酣畅，起伏跳跃，节奏感强，既可以使孕妇振奋精神，解除忧虑，也能给腹中的胎儿增添生命的活力。

对于音乐胎教来说，就和中医治病讲究“辨证论治”一样，要因人而异，绝不可用恒定的胎教乐曲，让所有孕妇去聆听。

准爸爸怎样和胎儿说话

父亲抚摸孕妈妈的腹部，同宝宝谈话，把手放在妻子的腹部，对胎儿有很好的情感性影响。在妻子不舒服的时候，宝宝也会不舒服。这时候，你就可以把手放在妻子的腹部，说："振作起来！""坚强一些！"等。

有的年轻丈夫也想同宝宝谈话，但又觉得难为情，不好意思。这其实没有什么不好意思的，你们可以给宝宝起个名字，这样交流起来就较为顺利了。你可以每天一早起床的时候就同他打招呼："你早，小××。"下班的时候也可以这样说："小××，爸爸回来了。"宝宝活动激烈，妻子受不了时，你还可以说："我的宝宝，妈妈不好受，你老实一些吧，小××。"

其实，同宝宝谈话的内容是很丰富的，只要你有耐心，宝宝是乐于听你谈话的。

胎儿心灵的形成时期

胎儿能感受舒适或不快，大约是在母亲怀孕 14 周，约 4 个月的时候。这正是母亲开始习惯怀孕的时候。胎儿在形成人形的时期，心灵已经开始形成。

怀孕 14 周左右，胎儿脑中的"大脑边缘系统"开始形成。"大脑边缘系统"掌控和支配人类生存的动物性感觉（视觉、听觉、嗅觉、味觉、触觉五感），具有极重要的功能。

出生之后，为了智能的发育，大脑边缘系统一定要健康，所以，怀孕期间的生活方式对胎儿十分重要。

不快的感觉逐渐升高时，胎儿就会踢母亲的肚子，以行动拼命向母亲诉说不满。当胎儿踢的时候，千万不可以一味地认为是"孩子非常健康"的运动，视而不顾。会动与会踢是不一样的。当你感到被"踢"的时候，不妨问一问：

"宝贝！怎么啦？什么事让你不高兴呢？"

刚开始或许他还不了解你意思，但只要你不

>> 科学胎教课堂

腹中胎儿的"心灵"非常单纯。只是要保护生命的本能欲求，若能获得满足，就会记忆"快感"；若无法获得满足，就会记忆"不快感"。

断重复地说，渐渐地他就能从你说话的语气中了解你安抚的意思了。

事实上，当父母亲发生激烈口角的时候，胎儿应该也会发送出“停止吧！”“好吵、好痛苦！”的信息。

与胎儿一同做胎教体操

孕妇所参加的孕妇体操班，近来在各地区不断地增设。怀孕中的妈妈表示，和未怀孕时相较，体能状况、体重皆有所改变，由于平日运动不足，动不动就会淤血、腰酸腿痛。所以必须做运动来调整身体平衡并为即将自然生产或喂乳育儿做准备。在孕妇体操班，有助“胎教”的课程时有所闻。然而这仅是为了调整母亲身体的孕妇体操，不能与对形成善良性格、健康人格有作用的胎教混为一谈，因为其目的与方法截然不同。

为怀孕妈妈所设计的直接胎教体操，是审慎地顾及动育的要素创作而成的。众多的妈妈经过实际体验后证明动育的直接胎教成果斐然。体操的动作，再配合轻松流畅的旋律，所有的母亲们都能够轻松快速地学会，而其特色是任何时间、地点皆可做这套体操，节奏和胎内音相同，一听即能跟上节拍。

这套优美的体操动作具体地将紧抱、捧抱、背抱、呵护等姿态编入其中，直接把妈妈的温馨关爱传达给胎儿。做体操不要拘泥于规定的动作，要愉快轻松地运动。了解动作的要领之后也可加入有自己风格的动作，也是乐趣无穷。

另外，体操动作如同时配合进行母声音育胎教的话，是最为有效果的直接胎教，妈妈们要一边快乐哼唱一边活泼舞动。每天持续不断地做这套体操，可调整孕妇的身体状况，腰酸背痛、腿足肿胀的现象也会减少。

孕中期母亲的状况

此时期腹部已变得十分庞大，由于子宫底已经上升到心窝底，所以会压迫到胃，会造成食欲不振，体重亦有急速增加的倾向。除了胸部好像被什么顶住的感觉之外，身体也变得很难弯曲，浑身无力而且不想动。特别是上下楼梯显得格外笨拙，步行也变得很容易跌倒。所以此时孕妇最好能不慌不忙、慢慢行走。

从妊娠初期到中期，外面的光线由于肚皮及羊水等的遮蔽而无法传到子宫内，因此，子宫内部十分阴暗。根据实验，即使投射如手术室般的强光，子宫中也只会有朦胧的亮度。到了妊娠第9个月时，如果将强光打在母亲的腹部，胎儿会出现要躲开强光刺激似的表情，而且还会把眼睑闭得更紧。由于在母亲腹中的这段时间，胎儿的视神经及视网膜尚未完全成熟，所以过分炫目的强光对胎儿而言是相当不愉快的刺激。至于弱光，胎儿会猛眨可爱的眼睛对它表现出趣味盎然的样子。如果光线不太抢眼，可以在胎儿脑中留下明暗的印象，反而可以促使他的脑部发育。

>> 科学胎教课堂

看了上述情形的各位准妈妈可别以为用光来刺激腹中的胎儿，就可以使头脑变聪明，对胎儿而言，透过腹部进入的正常光线亮度已经绰绰有余了。所以多利用天气好的日子到外面散散步吧！

多呼吸新鲜空气有益胎儿

新鲜空气也是准妈妈及胎儿必不可少的营养品。空气与阳光一样，是大自然赐予人类生存的基本条件，空气中的氧气直接参与并主持了人体的新陈代谢过程，离开它，人类片刻都不能生存。新鲜空气中氧气含量高，有害物质少，能有效地提高人体血液中的含氧浓度，有助于人体的健康，对于准妈妈自身的代谢及胎儿的生长发育具有极为重要的作用。因此，新鲜空气对于准妈妈来说，不亚于一剂良药。

但是，随着城市的扩展和现代工业的发展，空气污染已严重地危害着人类的健康。被污染的空气中一些有害的气体能随着母体的呼吸进入肺部，直接参加血液循环，进而加入胎盘血液循环系统，对胎儿的生长发育带来不良的影响。因此，准妈妈要有意识地净化生活环境。

首先，要在厨房安装抽油烟机，在卧室安装排风扇，有条件的，可用空气净化器代替。劝告您的家人及客人在室内不要抽烟。晚上尽量开窗睡觉，如在冬季必须关窗时，可于清晨起床后打开窗户换换空气。

其次，孕期要尽量避免去影院、车站、商店、闹市以及交通要道等空气污浊的场所，可以在每天清晨及傍晚到附近公园或树林、草地等空气清新的地方散步，条件允许的话还可以在星期日来一次郊游，到大自然中呼吸新鲜空气，以弥补室内空气的不足。

母亲的生活方式会影响胎儿的发育

很多母亲在怀孕时都以为要将胎儿的那份食物一起吃下肚，结果导致出现吃得过饱、过量的情形。因为吃得很饱，又怕动到胎气，所以尽量保持不动的姿势。加上现代家庭设备齐全，做家务事所消耗的热量越来越少，于是不知不觉地胖起来。

厨房的擦拭清洁可以每天进行。床单也可以常常更换。天气好的话，每天散步 1 次，将氧气送抵胎儿的脑部。这样不仅可以稳定自己的情绪，亦可借机对胎儿说话。

>> 科学胎教课堂

这个时期务必找一些可以稍微活动身体的事情来做。活动可以刺激胎儿的皮肤感觉，帮助脑部的发育。

然而，胎儿是否了解生活的规律呢？一般人以为子宫内部黝黑，应该没有白天黑夜之分。其实，胎儿是可以通过母亲感觉到白天与黑夜的。

生命的存在与孕育是大自然运转的一种方式。最好是能配合外界的自然规律生活。然而，日出而作、日落而息的生活方式对现代人来说似乎难以实现。

不过，至少不要熬夜，经常熬夜的母亲会生出“夜猫型”的孩子。与其婴儿出生后才后悔，不如在孕期改变一下母亲的生活方式。

鲜花带来愉快心情

鲜花犹如一位美丽的情感使者，不论你愉快或失意，它都迎着阳光在小屋的一角灿烂开放，给孕期生活平添一份亮丽，将你的忧郁悄悄化去。它跳动的生命充满了青春活力，在平淡的日子里点缀一份心动，令你感受它无时不在的笑语。

鲜花是一支无声的歌，是一支优雅深情的舞。它对生命没有苛求，只要些许清水，便会蓬勃轻快地展示它美丽的生命。孕妈妈完全可以用鲜花般的眼睛、心灵去看待很美好的世界，为了自己，也为腹中的可爱宝宝。

>> 孕妈妈早知道

孕妈妈在孕期中，心情愉快是最重要的，今天可能不是节日，但在买菜的中途，你可以为自己买一束喜欢的鲜花，注意，要是无毒的鲜花。当你欣然接过这束鲜花时，也接过了一份明丽的心情，也带给宝宝一份欣喜与愉悦。

胎儿的运动训练

“生命在于运动”，运动可以促进胎儿生长发育地更好。早在第7周开始胎儿就可以在母体内蠕动了，但这时由于活动幅度很小，因此，只能借助B型超声波显像仪才可以观察到。当胎儿发育到16～20周时活动能力大增，表现出多种多样，如：吸吮手指、握拳、伸腿、眯眼、吞咽、甚至转身、翻筋斗等，运动中使胎儿逐渐强大，这时母亲也感到了胎动。

胎教理论主张对胎儿进行适当的运动训练，可以激发胎儿运动的积极性，促进胎儿身心发育。我们可以通过对胎动的观察来了解胎儿的健康，现代医学已经证明，胎动的强弱和胎动的频率可以预示胎儿在母体内健康状况。有人曾对胎动强者和胎动弱者进行观察，直到出生后，发现在宫内活动强者出生后其动作的协调性和反应的灵敏度上均优于出生前胎动弱者。凡是在母体内受过运动训练的胎儿出生后翻身、爬行、坐立、行走及跳跃等动作都明显的早于一般的孩子。因此说胎儿的运动训练确实不失为一种积极有效的胎教手段。有些孕妇对进行胎儿运动训练表示担心，认为锻炼会伤害了胎儿，其实这种担心是没有必要的。胎儿在4个月时胎盘已经很牢固了，胎儿此时在母体内具有较大的空间，而且羊水环绕着胎儿对外来的作用力具有缓冲的作用，可以保护胎儿。所以母亲对胎儿进行适宜适度的运动训练时并不会直接碰到胎儿，这一点孕妇可以放心。

注意妊娠斑

绝大多数妊娠妇女的乳头、乳晕、腹正中线及阴部皮肤着色加深，原有的黑痣颜色也多加深；部分孕妈妈在妊娠4个月后，脸上出现茶褐色斑，分布于鼻梁、双颊，也可见于前额部，呈蝴蝶形，这就是孕期妊娠斑。妊娠斑的出现是由于孕期脑垂体分泌促黑色素细胞激素增加，以及大量孕激素、雌激素，致使皮肤中的黑色素细胞的功能增强。在正常的情况下，妊娠斑应该在生产后3~6个月消失。爱美之心人皆有之，孕妈妈也不例外，虽然妊娠斑以后会消失，但在怀孕期间还是破坏了美的感觉，影响好心情，当然也会影响胎宝宝的情绪。下面介绍几种缓解妊娠斑的方法：

减少阳光照射：日光照射可使妊娠斑加重，因此夏日外出应戴遮阳帽，涂防晒霜(比通常厚一点)，打遮阳伞，避免阳光直射皮肤表层。

控制体重：怀孕期间，避免体重增加太快，整个妊娠期体重增加一般不要超过12公斤。

正确沐浴：沐浴可促进血液循环，沐浴后涂上身体乳液。此法可在妊娠斑未长出之前使用，有预防作用。

补充维生素：孕妈妈此时应多吃富含维生素C的食物，如柑橘、草莓、蔬菜等，还应多吃牛奶及其制品。

皮肤按摩：对皮肤进行适当按摩，增加皮肤的弹性，因为良好的皮肤弹性有利于承受孕期的变化。

多吃西红柿：西红柿祛斑在于它富含番茄红素和维生素C，它们是天然的抗氧化物质，经常吃有助于祛斑养颜。

接受过胎教的宝宝是什么样的

（1）睡眠好、少哭闹。经过胎教的孩子身体健康，体内营养充足，很少有不适感，自然睡眠良好，较少哭闹。

（2）多继承父母的优点。实施胎教的父母多以良好的品性来诱导胎儿，使胎儿在成长和发育过程中，接收的都是父母优秀品性方面的信息，受到良好的鼓励。另外胎儿本身具有巨大潜能，胎教开发出胎儿的潜在优良品行，也就会多表现出一些优点来。未经胎教的孩子父母无意间难免会给胎儿输入不良的影响，从而可能会诱发胎儿缺点的产生。

（3）成长快。经过胎教的孩子明显比未经胎教的孩子有精神、活泼、长相漂亮、眉宇间透着灵气。这样的孩子说话早、悟性高、懂事快、愿意讲一些大人的话，而且坐、立、行、走都较一般的孩子早一些。

（4）乐感强、智商高。经过音乐胎教训练的孩子乐感较强，易表现出音乐才能。音乐是启发智慧的一把金钥匙，日本著名小提琴手铃木镇一就是用音乐训练培育出许多高智儿的。这是因为音乐优美的韵律，激发了孩子大脑的发育，开发了智力，提高了智商。手指的活动也会刺激大脑的发育，具有开发大脑的功能。

（5）品质优良。经过胎教的孩子由于其父母始终注意灌输真、善、美的东西，以致他们从小就易表现出文明、礼貌、谦虚、谦让、关心别人、有爱心、对事物有热心，具有积极的生活态度。

认识纤维素

如果孕妈妈怀孕时期只吃肉、奶、蛋类的食物而很少吃富含纤维素的蔬菜、粗粮等食物，其子女将来患肠疾的可能性将增加。吃纤维素食物少，容易导致孕妈妈通便不畅，粪便残渣可能会残留在大肠中导致感染，孕妈妈大肠中的这些细菌很有可能传染给她腹中的婴儿，寄生在婴儿肠道上，形成隐患。

天使也爱玩

今天是宝宝在子宫内的第100天了，有些特殊的意味在其中了，所以今天安排孕妈妈给宝宝准备第一件玩具，可以是铃铛、木鱼、八音盒或小鼓。虽然看着似乎有些单调，但可变换各种不同节奏，甚至符合和其他音乐来搭配，以达到孕妈妈和胎宝宝自娱自乐、自在其中的效果。

声音对新生儿的刺激是相当重要的。目前医学界与幼教界都赞成单调的刺激是最好的方法，外在的声音可以传达入子宫内，而胎儿对声音也有反应。因此，如果要以声音刺激胎儿，最好还是以单调或是越简单的音节越好。至于丰富美丽的乐曲，还是留给孕妈妈来欣赏比较合适。

母亲的熟睡有助胎儿发育

俗语说："睡觉的孩子容易长大。"这个原理也可以用在胎儿身上。腹中的胎儿也会睡觉，如果母亲的睡眠姿势与胎儿的姿势不对，睡眠的质量就会受到影响了。

曾经有一位妈妈表示，到了怀孕中期晚上总是睡不着。虽然医生告诉她："晚上睡不着，那就白天睡吧！"但是，即使设法在白天睡觉，也总是马上就醒过来了。原来是因为胎儿在肚子里动个不停，所以才让母亲睡不好觉。

在腰部垫个枕头，或是侧躺时在双脚夹个或腹侧垫个小坐垫，寻找容易入睡的姿势，左侧卧，腿部稍微弯曲，不仅容易入眠，胎儿也不会动得太厉害。每个母亲和胎儿的睡眠姿势因人而异。当你无法睡着的时候，不妨使用枕头或坐垫，在睡觉姿势上多下功夫，寻找适合自己的睡眠姿式。怀孕时期，母亲如果能睡得很熟，睡眠时脑部的脑下垂体会分泌出生长激素。这不是为了帮助母亲成长，而是为了胎儿成长而分泌的，是胎儿成长不可或缺的物质。

>> 专家提示

此外，这种激素具有帮助母亲迅速消除身心疲劳的效果。许多母亲怀孕前常抱怨无法好好睡眠，但怀孕后反而变得比较容易入眠，这是因为释出了所需的激素，母亲身体内部自然而然发生的变化。

胎儿的记忆训练

对于胎儿是否有记忆这一问题曾经引起了不少国内外学者、专家们的争议，并对此进行了长期的深入研究。西班牙萨拉戈萨省一所胎儿教育研究中心对“腹中胎儿的大脑功能会被强化吗？”这一课题进行了研究，结果表明胎儿对外界有意识的激励行为的感知体验，将会长期保留在记忆中直到出生后，而且对婴儿的智力、能力、个性等均有很大的影响。由于胎儿在子宫内通过胎盘接受母体供给的营养和母体神经反射传递的信息，使胎儿脑细胞在分化、成熟过程中不断接受母体神经信息的调节与训练。加拿大哈密尔顿乐团的著名交响乐指挥家鲍里期·布罗特在回答记者问中有这样一段描述：“也许听起来有些奇怪，但的确在我出生前音乐就已经是我的一部分了。”“噢，那是在我年轻的时候，当我发觉自己有异常的天才时，我感到疑惑不解。初次登台就可以不看乐谱指挥，大提琴的旋律不断地浮现在脑海里，而且不翻乐谱就能准确地知道下面的旋律。有一天，当母亲正在演奏大提琴的时候，我向她说了此事。由于脑海里总是清晰地浮现大提琴的旋律，所以，引起了母亲的兴趣，当母亲问我脑海里浮现什么曲子时，谜被解开了。原来我初次指挥的那支曲子，就是我还在母亲腹内时她经常拉奏的那支曲子。”

以上事实告诉人们，胎儿并不是无知的生命，孩子聪明才干的启蒙孕育在胎儿期。因此，根据胎儿的这一能力进行及时合理的训练使其更进一步的发展与完善是非常必要的。

了解美国的胎儿大学

美国的加利福尼亚州有一所十分特别的“大学”——胎儿大学。它的创办人范德·卡尔是加州一位妇产科医生。卡尔说，在他们学校，胎儿 5 个月就开始上学，每天上两节课，每节课 5 分钟。胎儿大学的课程包括语言、音乐和体育。胎儿的妈妈是通过轻轻拍肚子来开始与胎儿沟通的，而小宝宝则不断地踢脚，过了不久，他就会向感觉到妈妈的手的地方踢。胎儿 7 个月，开始接触外界的声音，妈妈用一个喇叭筒随着轻拍、摩擦、挤压和叩击等适当的动作教胎儿说话，教他们一些描述声音、光或笑等感觉的语言。在上音乐课时，妈妈把一架玩具木琴放在肚子上，然后弹奏一些音符，教胎儿认识音调。

受到这种胎教的婴儿出生时，大脑里大约有 50 个单词，有些“学生”出世两周就会说“哦……哦………”“爸……”等词。有一个婴儿出世 8 周就能很清晰地说“Hello”。这所大学在学生出世后，即发给他们学士帽和毕业文凭。自 1979 年创办以来，已培养了数千名学生。

卡尔的儿子凯特里，也是这所大学的毕业生。他比同龄的孩子成熟得多，在他

4岁时就可以讲英语和西班牙语,并喜欢跟8~10岁的小孩玩,而且懂得照顾自己。

从前面胎儿大学的介绍中可以看出,胎教有两个途径:

(1)主要是利用言语和音乐等听觉刺激信号,通过胎儿的听觉器官来促进胎儿的言语和大脑的发育。

(2)主要是利用抚摸孕妇腹部的动作刺激信号去诱发胎儿的各种动作,促进大脑的发育。

自豪的孕妈妈

此时孕妈妈一定要克服消极情绪,并为自己即将成为一名真正的母亲而自豪,而抛弃自卑心理。母亲是伟大而无私的,为了肚子里可爱的胎宝宝,做什么都值得。有了这种心理做基础,孕妈妈还可以多想一些愉快的事,多看一些轻松、幽默的书籍,多看一些喜剧片和动画片,并每天到环境幽雅的地方散步,和喜欢的人聊天,从而达到精神上的放松,使孕妈妈体内循环畅通,从而减轻妊娠的不良反应,减轻孕妈妈的自卑烦躁心理。

调整过于热切的胎教心理

有的孕妇实施胎教时期望值过高,心太切,结果适得其反,收不到好的效果。孕育一个健康聪明的孩子,是每一位孕妇的心愿,胎教的目的正是为了帮助孕妇实现这一心愿。为了正确实施胎教,使胎儿真正受益,孕妇必须认真学习胎教内容,掌握胎教的正确方法。在实施过程中,严格按胎教的方法去做,不要以为只要比规定的多做一些,就会更有效。孕妇生活要有规律,这既是胎教的一项内容,也是对每位孕妇起码的要求。每项胎教内容,须按一定规律去做方能成功。如抚摩胎教,一天两天不足以和胎儿建立起联系,须坚持长久地、有规律地去做,才能使胎儿领会到其中的含义,并积极地去响应。母亲和胎儿相互配合,相互协作,乐趣无穷。在这种乐趣中,胎儿的发育得到激励,胎儿的心智发展得到激励,孕妇的信心和持之以恒的态度,是胎教的成功保证。

>> 科学胎教课堂

妻子对胎儿进行胎教时，丈夫不能袖手旁观，应积极参与。当妻子过分热衷于此事，丈夫可以适时制止，在时间上为妻子把握好尺度，并随时提醒胎儿的感觉。如果发现胎儿烦躁，应立即让妻子停止胎教。孩子是在睡眠中长大的，胎儿需要更长时间的睡眠和休息。如果一味刺激胎儿，使胎儿得不到很好的休息，势必影响胎儿的生长发育。

丈夫对胎教的参与，不仅仅限于帮助妻子，还可以直接对胎儿进行胎教，比如丈夫贴在妻子的腹部对胎儿讲话，胎儿是完全能听得到的。所以，丈夫除了通过对妻子的爱心来影响胎儿外，还可以直接与胎儿建立联系。孩子在胎儿期就感受到父爱，将会促进日后与父亲建立亲密的关系。

科学饮食很重要

孕妇的饮食要根据其口味和嗜好，经常变换烹调方法，使饮食多样化，或者加入少量的姜、胡椒等调味料刺激食欲。略带酸味的食物能够引起孕妇的食欲，如酸奶、醋溜白菜、柠檬汁等。

>> 孕妈妈早知道

孕妈妈这个时期要时刻注意自己的饮食对胎宝宝的重要影响，不仅要注意饮食的种类和营养，还要注意饮食的质和量。

许多人认为，水果中富含膳食纤维和维生素，不仅对孕妈妈有益，而且可使胎儿皮肤好，生下的孩子白嫩。水果对孕妇和胎儿均有益是没错的，但也不能没有节制。水果除富含维生素外，含有大量的水和糖类，一个150～200克大小的苹果，就能产生100～120千卡的热量，相当于60～80克的米饭。因此，孕妈妈每天食用水果200～250克就行了。

本月最适宜的胎教活动是什么

散步是孕妇最适宜的活动。据报道，散步可以提高胎儿神经系统和心、肺的功能，促进新陈代谢。有节律而平静的步行，可使腿肌、腹壁肌、胸廓肌、心肌加强活动。利于血管容量扩大，血液循环加快，增加给身体细胞的营养，特别是对心肌的营养有良好的作用。同时，在散步中，肺的通气量增加，呼吸变得深沉。因此我们可以说，散步是增强孕妇及胎儿健康的有效方法。为了提高散步效果，应注意以下几点：

首先是散步的地点要选择好，最好选择那些花草茂盛，绿树成荫的场所。这些地方空气清新，氧气浓度高，尘土和噪声都比较少。孕妇经过一天的工作，心理上受到紧张的刺激，孕体也会感到疲乏不适，置身于这样一个宁静恬淡的环境散步，无疑是一次极好的身心调节。如果你所住的地方没有那样的场所，也可选择一些清洁僻静的街道作为散步的地点，应注意避开那些空气污染严重的地方，如闹市区、集市以及交通要道等。这些地方往往空气污浊，烟雾弥漫，病毒、细菌等的污染也都比较严重。在这种地方散步，不仅不能起到应有的作用，反而会给孕妇及胎儿带来不良的影响，可以说是得不偿失。

其次是散步的时间要适宜，一般情况，城市里下午4点到7点之间空气污染相对严重。孕妇要有意识地避开这段时间，并根据个人的工作、生活情况选择安排好散步的具体时间。

艺术熏陶有益于胎教

胎儿在母体内是可以感受到母亲的举动和言行的。孕妇在怀孕期间的所作所为都可以直接影响到胎儿出生后的性格、习惯、道德水平、智力等各个方面，这不仅可以从母亲输送给胎儿血液中的化学物质的变化看出来，也可以从孕妇从事体力劳动引起胎动异常的感觉中体会到。

孕妇如何提高自己各方面的修养呢？应在学识、礼仪、审美、情操等各个方面全面发展。

1. 多阅读好的文学作品

孕妇应多阅读一些引人入胜的文学作品。这不仅可以使孕妇自己充实、丰富，同时也熏陶了腹中的宝宝，让他也感受这诗一般的语言、童话一样美的仙境，而且还会刺激胎儿生长，使其大脑的发育优于其他胎儿。由于这种教育使胎儿事先拥有了朦胧美的意识，出生后一般也比其他婴儿聪慧、活泼、可爱。孩子与母亲的关系也会因此而倍加亲密。

怀孕的母亲看些什么书好呢？笼统地说，书可以分为两类：好书和坏书。

坏书就是那些对人的情绪等方面产生消极影响的书，如黄色书刊、趣味低下的街头画册、思想过于低沉的书等。这些书籍里充满了下流、淫秽、打斗、杀戮，会使孕妇长期处在不良的精神状况中，对胎儿的发育是极为不利的。

好书是指那些看后使人精神振奋、情绪良好的书，阅读这类书籍对于孕妇及胎儿双方的身心健康都大有益处。一位哲人说过："读一本好书，就像是与一位精神高尚的人谈话。那精辟的见解、分析，丰富的哲理，风趣幽默的谈吐，都会使人精神振奋，耳目一新。"

好书又可分为以下几类：伟大人物的传记，优美的诗歌、儿歌，令人神往的童话和神话，鼓励人向上的世界名著，著名的山水和名胜古迹游记，精美的画册等，这些都能起到熏陶作用。

2. 多听优美的音乐

音乐是胎儿的"特殊营养"。让孕妇听音乐,作为胎教的一个部分已被不少年轻夫妇所采用。一些生物学家认为,有节奏的音乐,可以刺激生物体内细胞的分子发生共振,使原来处于静止和休眠状态下的分子和谐地运动起来,促进细胞的新陈代谢。心理学家也认为,音乐能渗入人们的心灵,激起人们无意识的超境界幻觉,并能唤起平时常被抑制的记忆。

>> 科学胎教课堂

音乐胎教不仅可以使胎儿适应各种适度的变化,为胎儿提供丰富的良性精神刺激和锻炼,而且还可以为出生后的大脑神经活动(例如信息传递和信息储存等)提供一个良好的环境,为培养智力打下基础。

怀孕初期,孕妇应该每天听一些节奏欢快、优美动听的音乐或活泼有趣的儿歌、童谣,并随着轻轻歌唱。妊娠中期,孕妇和胎儿听的胎教音乐内容可以丰富一些,种类可以多一些,胎儿最容易接受父亲低音唱歌和小提琴独奏曲等。妊娠后期,孕妇面临分娩,情绪有紧张感,胎儿发育逐渐成熟,体重增加,又会使孕妇感到劳累。为此,这个时期可听一些在音色上柔和的音乐,这种音乐具有安抚性,对孕妇的心境具有良好的作用。

3. 多哼唱喜爱的抒情歌曲

孕妇为未出生的婴儿唱歌,并播放音乐,相当于一种"产前免疫",可为婴儿提供重要的"记忆印痕"。孕妇每天可以哼唱几首自己喜爱的抒情歌曲,或优美而富有节奏的小调、摇篮曲等。孕妇哼唱歌曲将会收到十分满意的效果:一方面,母亲在自己的歌声中陶冶性情,获得良好的胎教心境;另一方面,母亲在唱歌时产生的物理振动和谐而又愉快,使胎儿从中得到感情上和感觉上的双重满足。哼歌时心情要轻松愉快,富于感情,好像面对着未来的小宝宝,倾诉满腔母爱。同时,孕妇要想象腹中胎儿正在静听着自己的歌声,从而达到与爱子心音的谐振,达到心灵的共鸣。

适当补钙

孕妈妈要注意营养胎教，就应该明白钙对胎儿的重要性。在整个孕期，孕妈妈约需要储存钙 50 克，其中供给胎儿 30 克。钙的吸收率按 50% 计，孕中期需要每日补充 220 毫克，孕后期需要每日补充 700 毫克。这个数量是一般食物不容易提供的。母体如钙摄入不足，胎儿需要的钙就会从母体的骨髓、牙齿中夺取，以满足生长的需要，这样就使母体血钙降低，发生小腿抽筋或手足抽搐。

但是，由于许多因素会影响钙被母体吸收：如蔬菜中有的含有大量草酸盐，与钙形成不溶性草酸钙而影响钙的吸收；谷类食物中的植酸也不利于钙的吸收；摄入过量的脂肪，形成的不溶性皂化物也会降低钙的吸收。

因此，营养专家认为：孕妈妈补钙的最好方法是每天喝 200 ~ 500 克牛奶。每 100 克牛奶中含钙约 120 毫克，牛奶中的钙最容易被孕妈妈所吸收，而且磷、钾、镁等多种矿物质搭配也十分合理。另外，孕妈妈每天喝一杯牛奶，平均会使胎儿的体重增加 41 克；而那些不喝或很少喝牛奶的妈妈，其孩子的健康状况就相对欠佳。

准备天使的衣服

现在添置衣服似乎还有些太早，但如果没有妊娠反应的困扰，如果你路过宝宝衣物专卖店，不妨进去看看，买几件中意的可爱宝宝服。颜色最好是男宝宝或女宝宝都能穿的颜色，以粉蓝或是浅绿为宜，可以给人清新明快的感觉。

当你闲暇时，一边看着床头上方那张非常漂亮的婴儿画，一边想象自己的宝宝的可爱样子，手里还在整理着这些小巧可爱的漂亮婴儿服时，是不是心中充满了对宝宝的期待，还有对将来的美丽憧憬，那么，今天的胎教目的就达到了。

想象胎教

想象胎教是意念胎教的一种。学过气功锻炼的人都懂得，每个人都有种意念力，可以运用意念力活络通脉，加强血液循环。孕妇同样可以运用这种力，带着自己美好的信息，传输给胎儿，在胎儿身上发生作用。实施意念胎教必须有一定的气功功底，比较难于掌握。一般不要随便做，以免出差错。想象胎教比较容易，轻易掌握。

想象胎教就是想象腹中胎儿的情况。在整个孕期都可以做。从受孕开始，夫妻就可以共同讨论，为将出生的孩子做形象设计：取各人相貌中最理想而具有特点的部位，如丈夫宽阔的额头、俊俏的剑眉，妻子善于传情的大眼睛、高高的鼻梁、轮廓分明的嘴唇等加以组合，想象成您未来小宝宝可爱的形象。或者可以从画报、挂历、图片中找出一张您最喜欢的幼儿画像，挂在卧室里，经常看看。一旦将设计的婴儿形象确定下来了，您就要经常回想，反复使这一形象具体清晰，并在心中不断地呼唤。久而久之胎儿就会按照母亲的意愿生长发育，接近或达到父母理想的相貌。这就是为什么有些儿子比父母长得漂亮的缘由之一。在孕期可以想象胎儿在羊水中安详地睡眠，一副逗人喜爱的样子。当察觉到胎动时，就可以想象胎儿在欢快地从睡眠中醒来，蹬脚伸手打哈欠，伸懒腰那活泼可爱的样子。孕妇还要经常想象美好的事物，如名画、风景、优美音乐和文学作品、影视中美好的镜头，以及出外旅游与家人一道去公园散步，或与邻居或自家的小朋友一起嬉戏时的幸福时刻。通过想象使自己常处于一种愉快的心境中。

表达母爱

只要你的心情处于平静的状态，本项胎教练习随时都可以做。

首先，将你的全副精神集中在胎儿身上，想象你的眼睛有X射线的透视功能，可以透过腹壁和胎盘，看到纤巧而感受性丰富的胎儿，在宽广的羊水中自由漂浮的情景。用“心眼”去瞧瞧他大大的头和纤细的手脚。青白色的细长脐带，把胎盘与子宫紧紧相连。可以想象能看见小小的氧气气泡、维生素或其他营养素，正透过脐带，传送到宝宝身上。

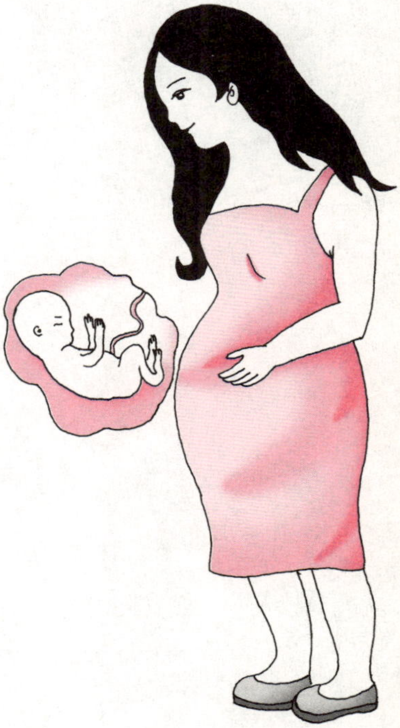

然后，告诉自己：“我把所有必要的营养素都传给宝宝，他在我细心地关照下，必定成长得健康、强壮。”

其次，让想象延伸，使通往脐带的小球体，不仅承载着养分和氧气，更将你对孩子深切的关爱，一道传递给宝宝。你是否也感受到那些活蹦乱跳的小球体，携带着世界上最宝贵的情感，朝胎儿的体内奔赴。

不但要想象这股强大的亲情力量流进孩子体内，而且要确信胎儿能体会到这股暖流，因而觉得安定而温暖。

再进一步感受，胎儿也通过脐带，将那些温馨的小泡泡传送到你身上。

请将你的心情完全沉浸在这种想象当中，并吸收这种想象所释放出来的能量，以便牢牢地将胎儿与自己联系在一起。

现在你可以休息一下，再发出声音来读这段话：

“我已充分给了宝宝所需要的精神支援，他在我祈求幸福的意念之下，必能过着圆满、快乐的胎儿生活。”

这个时候，你跟胎儿心灵的交流可以暂告一个段落，将灌注在孩子身上的注意力抽离出来，闭上眼睛，放松自己，你将会发现体内充满幸福的满足感。然后张开双眼，看看周围熟悉的家，动动手脚，或试着轻轻一笑。

做完本练习，你必然可以感觉到自己与肚子里的宝宝紧紧相系，若是坚持施行，联系就会越来越深了。

第二章

胎动频繁的第5月

从妊娠第5个月起，由于胎儿触觉功能逐渐发育起来，因此，可开始用触摸胎儿的方法进行胎教。这个时候的胎动较以前多了些，要注意一些有效的胎教方法，例如触压、拍打等增加胎儿肢体活动。

为什么胎儿喜欢妈妈的声音

胎儿在5个月大时，已能感觉外部声音的刺激。

胎儿是透过腹壁听到声音的。胎儿最初听到的是妈妈的声音。

腹中的胎儿会记住妈妈的声音。出生后，妈妈轻柔地对他说话时，婴儿就会觉得很舒服，哭泣中的婴儿甚至能够立刻熟睡。

当妈妈在看电视时，胎儿独自处于黑暗的腹中，会有不安感。而妈妈说话时，他会感到兴奋或变得安静。

此外，胎儿还能够敏感地区别出温柔的声音和可怕的声音。这是因为妈妈和胎儿的心是互通的。因此，母亲要随时以稳定温和的声音对胎儿说话，以促进胎儿脑细胞的发育。

>> 孕妈妈早知道

据统计，当家中只有妈妈和胎儿两个人时，妈妈要尽可能出声和胎儿说话。对胎儿而言，无声的世界并不好。

法国研究胎教的情况

法国的巴黎健康卫生科学院，在20世纪80年代也做了胎教方面的实验。1985年应法国政府邀请，中国医学代表团到法国参观访问。在访问期间，代表团成员之一——北京医科大学胚胎学教授、试管婴儿专家刘斌，应巴黎健康卫生科学院生殖专家邀请，参观了一项胎教试验：一名28岁的孕妇，从妊娠8个月开始，每隔一天就到科学院做一次音乐胎教。方法是将耳筒置于孕妇腹壁上，孕妇本人的耳朵则用耳塞堵住，使她听不见耳筒传出的声音，然后闭上眼睛，处于一种安静平卧的状态，每次都放同一种音乐，就这样一直持续到分娩。在孩子出生的第三天，测试孩子对出生前所听的音乐有无记忆，研究员将孩子绑在试验的椅子上，下颌用托架托住，让他既能吸奶，双手也能自由活动。当他听见在子宫内听惯的音乐时，就会出现有节奏的吮奶动作，双手也随着音乐做出有节奏的摆动，当音乐停止或改放其他音乐时，婴儿就不再吃奶，双手也不再摆动或虽有摆动但不规则了。这个试验说明，胎儿在出生前便可接受教育，因为孩子在胎儿期有记忆，出生以后有回忆。

5个月时的抚摩胎教

孕妇仰卧在床上，头部不要垫高，全身放松，双手捧住胎儿，从上到下、从左到右反复抚摩10次后用食指和中指轻轻抚摩胎儿，如有胎动，则在胎动处轻轻拍打。要注意胎儿的反应类型和反应速度。如果胎儿对抚摩、推动的刺激不高兴，就会用力挣脱或者蹬腿，这时应马上停止抚摩。如果胎儿受到抚摩后，过一会儿才以轻轻蠕动的方式做出反应，这种情况可以继续抚摩，一直持续几分钟后再停止抚摩。在进行抚摩的过程中如配合语言和音乐的刺激可以获得更佳的效果。

此外，妊娠第5个月时还可进行触压拍打法。具体方法是：在孕妇腹部先摸到胎儿的肢体，而后按触压胎儿的肢体，对此胎儿会马上缩回肢体或活动肢体。如此可通过触压或拍打胎儿的肢体同胎儿玩耍，刺激胎儿活动；让胎儿在宫内“散步”“做体操”。经过反复训练，可使胎儿建立起条件反射，并加强肢体肌肉的力量。临床实践证明，经过触压、拍打肢体训练的胎儿，出生后肢体肌肉强健有力，抬头、翻身、坐、爬走等大动作均早于一般婴儿。

喝水也要科学

研究表明，白开水对人体有“内洗涤”的作用。所以，孕妈妈应该在清晨起床后喝一杯新鲜的凉开水。另有研究表明，早饭前30分钟喝200毫升25～30℃的白开水，可以温润胃肠，使消化液得到足够的分泌，以促进食欲，刺激肠胃蠕动，有利定时排便，防止痔疮便秘。早晨空腹饮水能很快被胃肠吸收进入血液，使血液稀释，血管扩张，从而加快血液循环，补充细胞夜间丢失的水分。

孕妈妈切忌口渴才饮水。口渴犹如田地龟裂后才浇水一样，是缺水的结果而不是开始，是大脑中枢发出要求补水的求救信号。口渴说明体内水分已经失衡，脑细胞脱水已经到了一定的程度。

最后要记得，孕妈妈每天摄入1000～1500毫升水为宜，以供循环和消化，并保持皮肤健康。相反，如果水分摄取过多，会加重肾脏负担，多余的水分就会储留体内，引起水肿。

孕中期应如何选用胎教音乐

受孕中期，孕妇开始感觉出了胎动，胎儿也已开始有了听觉功能，这时的胎教音乐从内容上可以更丰富一些。通过音乐的欣赏，不仅陶冶了孕妇的情操，调节了孕妇的情绪，同时也会对胎儿产生潜移默化的影响。由于这时孕妇的身体还不是太笨，尚能从事家务，完全可以边干家务边听音乐。怀孕中期除了可继续听早孕期听的乐曲外，还可再增添一些乐曲，如柴科夫斯基的《B小调第一钢琴协奏曲》及《喜洋洋》《春天来了》等乐曲。尤其是柴科夫斯基的《B小调第一钢琴协奏曲》，以新颖明晰的素材，表达了对光明的向往和对生活的热爱，曲调中充满了青春与温暖的气息。如果反复倾听那些小提琴与钢琴的合奏、有力的和弦、钢琴的伴奏，及生动活泼的快板，就觉得这支乐曲既好像是波涛起伏的大海，又像是和煦扑面的春风，好似灿烂的阳光铺满了生活的大地，真正感受到生活的美好。当腹内的胎儿接受了孕妇美好的心理信息以后，胎儿也会与孕妇产生情感共鸣。

中医的逐月胎教法科学吗

中国唐代名医孙思邈在他的医著《千金要方》中描述了胎儿的成长发育过程:“儿在母腹中,受其精气,一月胚,二月胎,三月有血脉,四月形体成,五月能动,六月筋骨成,七月毛发生,八月脏腑具,九月谷神人胃,十月百神备而生。”并提出了《逐月养胎法》,对孕妇的饮食起居做了详细指导。

胎儿在母腹中并不是“两耳不闻宫外事”的。中国宋代名医陈自明总结前人经验,提出了“子在腹中,随母听闻”的观点,认为母亲心平神安,气血调顺则胎安,怀孕时须“无悲哀,无思虑惊动”,“无大言,无号哭”。若惊恐愤怒则气血逆乱,胎失所养则会发生畸形或流产。因胎儿和母体是血肉相连的,母亲的营养、情绪、健康状况,不仅能改善自己血液中的生化成分,同时还影响着胎儿赖以生存的子宫内环境,如压力、温度、羊水中离子的浓度等。

日本研究胎教的情况

在外国，重视胎教并于民间广为流传的首推日本。从江户时代开始，胎教学说便和人们的经验结合在一起，以各种方式传了下来，直到西方医学进入日本，因尚未及时重新研究“胎教”的真正意义，才一度被误解成“胎教是迷信”。但近20年来，日本随着经济和科技的蓬勃发展，借助于现代先进的技术与设备，一些医学专家及教育学专家，已胎儿医学、教育心理学和超前教育学等几方面，重新弄清楚了胎教的科学根据和施教方法，因而成为世界上在学术领域中提倡胎教最为强烈的国家。

首先，日本的医学专家，以用胎儿镜直接触碰胎儿手脚等的刺激方法，观察和记录胎儿的听觉、视觉与触觉反应，证明了5个月以后的正常胎儿，可以听到外面传入子宫内的声音，并可见到外面透入子宫内的光线，以及经羊膜镜直接进入子宫内的光照，引起胎儿闭眼的动作。

日本已故医学教授室冈一先生，当他证实了母体外的声音确实能传到胎儿的耳朵后，便将子宫内胎儿所听到的声音、母亲的心音和血液流动声，用录音机录下来，给刚出生的婴儿听，让他感到安心而停止哭闹。后来，他又制作了装有能发出这种声音装置的小布羊和唱片，把小布羊放在正哭泣中的婴儿旁进行实验，婴儿果然立即停止哭泣而安详入睡。如果是出生一周左右的婴儿，则效果更加明显。这种现象反映出婴儿在母体内便已开始“声音的学习”，记住了在母体内熟悉的声音。

“英才造就工程”是日本科学家阿部顺一主持的项目。他通过自己的观察和研究，得出“后代的智力明显受到胎儿期间各种因素的影响”的结论，并对127名孕妇进行了科学的胎教指导，内容包括进行体格锻炼、排演短剧、欣赏音乐、阅读书籍、互相交谈等。实验结果是令人兴奋的：在这127名孕妇所生的孩子中，有71%智力发展显著优于平均水平。

什么是正常胎动

怎样才能算正常的胎动呢？一般说来，孕妇从怀孕4个多月开始能感到胎动，以后胎动的次数逐渐增多；怀孕28～38周，是胎儿活动最频繁的时期；将近足月时由于胎头下降，胎动次数减少，这是正常的。正常情况下，胎儿的活动是有一定规律的。

>> 科学胎教课堂

怀孕4个月以后，孕妇的子宫膨大较快，羊水迅速增加，胎儿的活动也在增加。这时孕妇可以感到胎儿在子宫内"拳打脚踢"地频繁活动，这就是胎动。

那么，什么样的胎动才算正常呢？一般说来，正常的次数应不低于3～5次/时，12小时内胎动次数在30～40次。有时由于各种原因造成胎儿缺氧，胎动会发生变化，如次数减少或次数猛增，这是胎儿发出的信号，孕妇应予以重视。如果胎动次数逐渐减少，甚至减少到12小时只动10次以下或一动不动，说明胎儿已经很危险。一般计算连续12小时胎动次数不大可能，因此，可在早、中、晚各测1小时，然后把测得的胎动次数相加再乘以4，即为12小时胎动次数。如果每天只能测1次，最好在晚上，且时间要固定。一般在晚7～8点记胎动次数是最能反应胎儿是否缺氧的一种信号。如果发现胎动减少，应及时向医生反映，由医生根据孕妇情况与胎儿情况作出决定。

不利保胎的食品有哪些

饮食对胎儿影响极大，要求孕妇饮食必须慎重。二月是胎儿易流产的时期，在饮食上宜多吃对胎儿有益的食物，避免对胎儿不利的食物，以保证胎儿的正常发育，防止流产、早产。

(1)活血类。导致流产的活血类食物主要有山楂、蟹爪等。这类食物能活血祛瘀，诱发堕胎。如《本草经疏》说，山楂能"行经气，消瘀血"。现代医学也指出，山楂对妇女子宫有收缩作用，孕妇大量食用山楂，易刺激子宫收缩，导致流产。《本草纲目》说，蟹爪能"随生胎，下死胎"。故以上食物孕妇均应忌食。

(2)辛热类。辛热类食物有破血堕胎作用，主要有肉桂、干姜、胡椒、花椒及鳗

鳊鱼等。这类食物能助热动火，旺盛血脉，伤损胎元。《本草纲目》中记载："肉桂性辛散，能通子宫而破血。"破血则易引发流产。《随息居饮食谱》说，胡椒"多食动火燥液，耗气伤阴，破血堕胎……故孕妇忌之"，花椒"多食动火堕胎"，鳗鲡鱼"多食助火发病，孕妇及时病忌之"等。故辛热食物孕妇应慎食。

(3)滑利类。滑利类易导致流产，主要有冬葵叶、落葵、苋菜、马齿苋、薏苡仁等。这类食物能通下焦，伤损肾气，使胎元不固。《本草图经》说，冬葵叶"食之胎滑易产"。《本草纲目》说，马齿苋"利肠滑胎"，说苋菜性冷利"滑胎"。薏苡仁味气寒，其性冷利，《本草疏经》说"妊娠禁用"，现代医学指出，薏苡仁对子宫有兴奋作用。凡上述滑利类食物孕妇都应忌食。

为天使跳一支舞

今天感觉精神不错吗？那么今天为孕妈妈安排一个略有些难度的胎教内容——为你的宝宝跳一支舞。放一曲优美快乐的乐曲，并随着音乐或歌声轻轻摇摆身体吧！柔和且具有律动的舞蹈，能够整合听觉和肢体的活动，帮助你和胎宝宝的身体达成协调，并提高你的平衡能力。就让音乐与羊水的振动一起抚慰你的宝宝吧！这种刺激对胎宝宝来说，是最美的享受之一。

不要觉得自己的身体笨拙了，舞姿不美而难为情，这曲舞是你爱心的最淋漓尽致的表现，相信你的宝宝肯定可以感受得到。

准妈妈一定要做的事

写好胎教日记

准妈妈最好从怀孕开始就实施胎教。由于胎教是全方位的，在准妈妈的衣、食、住、行中，如果任何一项出现偏差，都会对胎宝宝产生负面的影响。所以准妈妈写胎教日记就显得尤为重要。其实，写胎教日记的方法很简单，只要备一个小本子和一支笔，放在床头或枕头边。准妈妈可以自己写，也可夫妻双方讨论后写。胎教日记不必刻意追求文字优美，只要所写的内容真实、详细即可。对于日记的内容主要记胎教的内容、胎宝宝的反应情况等。但一定要写准日期、孕周、胎动开始的日期、每小时胎动次数，以及自己身体的状况与情绪、用药、产前检查等内容。下面是一则准妈妈的胎教日记，可供大家参考。

2006 年 9 月 12 日：末次月经。

10 月 19 日：恶心、食欲下降、喜酸食。

10 月 23 日：诊断为怀孕。

2007 年 1 月 15 日：第一次胎动。

1 月 30 日：胎动 18 次，实施了音乐胎教。

2 月 3 日：胎动 17 次，和胎宝宝说话，并做抚摸胎教。

2 月 21 日：同房。

3 月 3 ~6 日：感冒咳嗽，流清鼻涕，体温 38.5℃，服阿莫西林，每次 2 粒，1 天 3 次，共服 2 天。服退烧药 1 片，1 天 2 次，共服 2 天。未数胎动，未做胎教。

3 月 12 日：到医院做产前检查一次，各项指标均正常，晚上做拍打、推动运动胎教。

6 月 10 日：做 B 超一次，一切正常。

6 月 11 日：下午给胎宝宝唱歌，晚上丈夫给胎宝宝讲了两个童话故事。

……

一直记到分娩为止。

吃出营养胎教

胎教历来是准妈妈准爸爸关心的话题，也似乎更能吸引大家的眼球。因为谁都希望自己的宝宝聪明。但在孕育胎宝宝的整个过程中，各种形式的胎教只能作为一种辅助手段。事实上，营养胎教，即保证充足的营养才是每个准妈妈在胎教时期最应重视的。

准妈妈在饮食上摄取营养时，应有意选择那些与胎宝宝智力发育密切相关，富含优质蛋白质、卵磷脂、叶酸及多种维生素和锌、铜等微量元素的食品。富含这些营养成分的食物有大米、小米、玉米、红小豆、黑豆、花生、核桃、芝麻、红枣、黑木耳、金针菇、紫菜、海带、芹菜、柿子椒、莲藕、猕猴桃、西红柿、萝卜叶、胡萝卜、鹌鹑蛋、牛肉、兔肉、羊肉、鸡肉、动物肝脏、草莓、金橘、苹果、香蕉等。由于胎宝宝的健康发育与准妈妈营养物质的提供有着密切的关系，所以，准妈妈保证足量、科学合理的饮食不仅是胎教的基础，也是最重要的胎教。

>> 专家提示

对于营养问题，很多人存在着误区，认为补得越多，对宝宝越有利。这种观点显然是错误的，因为吃下去的东西未必都能被宝宝吸收。如果没有吸收，那是徒劳，如果吸收过多，那么很有可能导致巨大儿、难产等。因此营养补充要适量。

为胎宝宝唱歌

为胎宝宝唱歌，是音乐胎教的一种形式。准妈妈的歌声比播放音乐更受胎宝宝欢迎，因为这种方式有助于培养胎宝宝的情绪，也有利于孩子的智力发育，还可以让准妈妈拥有良好的心情。准妈妈唱歌时，应有意识地为胎宝宝选择那些舒缓、明快、类似于胎宝宝心音节奏的歌曲，如《小红帽》《小松树》《上学歌》《世上只有妈妈好》《月亮代表我的心》《绿岛小夜曲》《摇篮曲》等。此外，要保持心情舒畅富于感情地对着尚未谋面的可爱宝宝，倾诉母爱柔情，只有这样才能达到彼此心音的谐振，也可以想象是在教胎宝宝唱歌，通过反复教唱，使其产生记忆印迹。

注意不必放声大唱，以免吓着胎宝宝，造成不利的影响。准妈妈唱歌时可以随着音乐轻轻摆动，同时也可以做些轻松的家务，但动作不宜过大；时间最好以10～20分钟为宜。千万不可过度疲劳。

大自然中最简单的胎教

音乐胎教不一定都在室内，也可以选择一个风和日丽的日子，准爸爸驾车带着准妈妈到大自然中，感受它的广阔、神奇、美丽、富饶和温馨。而对于一个新生命来说，了解大自然可促进其智力开发。

在大自然中听听小溪哗啦啦的流水声、风吹树叶的沙沙声、蝉鸣声、田野里的蛙鸣，以及各种小鸟的叫声，这诗一般的境界，不仅使人赏心悦目，而且还可经母亲的情感传递给胎宝宝，使他(她)受到大自然的陶冶。

另外，大自然中新鲜的空气有利于胎宝宝的大脑发育。大自然中如郊外、公园、田野、海滨、森林等，对人身心健康有益的负离子含量可达数千甚至上万个，远远高于室内及城市。因此，如果准妈妈经常到山川、旷野呼吸新鲜空气，就能有机会获得这种“空气维生素”。

大自然中的太阳光可以促进血液循环，杀灭麻疹、流脑、猩红热等这些传染病的细菌和病毒，还能促使母体内钙的吸收，促进胎宝宝骨骼的生长发育。但到大自然中去，要注意天气变化，做好必要的准备，不要让准妈妈走太多路，时间不能太长，以免过于劳累而发生意外。

阅读在语言胎教中的作用

阅读胎教属于语言胎教的一种，语言胎教是一个很重要而又基础的胎教方式。语言胎教的内容包罗万象，准妈妈准爸爸可以给胎宝宝读些中文或者英文的书籍、画册。只要用心阅读，一定会取得好的效果。另外，文学作品对胎教的作用不可忽视，它和音乐一样，容易对人的情绪产生影响，将优雅的文学作品以柔和的语言传达给胎宝宝，可培养孩子的想象力、独创性以及进取精神。让胎宝宝与母亲一起感受文学的趣味，培养艺术情感。文学是一种充满感性色彩的艺术，准妈妈读了能激发爱子之情。文学作品不一定要选择名著，虽然它的思想性、艺术性都好，但对准妈妈不一定适合。最好读一些童话、寓言、幼儿画册，并将其所展示的幻想世界，用你富于想象力的大脑放大并传递给胎宝宝，可促使胎宝宝的心灵健康地成长。或者读一些古代散文、古诗词，在高尚纯洁的文学中，感受文学的趣味，可达到怡情养性的目的。

准妈妈或准爸爸在阅读并与胎宝宝进行交流时，一定要倾注情感，因为胎宝宝对你的语言不是用身体而是用大脑来接受的。此外，多读些文学作品，可以使孕期生活艺术化，准妈妈的情感也能得到优化。

胎儿也会发脾气吗

新近的研究表明，胎儿在子宫里不仅有感觉，而且还能对母亲相当细微的情绪、情感差异做出敏感的反应。

胎儿并不如传统观点认为的那样是消极的、无思维的。大量的研究表明，胎儿在妊娠5周起就能对外界刺激做出反应；8周时能做出诸如蹬脚、摇头等动作来表示他的喜好或厌恶；从6个月起，胎儿就过着积极的情绪生活，不满意时也会发点小脾气。

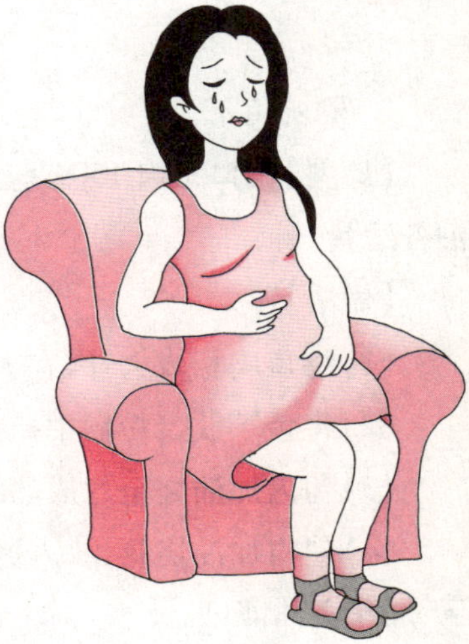

母亲的情绪对胎儿的影响很大。母亲的焦虑、恐惧、愤怒和生活的不安所引起的一系列生理变化，严重影响着母体内胎儿的生活环境。这些消极因素会导致母体对胎儿的供养减少，使胎儿也置于不安与恐惧之中。调查发现夫妻吵架、邻居不和所导致的不良心境对胎儿影响最大。特别是准妈妈发怒时，大声哭叫能引起胎儿的极大不安和恐惧。准妈妈发怒时体内还会分泌大量去甲肾上腺素,使血压上升、胎盘血管收缩,引起胎儿一次性缺氧,从而影响其身心健康。因此,准妈妈应注意保持良好的情绪状态,使胎儿情绪得到健康发展。

听一首快乐儿歌

胚胎学研究证明,在受孕后第8周胎儿的听觉器官已经开始发育,胚胎从第8周起神经系统初步形成,听神经开始发育。当胎儿发育到了第25周时其听力完全形成,还能分辨出各种声音,并在母体内做出相应的反应。

所以,今天,孕妈妈可以听一曲快乐的儿歌——《小兔子乖乖》。还记得其中的歌词吗?“小兔子乖乖,把门儿开开,快点儿开开,我要进来。不开,不开,我不开,妈妈没回来。谁来也不开!……”听到这里,孕妈妈已经被这首歌的深深童趣所打动。

有许多孕妈妈在进行儿歌胎教后都反应,好像肚子里的胎宝宝更喜欢儿歌,因为他们在肚子里动得更加欢快呢!孕妈妈可以尝试一下。

5个月时的胎教食谱

1. 樱桃鱼丁

【原料】偏口鱼肉150克,油、料酒、糖、醋、汤、蛋清、淀粉、酱油、葱、姜、蒜、花椒油各适量。

【做法】

(1)将鱼肉切成大片,在大片上割斜直花刀,再切成樱桃大的方丁;葱、姜切末。

(2)将鱼丁放蛋粉糊中抓拌均匀。

(3)勺内加油烧至八成热时,将鱼丁放入油中,炸至焦黄色捞出。

(4)勺内加油烧热,放入调料,汤沸时,调好口味,勾芡,再把鱼丁下锅,翻烫几下,加花椒油即可。

2. 荠菜炒鱼条

【原料】净青鱼肉 250 克，熟荠菜 100 克，鸡蛋清 1 个，红辣椒 2 个，料酒、精盐、味精、胡椒粉、湿淀粉、熟猪油、麻油各适量。

【做法】

(1)将鱼肉切成长 3 厘米、宽 1 厘米的条，用盐、酒、湿淀粉和蛋清拌匀上浆。

(2)荠菜用清水洗净，逐棵理顺，一切两段；辣椒切成段。

(3)锅烧热，下猪油开小油锅，油温六成热时，投入鱼条划散，熟即捞出沥去油。

(4)原锅留油少许，投入红辣椒段稍煸，加汤适量，放盐、酒、味精，沸起时下鱼条、荠菜稍拌，用湿淀粉勾薄芡，轻加翻拌，淋上麻油，出锅装盘，撒上胡椒粉即成。

3. 家常焖桂鱼

【原料】桂鱼 1 尾，熟猪油、蒜、葱、姜、面酱、醋、花椒水、黄酒、胡椒粉、湿淀粉、芝麻油、汤各适量。

【做法】(1)鱼宰净，在鱼身两面剞月牙形刀，撒上精盐、胡椒粉腌 20 分钟。

(2)勺内加猪油烧至四成热，放入腌好的鱼，两段略煎(不要上色)取出。勺内留油，下葱、姜、蒜煸香，放入调料和鱼，用小火煨熟，勾芡，加入醋，撒葱丝，淋香油，盛盘即可。

4. 牛奶马铃薯焖猪肉

【原料】猪肋肉 600 克，月桂叶 1 片，芹菜 1 棵，马铃薯 300 克，胡萝卜 1 个，洋葱 2 个，牛奶 200 毫升，玉米淀粉、盐、胡椒粉各适量。

【做法】

(1)将猪肋肉切成边长 3 厘米的方形，入锅加水 1100 毫升用猛火焖，沸滚后注入少量水使汤面平静，仔细撇清浮沫和油，加盐适量，放入月桂叶、芹菜段，加盖慢火焖约 1 小时，然后取出月桂叶。

(2)放入马铃薯、胡萝卜、洋葱等加盖焖。焖至马铃薯松软时加入牛奶、盐、胡椒粉调味，并用玉米淀粉打芡加入锅中。

5. 白瓜松子肉丁

【原料】白瓜 1 个，瘦肉 180 克，松子 1. 5 汤匙，蒜茸 1 茶匙，生抽 1 茶匙，糖、生粉各适量。

【做法】

（1）白瓜切皮及瓤，洗净切小粒；瘦肉切小粒加调味料，略腌；松子以清洁湿布抹过备用。

（2）烧热锅，下油，炒熟白瓜盛起。再烧热锅，下油，爆香蒜茸，下瘦肉粒，炒香至熟，再将白瓜粒回锅，下松子兜匀，便可上碟。

6. 百合粥

【原料】百合 60 克，大米 250 克，白糖 100 克。

【做法】

（1）将大米淘净，放入锅内，再放入洗净的百合，加水适量。

（3）将锅置武火上烧沸，再改用文火煨熬，待百合与米熟烂时，加入白糖拌匀即成。

科学胎教四忌

胎教能够促进胎儿的智力发育，这已被现代科学所公认，然而，胎教不当也会带来胎害。除噪声能影响胎儿健康外，不合理的语言教育、运动教育以及孕妇的不良情绪等，都会给胎儿带来隐患，医生称之为胎害。

(1)忌噪声。孕妇应避免接触刺耳的噪声，尽量不去强噪声持续不断的工厂、机场、火车站、舞厅等。

(2)忌不合理的语言教育。语言教育时，孕妇可用收录机以中度音量向腹内的胎儿亲切授话，或吟读诗歌，或哼唱小调，或计算数字。如此都会给孩子留下美好的记忆，切忌大声粗暴地训话。

(3)忌不合理的运动教育。与胎儿做运动联络时，要轻轻抚摩胎儿，每天以2~4次为宜，有时胎儿也会不遵母命，此时就要耐心等待，不要急于求成。

(4)忌不良情绪。孕妇要格外注意精神卫生，使自己精神愉快，心情舒畅，对生活充满希望。女性怀孕之后，对色彩的反应极为敏感，尤其偏爱某些颜色，而讨厌另外一些颜色。众多观察表明，早孕反应期间，孕妇多偏爱柠檬黄和冷色系中的淡绿、淡蓝和雪青色，而对鲜艳的红色和感染力强的黄色极为反感；她们喜欢用冷色系或白颜色来装饰自己的卧室，喜欢欣赏色调淡雅的风景油画和摄影作品，讨厌红色饰品和衣物，红色调的房间使其食欲下降和烦躁不安。

所以，孕妇及其丈夫可用这些冷色来布置居室环境，调节孕妇心理状态，使孕妇能保持稳定的情绪状态。

>> 孕妈妈早知道

为什么孕妇对淡绿、淡蓝、淡紫色特别感兴趣呢？这与色彩的属性有很大关系。淡绿、淡蓝、淡紫等光波弱、缓，较为温柔，对人的感觉器官没有多大刺激。它们可以减轻孕妇的早孕反应，使孕妇感到安详、静谧，有助于孕妇的休息，并减轻生理性疼痛和作呕症状。

舒适的穿着

穿着打扮的目的是给人以美的享受。怀孕后，孕妇的体态变得臃肿，面部也陡然增加了一些黄褐色的斑点，这使许多妇女感到苦恼，她们认为自己此时是最难看的，因而往往不修边幅。其实，一个人的魅力往往是多方位体现的，依据社会审美心理，孕妇腹中的胎儿不正是被人爱的表现吗？

如果能正视这一点，从心理上认为自己怀孕期间最能体现女性美，而且注意精心装扮自己，则会保持心理平衡，有助于维护孕妇的良好心境。这对于孕妇及胎儿的身心健康是十分有利的。不妨把头发剪短一点，让脖子完全裸露出来，梳理得整齐美观，给人以生气勃勃的感觉。但不宜烫发，尤其不宜用冷烫精烫发和染发，以免殃及胎儿。为掩饰憔悴的面容，孕妇可化淡妆，不宜浓妆艳抹。一来这时的皮肤比较敏感，化妆品的过度刺激易引起皮肤病，于胎儿不利；二来不符合人们的审美情趣，其结果只能是东施效颦。

>> 科学胎教课堂

孕妇的鞋子应轻便合脚，最好是穿那些鞋底平厚，鞋帮松软的布鞋，而不宜穿高跟鞋。因为穿高跟鞋重心不稳，容易跌跤，而且因身体前倾，容易压迫腹部，不利胎儿血氧供给，影响其生长发育。

孕妇的衣服应选用轻软透气、吸湿性能好的织品，不宜选用涤纶等化纤类织物。并注意宽松肥大，不宜紧身，更不能把腰带束得过紧，以免使腹部受压，影响胎儿正常发育。因为，外来压力可致胎儿骨骼变形，组织器官发育不良，胎位不正等。同时，也会使孕妇的体形显得更加笨重。

孕妇的乳房因怀孕而进一步发育，为防止日后出现垂乳，可选择纯棉布制作的有一承托功能的胸罩，但不宜过紧，以免影响呼吸和肺活量以及乳腺的正常发育。

准爸爸一定要做的事

做好妻子的营养师

胎教是夫妻两个人的事情，不要忽视了准爸爸的作用。怀孕后，准妈妈在很长一段时间，不但要工作，还要照顾家庭，而且又多了一个孕育新生命的使命，担子沉重；而准爸爸是准妈妈一生当中接触最多、最亲密的人，也是最需要依赖的人。但准妈妈在孕期需要充足的营养，如果营养不足，会导致胎宝宝的胚胎细胞数目以及核酸含量降低，特别是孕早期及孕中期是胎宝宝形成的关键时期，营养更为重要。另外，营养不足或食欲不佳，还会使准妈妈体力不支，身体虚弱，严重影响胎宝宝的身体、大脑发育，甚至引起流产、早产、死胎或畸形。所以丈夫要关心和妥善安排好妻子孕期的饮食营养。尽心尽力当好妻子和胎宝宝的"后勤部长"，保证妻子和胎宝宝的健康。在准妈妈怀孕期间出现孕吐反应、身体不适、食欲不振时，要制订灵活的饮食计划，鼓励妻子进食，监督好妻子的饮食情况。

适当调节妻子的情绪

胎宝宝的身体发育由母体供给营养来完成，同样，胎宝宝脑细胞的发育既依赖母体供给物质营养，又依赖于母体的神经调节与信息训练。因此，准妈妈的"七情"对胎宝宝影响很大，研究表明，胎宝宝躯体或精神方面的障碍多与父母不和及不幸的婚姻生活有关。这方面的原因给孩子带来的危害，比怀孕期生病、吸烟、劳累等危害还要严重。丈夫应该充分认识到，在妻子的整个怀孕期间，要持之以恒地做到温存与体贴，快乐和幽默，理解和宽容，安排好妻子的物质生活与精神生活，这是保证胎宝宝健康发育的良方妙策。

作为准妈妈，应该有意识地调节自己的情绪，不但有利于自身健康，而且更有利于胎宝宝的发育。准妈妈由于怀孕后体内性激素的改变，在心理、生理和情绪等方面都可能发生很大变化。在孕期如果准妈妈情绪低落、高度紧张或长期经受情

绪压力，胎宝宝也会不高兴，胎动次数就会比正常多几倍。另外，若长期情绪不好，忧郁、易怒、烦躁，胎宝宝出生后不仅体重轻，而且消化功能失调，喜欢哭闹，不爱睡觉，易受惊吓，发生喂养困难、智力低下或性格怪癖、容易激动和活动过度等；因此，准爸爸要了解准妈妈的生理和心理变化规律，给予更多的关爱。

>> 专家提示

当准妈妈情绪低落时，准爸爸要多加疏导，多听她倾诉，使其不良情绪得到宣泄。如陪她到处转转，听音乐、欣赏画册，去林荫道、田野散步或短途旅行等来分散妻子的注意力，确保准妈妈心情愉快、精力充沛地度过怀孕期。

布置一个温馨的胎教环境

作为准爸爸，为准妈妈和胎宝宝的成长发育布置一个温馨整洁的环境，营造一个实施胎教的氛围和空间，是一件非常重要的事情。因为优美的环境能够陶冶准妈妈的情操，让她感到那种旺盛的生命力无处不在，进而产生美好的联想。准妈妈居住的场所应光线明亮、柔和，空气流通，力求安静舒适和整洁卫生，不能有强烈的噪声刺激并要防止烟雾污染，以免感染疾病。夏季室温以27～28℃为宜，与室外温差要保持不超过5℃，空气湿度应保持在30%～40%。

居室的色彩应该简洁、柔和、淡雅。准妈妈从繁乱的环境中回到宁静优美的房间，内心的烦闷便会趋于平和、安详，心情也会好起来。居室还要进行绿化装饰，而且应以轻松的格调为主，无论盆花、插花装饰，均以小型为佳，不宜用大红大紫，花香也不宜太浓，注意要选择无毒植物。另外，在居室悬挂一些景象壮观的油画也是有益的，它不仅能增加居室的自然色彩，而且能使人的视野开阔。还可以悬挂一些隽永的书法作品。时时欣赏，以陶冶性情。书法作品的内容最好是令人深思的名句，从中不仅能欣赏字体的美，还能使人感到有一种健康向上、给人以鼓舞的力量。

激发妻子的爱子之情

准妈妈的情绪会直接影响胎宝宝的发育和身心健康，丈夫要引导妻子去爱护腹中孕育的胎宝宝，切不可因怀孕反应、怀孕负担或因肚子大起来影响了外貌、体形或面部出现色素沉着，损害了自己的容貌等情况而怨恨腹中的胎宝宝。许多实验都证明，母亲对胎宝宝有任何厌恶情绪，都不利于胎宝宝的身心健康。准爸爸要多让妻子看一些能激发母子感情的书刊或电影电视，引导妻子爱护胎宝宝。可同妻子一起想象并描绘胎宝宝活泼、自在、健康、漂亮的模样，这对增进母子感情非常重要，而孕期良好的母子感情又是将来母子感情的基础。

>> 温馨小贴士

丈夫还要多与妻子谈谈胎宝宝的情况。如询问胎动、提醒妻子注意胎宝宝的各种反应等都是必需的问候。

协助妻子做好胎教

准爸爸应帮助妻子制订胎教计划，收集音乐、童话故事、简单的绘画常识等资料，以用来进行音乐、语言、绘画等方面的胎教。丈夫应积极主动参与胎教过程，陪同妻子一起和胎宝宝做“亲子游戏”。

丰富妻子的业余生活

准妈妈除了多听音乐外，还可参观画展，观看文艺演出，以提高艺术修养。同时，丈夫要鼓励妻子多学习一些孕产知识以及科学文化知识，以此来丰富妻子的业余生活，帮助她顺利地度过孕期。

远离有害气体

有关研究表明，粉尘、有毒气体密度最大的地方，不是在工厂、街道，而是生活中天天都离不开的厨房里。因为煤气或液化气的成分均很复杂，燃烧后在空气中会产生多种对人体极为有害的气体，尤其是对孕妈妈的危害更是犹如“雪上加霜”。因为，其中放出的二氧化碳、二氧化硫、二氧化氮、一氧化碳等有害气体要比室外空气中的浓度高出好多倍，加之煎炒食物时产生的油烟，使得厨房被污染得更加严重。

因此孕妈妈最好少入厨房，如果需要去，一定要尽量减少停留时间。可在厨房中安置排油烟机或排风扇，让厨房保持良好的通风，也可适当地多使用电炊具，避免使用微波炉。

怎样与胎儿一起玩耍

胎儿对触觉刺激具有较为灵敏的反应。与胎儿玩耍的目的，就是隔着准妈妈腹壁对胎儿施以触觉上的刺激，促进胎儿动作反应和大脑的发育，拉近父母与孩子的感情。

父母与胎儿的这种“玩耍”可以从胎儿3～4个月的时候开始。每天傍晚，准妈妈平躺下，对胎儿进行触压、拍打等“体操锻炼”。

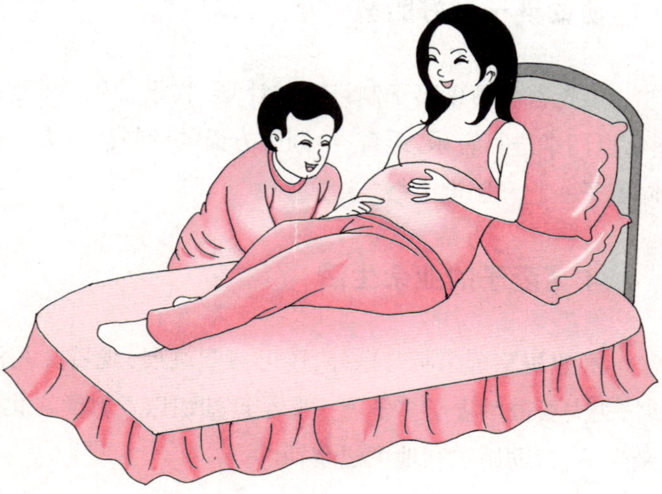

与胎儿玩耍的胎教作用已经被妇产科专家们的实验研究所证实。一些准妈妈也发现，抚摸胎儿的头会增加胎儿的

心率。一些观察发现，在母腹中经常被父母抚摸，进行过“体操锻炼”的胎儿，出生以后，其翻身、抓、握、爬、坐等各种动作的发展，都比没有进行过“体操锻炼”的胎儿早一些，而且肌肉的活力较强，特别是竖向的肌肉力量较强。

胎儿的语言训练

从这两个实例说明了这样一个问题，一个小生命在胎儿期就已经具备了语言学习的能力。根据胎儿这种潜在的能力，只要母亲不失时机对胎儿进行认真、耐心的语言训练，那么等到胎儿出生后在听力、记忆力、观察力、思维能力和语言表达能力将会大大超过未经语言训练的孩子。

要慎重选择胎教音乐

适合于胎儿听的胎教音乐有很多，比如《我将来到人间》，以及著名作曲家王酩创作、中华医学音像出版社录制的《秋夜》，其他还有胎教音乐《小神童》等。此外，孕妈妈可以听一些舒缓的钢琴曲之类，以宁静祥和的主题为主便可以了。

>> 科学胎教课堂

孕妈妈应选择适宜胎宝宝的音乐：这类音乐轻松活泼，可以激发胎儿对声波的良好反应。将耳机放在孕妈妈腹部，通过腹壁振动直接将声波传导给宫内胎儿的听觉器官，刺激脑组织，促进胎儿脑功能的发育。

胎教音乐有两种，一种是给母亲听的，优美、安静，以E调和C调为主；另一种是给胎儿听的，轻松、活泼、明快，以C调为主。当然还要因人而异，如对那些胎动较强的胎儿可选一些轻松活泼、节奏感较强的曲子。那些轻松愉快、活泼舒畅的古典乐曲、圆舞曲及摇篮曲一般比较适宜。

孕妇为什么要适量补充脂肪

脂肪最主要的营养功用是产热提供机体能量，它不但产热能大(1 克脂肪的产热能是糖类、蛋白质的 2. 25 倍)，而且储存在体内的脂肪构成了巨大的“燃料基地”。当人体缺乏热能时，机体就从这个“基地”中将脂肪动员出来，产热供能，这样，宝贵的蛋白质就可以避免被过度消耗。

脂肪组织是构成人体的重要成分，存在于皮下及器官之间，对重要的脏器起到保护作用。脂肪还可以为机体提供必需的脂肪酸，同时还是脂溶性维生素吸收的促进者。缺少脂肪，这两类物质都会缺乏，从而给机体发育带来不利影响。

脂肪还可以改善食物的性状，赋予食品以特殊的风味，增加人们的食欲。由于脂肪传热性差，故能防止体温外散，在维持体温恒定和抵御寒冷方面有不可替代的作用。

妊娠中对脂肪的需求量相应增加，从妊娠初期开始孕妇某些部位就有脂肪存积，整个妊娠期孕妇平均增加体脂 2000 ~ 4000 克。此外，孕晚期还要供给胎儿做脂肪储备，那时胎儿的脂肪可为其体重的 5% ~ 15%。脂质也是脑及神经系统的重要成分。脑组织脂肪中约 1/3 为亚油酸和亚麻酸，不饱和脂肪酸对髓鞘和细胞膜的生成具有重要作用。

因此，孕妇膳食中应含有适量的脂肪，有足够的饱和脂肪酸和不饱和脂肪酸。一般认为，孕妇膳食中脂肪供给量以占总热能的 20% ~ 25% 为宜。

脂肪的主要来源有食用油脂、动物性食品和坚果类食品。

各种油脂类植物种子即坚果类食品中，亚油酸类必需脂肪酸含量较高，如花生仁、黄豆、芝麻、核桃、杏仁、榛子等，是孕妇们首选的油脂食物。一般鱼类及贝类食品含有较丰富的二十二碳六烯酸，芝麻油、玉米油、葵花子、松子等及动物脑、心、肺和瘦肉中含有较丰富的其他不饱和脂肪酸。

品格养胎心灵操

品格修养很重要，孕妈妈的品格直接影响胎儿的成长发育。孕妈妈可以做品格养胎心灵操，对胎宝宝良好人格的形成以及胎宝宝容貌很有作用。

孕妈妈在早晨起床前先闭目让自己放松，使身心头脑处于宁静舒适的状态，并暗示自己："我是一个正气的人，我也要培养出一个品行端正的孩子，所以起床后一定要注意保持行为品格的端正，一天不得出错。我相信完全能做到。"并继续暗示自己："我心中充满了爱意，不仅爱丈夫，也爱亲人、朋友和他人，爱所有的孩子。我将以最真诚的心对待他们，我相信我腹中的孩子也会感受到这一切，相信他也会这样为人的。"

>> 温馨小贴士

可以做一些积极健康的心理暗示，并在每晚睡前检查自己一日的行为，如果做到了，要为自己的努力而自豪，如果没有做到，就要在以后的日子里多加注意。

准妈妈要积极调理自己的心理

孕妇在妊娠期间的心理状态，对胎儿的身心发育具有很大影响。孕妇在妊娠期间受到不良心理的困扰，往往会造成妊娠和分娩合并症，严重者会造成高危妊娠。有严重焦虑心理的孕妇经常伴有恶性妊娠呕吐，还会导致早产、流产、产程延长或难产。科学家们发现，孕妇在妊娠期间若有过度紧张心理和焦虑心理，胎儿出生后往往表现为多动、容易激动、好哭闹，长大以后又会表现为情绪不稳定、易焦躁、激怒。重庆医学院的一个研究小组对多动症儿童进行调查后发现，这些儿童在胎儿期，其母亲都曾有过较大的情绪波动和心理困扰过程。有报道，一位妇女在怀孕期间，其夫因车祸身亡。这突如其来的打击，使这位妇女的精神完全崩溃，陷入无尽的痛苦和焦虑之中。妊娠晚期她患了严重的高血压，生产时又难产，她闯过了一关又一关，总算母子平安，可是她的孩子却患有多动症，智商较低。这正是因为她在孕期过度悲伤、过多焦虑所造成的。良好的心理有利于胎儿的健康发育，为此孕妇要积极调理好自己的心理，使自己的心理处于最佳状态。孕妇心理调理过程，也就是胎教过程。

胎教中准妈妈要克服暴躁心理

有的妇女怀孕后性格会变坏，好发脾气，易动怒，喜欢和丈夫和他人找茬儿吵架，使关系陷入紧张。孕妇发怒，这不仅有害于自身的健康，而且会殃及胎儿。孕妇发怒时，血液中的激素和有害化学物质浓度会剧增，并通过“胎盘屏障”进入羊膜，使胎儿直接受害。发怒还会导致孕妇体内血液中的白细胞减少，从而降低肌体的免疫能力，使自身和后代的抗病能力减弱。如果母亲在胎儿口腔顶和上颌骨形成的第7~10周时经常发怒，会造成胎儿唇腭裂。因此，孕妇发怒，贻害无穷。

为了孩子，孕妇一定要息怒。十月怀胎，是一段漫长的岁月，期间难免会遇到让自己气恼的事，遇此孕妇一定不要急躁，一则发火解决不了问题；再则，发火会伤害自身，危及胎儿。

因此要学会克制，学会分解情绪、分散注意力，这会使气闷的心理得到缓解。看看电影、听听音乐、散散步、做做操，都会使精神放松，头脑冷静。孕期的妇女尤其要加强自身的修养，以自身的优秀品质、完善的人格来影响腹中的胎儿，这会提高胎儿的心理素质。

对丈夫来说，如果您的妻子孕后爱发脾气，好找茬儿和自己吵架，千万不能拉开架式和妻子吵。为了后代，丈夫也当先克制自己，然后帮助妻子克制。丈夫要多给妻子摆事实，讲道理，疏通妻子心中的郁闷。对于发怒的害处，尤其对胎儿的害处，丈夫要多加提醒，每一位妻子都会因爱护腹中胎儿，而克制自己的。

5个月大的胎儿会记忆母亲的声音

胎儿成长至4个月左右时，会在脑中制造记忆声音的“海马体”。随着不断地成长，胎儿逐渐能记忆各类声音。到第5个月，就能记忆一些经常听到的母体声音。这种声音会经由母亲的骨、皮肤或身体，变成一种振动，传达给胎儿。此外，胎儿不只能记忆母亲的声音，如果让妊娠中的母亲持续听其他的声音，胎儿也能明确地记忆下来。因此我们也鼓励父亲多跟胎儿说话，以增进彼此间的亲情。像这种妊娠中的声音“制造记忆”，对往后的教育，一定很有帮助。

胎儿对母亲温柔的话语及母亲心脏的跳动，也会觉得安心、舒服，但胎儿并非每天都可听到如此美好的声音，而且他也无法随自己的喜好去选择声音。例如：汽车噪声、电视机杂音、人喧闹声或刺激性音乐等，胎儿皆须毫无抵抗地照单全收。其中有利于胎儿的舒服声音，当然也有不利于胎儿的声音。胎儿喜欢的声音除了母语和心音外，其他如鸟鸣声、大自然的风声，以及轻柔安静的乐音，都是胎儿所喜欢的。胎儿讨厌如摩托车的引擎声、汽车的噪声或闹钟的铃声等。一般来讲，成人觉得嘈杂的声音，胎儿也讨厌。

胎儿对母亲的声音，会有非常敏感的反应。如果母亲有歇斯底里的情形，那么胎儿的血压会呈激烈上下波动状态，有时会引起贫血，由此亦可能生出情绪不安的宝宝。这种声音效果和脑波有密切的关系。人脑一直在不断地发出脑波。清醒时的脑波有 α 和 β 波两种。脑部轻松时，会发出 α 波；紧张时，则发出 β 波。在 β 波状态时的脑波，会分泌各种激素，使 β 波转变为 α 波，产生让胎儿听觉舒服的声音，但产生 β 波的同时，脑部也会停止成长，并分泌出“脑啡”阻碍脑细胞的分化。

研究表明，胎儿喜欢“动摇”性质的声音。这种动摇会使听者的脑波变为 α 波。在动摇开始时，温和自然的规律变化，如河川溪湖的流动声、鸟叫声等，就可让胎儿去感受或想象。同样地在音乐方面胎儿也喜欢动摇性强的音乐，如莫扎特、贝多芬等动摇性强且旋律优美的古典音乐。另外，乐器方面的弦乐器，动摇的性质也许更高。

>> 孕妈妈早知道

胎儿对于一切声音都没有选择的能力，所以如何选择性地给胎儿舒服的声音，是母亲应特别注意的事。

培养生活情趣

在孕妇的居室中悬挂一些意味隽永的书法作品，孕妇不时欣赏即可受到美的熏陶，陶冶性情。孕产科专家经常告诫孕妈妈们，要保持身心健康和胎宝宝的聪明健康，就要丰富孕妈妈们的精神活动。例如听音乐、看书、读诗、旅游或欣赏艺术作品等，这些美好的情趣有利于调节情绪、增进健康、陶冶情操。

胎儿和母亲之间有着微妙的心理感应，母亲的一言一行都将对胎儿产生潜移默化的影响。相传在我国古代有一位神童能将从未见过的几篇文章和诗句倒背如流。这个孩子怎么会有如此先知先觉的本领呢？原来这些作品都是他的母亲在怀孕时喜欢读，并经常朗诵的。

科学家们还发现，广泛的情趣对改善大脑的功能有着极为重要的作用。有人认为乐队指挥、画家、书法家等生活情趣较丰富的人，他们之所以具有创造力，与他们经常交替动用大脑左、右半球，促进左、大脑的平衡，提高大脑的功能有关。因此母亲的生活情趣无疑对胎儿大脑左、右半球的均衡发育起着很关键的作用。

记忆游戏

今天孕妈妈可以准备和熟悉将来要与宝宝一起玩耍的游戏。可以找一本有图画的书，随机翻阅，记住几张你喜欢的图画，然后再随机地翻阅，看看能不能再找到它们。玩过几次，肚中的胎宝宝似乎也能领略到这个游戏的趣味性，等他出生后，妈妈就可以拿来做实验。

尤其是学步期的幼儿对图画书中的图画特别感兴趣时，他们常常把注意力集中在每本书里的一两张图画上。对他们来说，看书就像“躲猫猫”游戏一样，孩子会静静地翻着书，直到发现了一张自己喜欢的图画，然后合起来再继续翻阅。

把这种游戏移前，在胎教中实施，可以提高孩子的记忆水平，甚至有些孩子会记得出生前的事情。

第三章

天使也调皮的第6月

要把情感或感觉转换为情绪，需要有一个感知过程，而且要求大脑皮质具有复杂的心算能力。胎儿在6个月以后，开始具有明确的自我，并能把感觉转换为情绪。这时，胎儿的性格才逐渐通过母亲的情绪信息得以形成。

了解胎儿的思想

现在有各种各样的说法，但无论如何不应忘记胎儿6个月过后意识必会萌芽这一无可辩驳的事实，否则很有可能影响胎儿神经系统的发育。

当然胎儿6个月以前，所受到的影响，虽然不能说是全部，但大部分都是躯体上的。在这一期间，胎儿的意识很少受到应激反应的影响。这是因为胎儿的大脑尚未成熟到将母亲的情感信息转换为情绪的地步。

比如说，发怒是原始的情感。这一情感，只有当胎儿在大脑更为高级的中枢捕捉到鲜明表象和特征时，才会转换为复杂的情绪，若想产生出复杂的情绪，胎儿必须首先感知母亲的情感，并对其加以分析，然后才能做出适当的反应。

随着胎儿识别能力的提高，理解情绪的能力也会不断增强。胎儿就像一台不断被存入程序的计算机，最初只能解开极其简单的情绪方程式。但是，随着记忆和体验的加深，胎儿渐渐会解开极其复杂的“思维线路”。

例如：在胎儿四个月时，胎儿几乎不会受到“双重型”“冷淡型”母亲复杂的情绪信息的影响。但可认为胎儿会在原始的水平上感受到不快，而且这会对出生后产生极为深刻的影响。

学过生物学的人都知道,生物是由简单向复杂进化的。胎儿的躯体也是如此,在长达9个月多的胎儿期内,由受精卵这个小得几乎无法辨认的"点",演变成具有复杂的大脑、神经组织以及躯体的人体。与此相同,胎儿的精神也是由无意识的存在发展为能够记忆和理解错综复杂的情感和情绪的存在。

为宝宝设计形象

孕妇在怀孕期间就应该自己设想未来宝宝的形象了。像爸爸还是像妈妈?现在有些科学已经证明:在孕期设想的孩子形象在某种程度上相似于将要出生的婴儿。许多孕妇在家中的墙壁上都悬挂一些自己喜欢的漂亮的婴幼儿照片,天天看上几回,说是这样出生后的婴儿漂亮。无论这种做法有无科学根据,但其对孕妇心情舒畅,进而使胎儿受到良好刺激是有一定作用的。

具体地说,从受孕开始,您就应该积极地设计孩子的形象,把美好的愿望具体化、形象化,想象着孩子应具有什么样的面貌,什么样的性格,什么样的气质等。常常看一些您所喜欢的儿童画和照片,仔细观察你们夫妻双方,以及双方父母的相貌特点,取其长处进行综合,在头脑中形成一个清晰的印象,并反复进行描绘。对于全面综合起来的具体形象,以"就是这样一个孩子"的坚定信念在心底默默地呼唤,使之与腹内的胎儿同化。久而久之,您所期盼的愿望将潜移默化地变成了胎教,为胎儿所接受。未来的母亲,请按照您心灵的愿望和理想的模式孕育您腹中的胎儿吧。

一般来说,孕妇可以把自己的想象通过语言、动作等方式传达给腹中的宝宝,并且要持之以恒。还可以和丈夫一起描绘自己所希望的婴儿的模样,这样可以保持愉快的心情,并影响胎儿。

来看一个有趣的胎教实验

现代胎教还有一个显著的特点,就是它的国际性。当今世界上许多学者都对胎教产生了浓厚的兴趣,他们潜心研究,并精心设计了一些实验。

1950年,美国心理学家汤普森曾做了一个非常有趣的实验:实验场所是一只大箱子，中间用一道门隔开，实验对象是5只雌性小白鼠。实验的第一步是把5只母鼠放在一个隔间内，按响蜂鸣器并通上强电流，同时打开隔门，让母鼠们跑到无电击的另一间内躲避。如此训练多次，直到母鼠产生条件反射，即使不通电，只要蜂鸣器一响，母鼠们也争相躲避。然后进行第二步：实验交配，使5只母鼠妊娠。第三步，将受孕母鼠放回曾受电击的隔间中，把通向安全间的门关闭，以后每天3次给母鼠放蜂响声，但不击电，使5只母鼠在怀孕期间始终处于惊恐不安的情绪之中，一直持续到小鼠出生为止。

这个实验的目的，是为了观察妊娠期间长期情绪紧张对后代的影响，它是美国心理学家汤普森在1950年首创的。实验结果很有意义，汤普森对上述实验组的母鼠所生的30只小鼠与未受过这种实验的对照组母鼠生下的30只小鼠做了比较测验。测验分为两次：第一次是在生后30~40天，将以上两组小鼠放在空地上，按移动距离来计算它们在同一时间的活动量，结果发现实验组小鼠呆板、不活泼，活动量也小得多；第二次测验是在生后130~140天，把小鼠放在一条巷道取食，结果是实验组走走停停，左顾右盼，时间比对照组长得多。

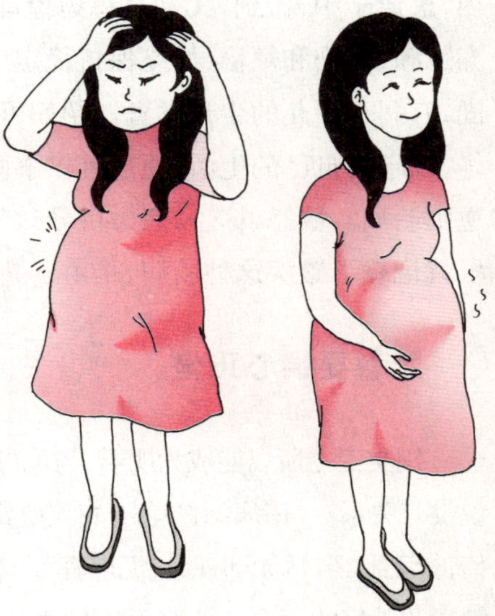

汤普森的实验表明，母鼠怀孕后持续情绪不安，将使后代胆小脆弱，情绪易于激动，行动呆板、畏缩。

人也许不会胆小如鼠，但人的生理条件和情绪状态是密切相关的。一个心情宁静、舒畅的母亲怀的胎儿和一个心情紧张、忧虑的母亲怀的胎儿，是生活在两个不相同的天地里。两者血液中的化学成分、激素水平以及细胞的新陈代谢都不相同，这一切都取决于心理状态。因此，这些伴随孕妇情绪状态而出现的生理反应，必然会对她的胎儿造成影响。

据国外一项研究发现，怀孕后焦急不安的母亲比那些心平气和的母亲更容易在分娩时发生问题，甚至出生异常的婴儿。

怡情胎教

怡情胎教法

《叶氏竹林女科》认为:“宁静即是胎教。”为此要求孕妇遇事冷静,使心静于内,虑谧于中,做到“无悲哀思虑惊动”(徐之才《逐月养胎法》),不为七情所伤,摒弃孤独、忧伤和烦恼,始终保持稳定乐观的情绪。如此,可使孕妇气血和顺,胎元调固,有利于胎儿的生长发育。孕妇可适当地参加文体活动,培养多方面的兴趣和爱好,以丰富自己的生活,通过琴棋书画、诵读诗歌及旅游等途径陶冶性情。否则,气逆则胎病。恼怒、惊恐、焦虑可导致气郁、气逆、气乱,以致产生胎病。《黄帝内经》里就记载了癫疾这种胎病,是由于其母在妊娠时受了惊吓而造成的。

胎教要端心正坐

周文王之所以能成为明君,与他母亲太任的“端一诚庄,唯德之行”的胎教熏陶不能说没有关系。《诸病源候论·妇人妊娠病诸候上》里要求孕妇做到“坐无邪席,立无偏倚,行无邪径,目无邪视,口无邪言”。意思是,孕妇要加强思想品德的修养,培养高尚的情操和美好的心灵。处事无嫉妒之心,待人无狡诈之意,宽厚诚实,正大光明,胸怀宽广,乐观豁达,无私心杂念,言行举止端庄大方,这样生子才能操行高尚。

胎教须近美好避邪恶

所谓避邪恶,是指孕妇要避免淫邪、行凶、邪念、丑陋、秽臭、噪声等恶性刺激,如《诸病源候论》里指出的“勿令见伛偻侏儒丑恶形人子、猿猴之类”,以免受到不良刺激。

所谓近美好是指要多让孕妇接近一些美好的东西,如多看优美的美术作品,多听优美的音乐,在优美的环境中生活,从而使得孕妇心情愉快。《诸病源候论》里就提出了孕妇宜“数视白璧美玉看孔雀”,意即要求孕妇应接触美好的事物,使秀气入胎。

胎教音乐曲目推荐

民族音乐

二胡曲《良宵》《江河水》
丝竹乐《春江花月夜》《紫竹调》
地方乐曲《喜洋洋》《步步高》《彩云追月》
古琴曲《平湖秋月》
古筝曲《渔舟唱晚》
管弦乐曲《金蛇狂舞》《春节序曲》《北京喜讯到边寨》
重奏曲《春天来了》
小提琴曲《新疆之春》《苗岭的早晨》
钢琴曲《牧童短笛》
笛子曲《喜相逢》《牧民新歌》
唢呐曲《百鸟朝凤》等

外国音乐

小提琴协奏曲《四季》(维瓦尔迪)
《D 大调第三管弦乐组曲》暨《G 弦上的咏叹调》(巴赫)
《水上音乐》(亨德尔)
《D 大调弦乐四重奏》(即《云雀》)(海顿)
《小夜曲》(海顿)
《A 大调钢琴奏鸣曲》暨《土耳其进行曲》(莫扎特)
《G 大调弦乐小夜曲》(莫扎特)
《c 小调钢琴协奏曲》(莫扎特)
《第十四钢琴奏鸣曲》(即《月光》)(贝多芬)
《G 大调小步舞曲》(贝多芬)

《致艾丽丝》(贝多芬)

《少女的祈祷》(贝多芬)

《e小调弦乐四重奏》(贝多芬)

《鳟鱼》(舒伯特)

《小夜曲》(舒伯特)

《摇篮曲》(舒伯特)

《春之歌》(门德尔松)

《仲夏夜之梦》序曲(门德尔松)

《童年情景》暨《梦幻曲》(舒曼)

《降E大调夜曲》(肖邦)

《a小调玛祖卡舞曲》(肖邦)

《匈牙利狂想曲》(李斯特)

《摇篮曲》(勃拉姆斯)

《匈牙利舞曲》(勃拉姆斯)

圆舞曲《蓝色多瑙河》(约翰·施特劳斯)

圆舞曲《维也纳森林的故事》(约翰·施特劳斯)

圆舞曲《春之声》(约翰·施特劳斯)

《e小调第九交响曲》(即《新世界》)(德沃扎克)

《摇篮曲》(格里格)

《月光》(德彪西)

《幻想曲》(德彪西)

《沉思曲》(马斯特)

《天鹅湖》(柴可夫斯基)

《D大调第一弦乐四重奏》暨《口歌的行板》(柴可夫斯基)

《动物狂欢节组曲》暨《天鹅》(圣·桑斯)

《小夜曲》(霍夫哈内斯)

《蝴蝶夫人》(普契尼)

《爱的喜悦》(马蒂尼)

《摇篮曲》(图尔尼埃)等

了解胎教宝宝的特点

研究表明，受过胎教的孩子明显要比没有受过胎教的孩子的学习能力、适应能力和社会交往能力强。胎教宝宝的具体特点如下：

学习兴趣高

受过胎教的孩子更喜欢听儿歌、故事，喜欢看书、写字，有些孩子在不会说话时，就拿着书要妈妈给他读。他们的学习能力强，容易接受新的知识、新的事物，记忆的速度也较同年龄的孩子快。

情绪稳定，少哭闹

虽然婴儿在饥饿、尿湿和身体不适也会啼哭，但得到满足之后啼哭便会停止。受过胎教的婴儿感音能力较好，每当听到母亲的脚步声、说话声就会停止啼哭。此外，孩子比较容易养成正常的生活规律，如在睡前播放胎教音乐或母亲哼唱催眠曲，婴儿就能很快入睡，满月后就能养成白天醒、晚上睡的习惯。

能较早与人交往

受过胎教的婴儿出生 2 ~ 3 天就会用小嘴张合与大人“对话”，20 天左右就会逗笑，2 个多月就能认识父母，3 个多月就能听懂自己的名字。见到陌生人时也比没受过胎教的孩子胆大些，更易熟悉和接受；性格活泼，喜欢和他人接触；较早学会笑，当别人挑逗时表现出能与人互动。

较早地学会说话

受过胎教的婴儿2个月时会发几个元音，4个月会发几个辅音，5~6个月发出的声音能表达意思，让妈妈明白是饿了还是要大小便。经过胎教和早教的孩子9~10个月时，就会有目的地叫爸爸妈妈，如果出生后不继续给以发音和认物训练，胎教的影响在6~7个月时就会消失。受过胎教和早教的孩子在20个月左右便能背诵整首儿歌并且也能背数，入学后成绩都比较优秀。

较早地理解语言

受过胎教的婴儿4个半月时能认出第一件东西，6~7个月时能辨认手、嘴、水果、奶瓶等。能较早地理解“不”的意思，早期学会服从“不”的孩子更懂事、更听话。还会较早地学会用姿势表示语言，会做“欢迎”“再见”“谢谢”等动作，也能较早地理解别人的表情，所以，胎教过的宝宝显得特别聪明可爱。

眼睛明亮

受过胎教的婴儿眼睛明亮，视听注意能力优秀。

运动能力强

受过胎教的婴儿，运动和感音能力发育较早，吸吮手指的能力、手的握力、四肢运动能力更强，更早地学会走路，运动的协调性也更好。

要给孕妇创造好的家庭气氛

孕妇的整个妊娠过程，绝大多数的时间是在家庭中度过的。家庭气氛和谐与否对胎儿的生长发育影响很大。和谐的家庭气氛是造就身心健康后代的基础，在和睦相处的氛围中孕妇得到的是温馨的心理感受，胎儿也能在如此良好的环境中获得最佳熏染，从而促进身心的健康发育。

夫妻之间要经常交流感情，彼此相敬如宾，尤其是丈夫更要积极热忱地为妻子及腹内的孩子服务好，不断地给孕妇的精神与饮食上输入营养，给正在孕育着的这株“秧苗”以阳光雨露，扮演好未来父亲的荣耀角色，使妻子觉得称心，胎儿也感到惬意。在如此和谐的家庭氛围中生活，对母儿的身心健康均大有裨益。

>> 科学胎教课堂

要创造好的家庭氛围，夫妻双方的修养都有必要加强，夫妻之间要互敬、互爱、互勉、互慰、互谅、互让。

孕妇忌欣赏激烈的音乐

自古以来，人们不仅把音乐和舞蹈作为一种艺术来欣赏，还把它们当作陶冶情操、增强身心健康的一种手段。然而，并不是所有的音乐都对人的身心健康有益。有人对一些音乐爱好者的家庭做过调查，发现在经常欣赏浪漫派音乐的家庭中，人们性格开朗，思想活跃；在经常欣赏古典音乐的家庭里，人与人的关系相处得很和睦；而热衷于欣赏声音嘈杂的现代音乐的家庭里，成员之间则经常争吵不休。

优美健康的音乐能促进孕妇分泌出一些有益于健康的激素、酶和乙酰胆碱等物质，起到调节血液流量和神经细胞兴奋的作用，从而改善胎盘供血状况，使血液中的有益成分增多，从而促使胎儿向理想的方向发育成长。而霹雳舞的音乐及摇滚乐都属于过分激烈的音乐，长期听这种音乐，会使孕妇的神经系统受到强烈的刺激，并破坏心脏及血管系统的正常功能，使人体中去甲肾上腺素的分泌增多，从而使孕妇子宫平滑肌收缩，造成胎儿血液循环受阻，胎盘供血不足，引起胎儿发育不良，同时这也是造成流产或早产的原因之一。

有人曾仔细观察过在胎内听音乐的胎儿，发现听轻音乐的胎儿活动平缓，心率正常，出生后再听轻音乐时表情安详，甚至面露微笑；而那些在胎内听强烈迪斯科音乐的胎儿，心率较快，活动频繁，出生后再听这种音乐时仍显得烦躁不安，四肢不停地扭动，停放音乐后很久才能恢复平静。看来，孩子无论是在出生前还是出生后，都不喜欢这种音乐。所以孕妇不宜欣赏过于激烈的霹雳舞音乐及摇滚乐。

选择最佳去散步条件

散步是非常适合孕妈妈的运动，不仅能够促进胎儿的大脑发育，而且还兼有胎教的功用。孕妈妈散步比坐着的时候，氧气的供给量要高出2~3倍，散步还能让心情变得愉悦和放松。欣赏大自然的景色、聊天，对于孕妈妈来说无疑是一种美的精神享受。而孕妈妈的心情愉快、头脑清醒，不仅有利于消除疲劳，更有利于胎儿的健康成长。医学研究表明：孕妈妈愉悦的情绪可促进大脑皮层兴奋，使孕妈妈血压、脉搏、呼吸、消化液的分泌都处于相互平稳、相互协调的状态，从而有利于孕妈妈身心健康，同时改善胎盘的供血量，促进胎儿的健康成长。

散步应选择风和日丽的天气，有雾、下雨、刮风及天气骤变时不宜外出，以免感冒。还应选择在道路平坦、环境优美、空气清新的地方散步，有丈夫和家人陪同则更好。散步时，无论看到什么景象，都可以将其变成有趣的话题讲给胎儿听，这样，和语言胎教结合起来，效果就更好了。散步的时间最好是在上午10点到下午2点之间为宜，因为这个时间段是一天之中空气质量较好和母体子宫最放松的时间。

和天使聊聊天

孕妈妈可以做些自己喜欢的事，一方面可以减轻身心因怀孕而不舒服的感觉，另一方面这些努力与尝试，也将有助于胎教和以后的亲子关系。这个话题可以从平常聊天里寻找，也可以专门去做某些事情，来与宝宝沟通与交流思想感情。比如，可以整理一下相册，回想那些值得回忆的经历，并通过照片将故事说给腹中的胎宝宝听。在情感的传述中，让胎宝宝在潜意识里能感受到你的爱。

做好"情绪胎教心灵操"

第一节：仰卧于床上，微闭双眼，先暗示自己放松全身。

第二节：暗示自己："我内心非常宁静舒适——我的心已经到了一片广阔的天地间——我沐浴着温暖的阳光和清新的空气——真舒服啊；哦，景色真美啊——我的眼睛被美丽的色彩逗得很明亮——我很兴奋——我感觉心旷神怡——我感觉到了内心深处的喜悦——真是太好了！"暗示时眼睛要内视，发挥想象力看着自己所想的一切。

第三节：继续暗示自己："我听到远处有孩子在咯咯地欢笑，我也情不自禁地笑起来了——我的内心也在微微地笑了——啊，多么美好的一天啊。"暗示时全身放松，并细细体会、感觉自己内心的愉悦。

此操孕妇最好能每天早晚做一次，坚持做对孕妇自己和胎儿的身心都会有好处。

>> 温馨小贴士

通过这些小情境与交流，你和宝宝同时得到了欢乐。甚至可以把你怀孕后的点点滴滴录照下来，留待以后回味，想必更是一件有意义的事。这种交流与愉悦，对宝宝乐观向上性格的形成是非常有帮助的。

"转动刺激"与大脑发育

日常生活中有人对转圈非常适应，有的人却不适应，连着转不了几圈就摇摇晃晃欲倒。养育过孩子的母亲都有这样的经验：孩子很喜欢被大人抱着开飞机（转圈游戏），常被逗得咯咯地笑；婴儿放在摇篮里时，家人在旁边加以轻轻摇晃，就能使孩子很快入眠。

国外医疗专家莱利帕尔教授就是动用这样的原理，带着孩子慢慢旋转，停下，再旋转，治疗了一些严重智力障碍的孩子，使他们的学习能力大大提高。

人的耳朵包括内耳、半规管、耳蜗和前庭。前庭系统即位于脑干中央，并与内耳紧密相连。胎儿期最早发育的脑神经系统就是听觉系统，而前庭系统早在母体怀孕后第16周就开始活动了。帕尔教授在给孩子旋转时，产生的作用和胎教时有规律地缓慢转动胎体，使孩子耳朵半规管里的液体保持流动相类似。转动刺激了前庭系统的平衡与协调功能，同时也刺激了大脑的发育，使大脑产生更多的树突和联结。在羊水里浮动的胎儿，就是通过前庭系统的活动获得其早期感觉的。

因此，在怀孕中后期，母亲应给胎儿以“转动刺激”，抚摸胎儿，轻轻推着他转动，人为地使他在宫腔内移动，增加胎动，这样可有利于胎儿寻找平衡的感觉，很好地促进胎儿的大脑发育。

准妈妈多咀嚼有什么好处

谈到咀嚼胎教，大家不禁会问，咀嚼怎么是胎教呢？咀嚼胎教指的是教胎儿如何吃饭吗？这样猜您就错了。其实，咀嚼胎教对胎儿大脑发育有着很重要的关系。唾液对人体起着很重要的作用，它除了有湿润口腔、溶解食物的作用以外，更重要的一点就是具有杀菌作用。我们把唾液放入杯中再放入些致癌物质，浸泡3秒后检查发现，其中70%以上的致癌物质消失。因此，怀孕的妇女每天在用餐时最好做到细嚼慢咽，一口饭在口腔内充分咀嚼达15秒钟为宜，并要经常坚持。细嚼慢咽不但可预防多种疾病，同时还可使您口腔周围的肌肉活动增强，刺激消化器官功能运动和分泌消化液，进而促进孕妇的消化吸收，有利于胎儿吸收营养。

修养胎教

为了宝宝的身心健康，孕妇务必以对胎儿的博大爱心，加强自我修养，学会自我心理调节，善于控制和缓解不健康的情绪，始终保持稳定乐观、良好的心境，使胎儿能够健康地成长。孕妇与胎儿不仅血肉相连，而且在心理上也有着微妙的天然联系。

孕妇在孕期的一言一行、一举一动都将对小宝宝产生潜移默化的影响。可以想象，一个具有良好文化修养和生活情趣、不怕困难、情绪乐观的女性，孕育的胎儿一定是健康的。为了实现这美好的愿望，从现在起，你首先要加强文化修养，有计划地阅读有益于身心健康的文学作品，学习摄影、绘画，欣赏音乐，以此充实自己的精神生活，使自己更加热爱大自然和人生。

朗诵给天使听

今天，孕妈妈可以充当一下朗诵演员，给胎宝宝朗读一段自己喜欢的优美散文。在音乐伴奏与歌曲伴唱的同时，朗读诗或词以抒发感情，也是一种很好的胎教音乐形式。现代的胎教音乐也正是朝着这个方向发展。

>> 科学胎教课堂

在市场上一般的胎教音乐当中，器乐、歌曲与朗读三者前后呼应，优美流畅，娓娓动听，达到有条不紊的和谐统一，具有很好的抒发感情作用，能给孕妈妈与胎儿带来美的享受。

如果你还不知选择哪段来给宝宝诵读，这里介绍一篇——朱自清的《春》。在朱自清的笔下，春草是如此的天真烂漫、活泼可爱。“园子里，田野里，瞧去，一大片一大片满是的。坐着，躺着，打两个滚儿，踢几脚球，赛几趟跑，捉几回迷藏。”如果作者没有发自内心的由衷的喜爱之情，怎能写出这等精彩之笔！春天显得那么美。风中的柳枝是多么温柔，风中的乐声是多么动听，风中的气息是多么令人心旷神怡！还有，“那绵绵的春雨像牛毛、像花针、像细丝、像薄烟”，表现了缥缈朦胧之美。孕妈妈读着读着，仿佛正在春风中尽情地欣赏一部春天的乐章，一幅春天的写意画。作者对春天真挚的赞美之情，已不留痕迹地融入了景物描写之中，让孕妈妈读来回味无穷。

给宝宝上常识课

给宝宝上常识课对于母亲来说，喃喃自语般地将一天中看到的、听到的和经历的事情讲述给腹中的宝宝，既是语言胎教中很有意义的常识课内容，又是牢固母子之间感情、培养孩子感受能力和思维能力的基础。

比如，当孕妈妈正在散步时，就可以一边走，一边给腹中的胎宝宝上课："宝宝，看，树上的两只小鸟。鸟儿是有翅膀的，它们可以在天空中飞翔，它们有的还特别会唱歌，歌声可好听啦！"在吃饭时，也可对胎宝宝这样说："宝宝，你看，餐桌上有什么？让妈妈来告诉你——有鱼、鸡翅、豆角，还有一盘水果沙拉，这些都是妈妈最爱吃的，这些可都是爸爸为你和我准备的哟！"虽然只是一些平时的一些小事，但是，在你娓娓道来的同时，腹中的宝宝却在感受着你对他的这份关爱，可以明显提高胎宝宝的感受能力。

孕妇过度放松影响胎儿智力

"用进废退"是人身上许多脏器的规律，心、肺、性器官、肢体的肌肉、手指关节的灵敏度等，不锻炼则会出现功能减退早衰的现象。大脑也是这样，"脑不用不灵"。人们都会认为，工作造成的大脑紧张，需要在生活中给予放松和调剂，特别是一段时间的紧张工作之后，用度假的方式获得休息，能够达到身心健康的目的。然而，德国心理学教授雷尔却提出警告：过度放松会使人变笨。任何事物都有个度，适当放松、劳逸结合是必要的，但过度放松，却适得其反。

雷尔教授在一项研究中发现，如果度假的人总是躺在沙滩上一动不动晒太阳，缺乏心智活动，那么人脑部前叶神经细胞就会开始萎缩，5 天以后，他的智商会减弱 5%，3 周之后继续减弱达 20%。所以教授建议说，每个人每天应做 10 分钟的脑力体操，让脑子活动起来，以保持敏捷的大脑思维，而不至于变笨。

雷尔教授的研究至少给我们一个启示：不管什么时候，人若变懒，脑子就会变笨。为此，孕妇的适当休息并不意味着“无所用心”，应利用一切可利用的时间养成看书、读报以及背唐诗、宋词、外语单词及其他业务资料的习惯，要往脑子里“装东西”；也可和家人一起适当地下下棋，玩玩牌，动动脑子，也就是常做“脑力体操”，使脑子越用越灵。

>> 孕妈妈早知道

千万不要没事就往床上一躺，“无所事事”，从而使胎儿的“信息营养”间断，这种“懒”习惯遗传给孩子，则不利于其智力发育。

孕妇缺碘有什么危害

人体内约含有 25 毫克的碘，其中 10 毫克在甲状腺中。碘是甲状腺素和三碘甲腺原氨酸的重要组成成分，甲状腺素能促进蛋白质的生物合成，促进胎儿的生长发育。

妊娠初期孕妇甲状腺功能活跃，碘的需求量增加，妊娠期碘摄入量不足或缺乏，孕妇易发生甲状腺肿大、功能减弱，影响胎儿的发育。

孕妇缺碘还会造成流产、死胎，新生儿聋哑和先天性畸形。胚胎期和婴儿期严重缺碘时，可使之终身呆傻。研究还发现，缺碘胎儿脑的损害最为严重，出生时即使有轻度的碘缺乏，也可影响其智力的发育，导致长大后学习困难和工作无能。

成人每日碘供给量为 150 微克，孕妇每日应再加 25 ~ 50 微克。

富含碘的食物有海带、紫菜、海虾、海鱼及海盐等，而谷类、豆类、根茎类和果实中碘的含量均较低。

但长期摄入过量的碘可影响甲状腺对碘的利用而造成甲状腺肿。故对碘的摄入与对其他营养素的摄入一样，贵在平衡、合理。

了解氧气胎教

南非哈印兹教授认为，在妊娠的最后10天，每天只要进行30分钟的氧气添加法，就可对胎儿智力产生影响。方法是把孕妇的身体放入到樽形装置中，使孕妇腹部周围的空气减压为大气压的1/5，从而减轻腹壁给胎儿的压迫，这样使流入胎儿脑部的血液量增加。由于血流量增加，供给胎儿的氧气也就充足了。当然这种方法必须与其他胎教方法相结合才能取得成果。

可见，氧气对胎儿是多么的重要。因此，孕妇应有意识地净化生活周围的环境。

(1)要把家庭小环境的空气污染治理好。家庭中的废气来源首推厨房，应在厨房安装抽油烟机，在卧室安装排气扇或空气净化设备；做菜尽量少起油锅，少用炒、煎、炸、爆等烹调方法，多用蒸、煮、炖、煨等烹调方法。

(2)家人及客人在室内不要抽烟。室内每天早晚应及时开窗换气，晚上尽量开窗睡觉；如在冬季必须关窗时，可于清晨起床后打开窗户换换空气。

(3)要尽量避免去影院、车站、商店、闹市以及交通要道等空气污浊的场所，可在每天清晨及傍晚到附近公园或树林、草地等空气清新的地方散步，到大自然中领略新鲜空气，以弥补室内生活新鲜空气不足的缺陷。

(4)切忌长时间在密闭门窗的条件下连续使用空调器制冷或取暖。因为连续使用易使室内负氧离子减少，导致空气浑浊，使人感到头晕胸闷、咽喉干燥不适。特别是在夏天，孕妇害怕中暑，便整日打开空调，这样容易得“空调病”，应定时开窗更换新鲜空气。如果室温不是太高，应尽量使用电风扇，只是电扇要避免对人直吹，免得受凉。

胎儿的 EQ 教育

能得到父母恰当关爱的孩子一般会养成积极乐观的性格品质，对周围的事物充满信心。因此从孕期开始就要开始对胎儿进行 EQ（情商）教育，EQ 教育要注意以下几个方面：

听音乐：音乐必须根据孕妇不同阶段的需要来选择，在妊娠早期，孕妇情绪容易波动，还可能产生不利于胎儿发育的忧郁和焦虑，这个时期孕妇适宜听轻松愉快、优美动听的音乐。孕妇最好不要听那种过分激烈的现代音乐。因为它可以使胎儿躁动不安，引起神经及消化系统的不良反应，危及孕妇及胎儿。

充足睡眠：因为妊娠阶段孕妇容易疲倦，要多休息，但不能整天躺着不动，应该劳逸结合。

此外，还可以看看画展，阅读一些轻松乐观、笔调优美的文章，学习插花、摄影等知识，陶冶情操，与胎儿进行情感的交流。

为什么孕妇需要补硒

人体缺乏硒可导致克山病，患者往往有心悸、头晕、气短及心功能不全等症状，严重者常因心力衰竭而死亡。由克山病流行病学调查得知，克山病易发于育龄期妇女。孕妇处于低硒水平，易患克山病。

孕妇每日膳食硒供给量应为 50 微克。

硒的地理分布很不均匀，贫硒地区的食物中含硒量低。一般地区中，动物的肝、肾和龟、虾中含量丰富，芝麻、糙米、普通面粉、黄豆、蘑菇、芦笋、胡萝卜、蒜、橙子和香蕉等含量较多，海带、发菜和贝壳类海产品中也富含硒。

>> 科学胎教课堂

硒能缓解或降低镉、汞、砷、铅、铊、镍、硫等中毒反应。若缺硒，上述毒性元素会对孕妇及胎儿产生毒害，引起胎儿免疫功能低下、畸胎、死胎及流产等不良后果。

准爸爸应激发妻子的爱子之情

丈夫除了应让妻子多看一些能激发母子情感的书或影视片外，还要多与妻子谈谈胎儿的情况。如询问胎动，提醒妻子注意胎儿的各种反应，与妻子一起描绘胎儿在“宫廷”中安详、活泼、自由自在的形象，一起猜想孩子的小脸蛋是那么漂亮逗人，体形是那么健壮完美。可别小看这些，要知道，这对增加母子生理、心理上的联系，增进母子感情都是非常重要的。尤其是丈夫要引导妻子去爱护腹中孕育着的胎儿，切不可因妊娠反应、妊娠负担或因肚子大起来影响了外貌、体形或面部出现色素沉着，损害了自己的形象等，就怨恨腹中的胎儿。许多实验都证明，母亲与胎儿有着密切的联系，母亲对胎儿有任何厌恶情绪或想做流产的念头，都不利胎儿的身心健康。

孕中期的营养胎教

妊娠中期是指停经后的第 4 个月开始至第 6 个月结束，这个时期也是胎儿生长迅速期。

因为胎儿生长很快，每天增重大约在8克左右，母亲大量补充优质蛋白质非常重要。在此期间母亲的妊娠反应已消失，食欲大增。这时要注意的问题是营养的合理搭配，而不是吃得越多越好。这个阶段蛋白质的保证很重要。蛋白质中的强者自然是动物蛋白，如鱼、肉、蛋、奶，而大豆、豆腐等含植物蛋白，又经济、实惠，而且还有易吸收的特点。

一般在怀孕4个月以后，你可能会感到时而出现小腿抽筋，并出现腰酸背痛等症状，这些症状与缺钙有很大的关系。所以，在这个时期积极补钙也是很重要的问题。

散步的宜忌

操持日常家务，在某种意义上讲也是一种运动。但家务事不多时，就得做点儿补充运动。最好的办法就是散步，每天一次，一边呼吸户外的新鲜空气，一边溜溜达达地散步。

衣服应穿便于行动的，鞋要穿底跟不太高的软平底的。夏天和冬天要注意防暑防寒。夏天不要忘记带遮阳伞和帽子，冬天不要忘记带围巾。要避开特别冷和特别热的天气。还有，散步的时间，夏天最好是阳光不太强的上午或傍晚，冬天最好是温度最高的下午两点到三点钟之间。

散步的路线要避开有台阶和有坡度的地方。上下台阶和走坡道对孕妇来说不太好，还有摔倒的危险。此外，还要躲开人群。散步途中感到不舒服时，可在附近的长椅上休息一下。在散步的路线上如果有公园就会感到方便，进环境良好小吃店和餐厅等场所休息也是个办法。

>> 专家提示

通过散步产生适度的疲劳能帮助睡眠，还可以变换心情消除烦躁和郁闷。散步时不要走得太急，要慢慢走，不要使身体受到振动，特别是在怀孕早期和晚期要格外注意。

本周营养胎教

这个时期，母体基础代谢率大大增加，而且胎儿生长速度也达到高峰。孕妈妈要尽量补足因胃容量减少而减少的营养，继续保持一日多餐，均衡摄取各种营养素，防止胎儿发育迟缓。要特别注意这时胎儿大脑细胞迅速增殖分化，体积增大，这标志着胎儿的大脑发育将进入一个高峰期。这时孕妈妈可以多吃一些核桃、芝麻、花生之类的健脑食品，为胎儿大脑发育提供充足的营养。

唐代药王孙思邈的《备急千金要方》中也谈到了每个月的胎教。其中，关于6月的营养胎教是“居处必燥，饮食避寒。常食稻粳，以密腠理，是谓养骨而坚齿。”也就是说，孕妈妈饮食要忌寒食，要常吃粳米。这样，才能养好胎儿的骨和齿。

孕中期的妊娠体操

盘腿坐运动

功效：这项运动可放松腰关节，伸展骨盆肌肉。

方法：盘腿坐，把两手交叉放在膝盖上。两手轻轻地向大腿根方向推。

呼吸一次把手放回到膝盖上。每天早晚各做一次，持续2～3分钟，习惯以后，可延长到10分钟。

从侧坐到卧姿

注意：改变动作时，不要过急，不要给腹部带来震动。

方法：从侧坐到躺下，要用胳膊支撑着，把头缓缓地放在枕头上。

右侧卧姿是饭后休息的好姿势。

胎儿体操与踢肚游戏

美国育儿专家凡德卡教授提出了一种“胎儿体操与踢肚游戏”胎教法，通过母亲与胎儿进行游戏，达到胎教的目的。在怀孕5～6个月母亲能感觉到胎儿形体的时候，即可对胎儿进行推晃式锻炼，即轻轻推动胎儿，使之在腹中“散步”“荡秋千”

"踢腿"。当胎儿踢母亲肚子时，母亲可轻轻拍打被踢的部位，然后等待第二次踢肚，一般在一两分钟后，胎儿会再踢，这时再轻拍几下，接着停下来。如果你拍的地方改变了，胎儿会向你改变的地方再踢，注意改拍的位置离原胎动的位置不要太远。每天进行1～2次，每次数分钟。

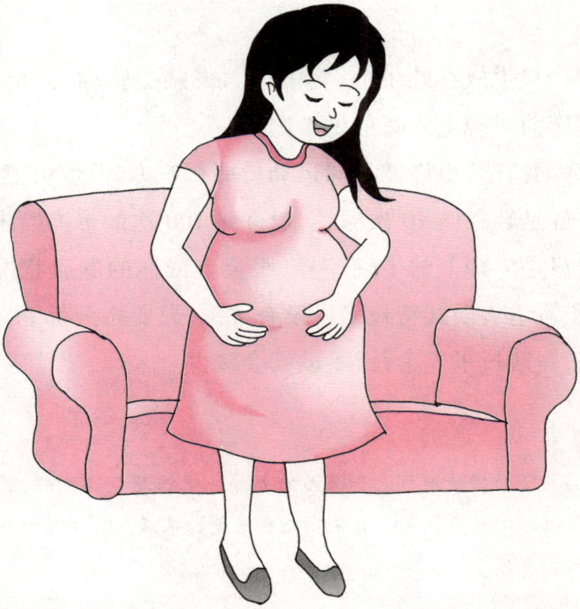

>> 温馨小贴士

注意事项：这种亲子游戏最好在每晚临睡前进行，此时胎宝宝较活跃、活动最多。时间不宜过长，一般不要超过10分钟，以免引得胎宝宝过于兴奋，导致准妈妈久久都不能安睡。需要说明的是，怀孕后3个月内、临近产期及早期宫缩者不宜进行触摸运动。训练的手法宜轻柔，循序渐进，不可急于求成。

对6个月大胎儿做触觉式胎教

想要通过触觉与胎儿沟通，首先必须感受到胎儿的活动。做触觉式胎教，可按如下方式进行：

身体横卧，把一只手放在肚子上，集中精力去感受胎动，甚至可以数一数胎动次数，每天早晨起床前或晚上入睡前做1次。

你的宝宝的活动情形，也许像足球运动员那么有力，但也可能像蜻蜓点水那么轻盈；你的感觉也许是轻轻的10次振动，也许是100次的重力撞击。

无论如何，这只是生理上的个别差异，跟宝宝或你的健康状况没有任何关系。即使孩子在你的子宫里表演起特技来也没有关系，只要每天都能感受到一点活动，则可以视为正常。一般过了8个月，胎动就会减少。

>> 科学胎教课堂

不同的胎儿，其活动的情形可能有很大的差异。根据超声波诊断，胎动次数为1天200~700次不等，因胎儿的月龄或个别差异而有很大的不同。有些孕妇能明显感觉到胎动，有些则几乎毫无感觉。

第四章

感受甜蜜的第7月

妊娠第29周到产后28天，是母子关系最密切的阶段，这种关系可借助肌肤之亲或对话更显得亲密。7个月的胎儿，已经能感受到母亲的精神状态并加以反应，所以母亲不必使用语言，也能和胎儿沟通。

听名曲《月光》

《月光》又名《明月之光》，是德彪西早期代表作《贝加马斯卡组曲》中的第3曲，创作于1890年。“贝加马斯卡”为意大利北部贝加摩地区流行的曲调。德彪西曾于留学罗马期间，游历了风光秀丽的贝加摩地区，《贝加马斯卡组曲》就是根据这一印象所作。

乐曲为行板，一开始，明亮的旋律以缓慢的速度向下浮动，宛如月亮正把银色的光芒洒向人间。接着，在连续的和弦进行中，上声部轻轻地奏出优雅如歌的“月光曲”。中间部分由3个段落组成，是一个富于抒情意味的部分，好似抒写了人们在银色月光下浮想联翩、舒心歌唱的情绪。乐曲的再现部分，把淡淡的月色描绘得更加富于诗意。

由于这首乐曲的旋律清新并富于浪漫情调，较通俗易懂，因而流传较广，成为脍炙人口的标题钢琴小品。在这首钢琴曲里，作者采用了色调柔和而明净的和声与钢琴体，着意描绘了月夜幽静的景色，令人心旷神怡，它尤其适合于孕妈妈心情烦躁时听，可以起到镇静和催眠作用。

与胎儿一起旅行

怀孕至第6个月，准妈妈已大致能习惯怀孕中的生活，胎儿亦逐渐地稳定成长。在行动上，不似初期必须有所顾忌。到了怀孕后期，由于濒临生产时刻，大部分时间都待在家里，顶多动动身子外出换换环境，让胎儿生活得更舒适。胎儿一生下来，准妈妈便得每天忙碌地照顾，难得有空暇。倒不如在这时（怀孕第7个月）做一次短程旅行，让生活充满闲情逸致，对胎儿而言，亦不失为一个不错的胎教方法。

在旅行之前，先做好旅行计划，不要让准妈妈及胎儿太劳累，避开人多、嘈杂的地方，事前先排好周全的计划，不但能达到放松身心的目的，同时亦让准爸爸不至于太过麻烦、疲惫。尽量选择家附近的地方，绿草如茵，空气新鲜，能达到舒散身心的功能，对准妈妈、胎儿而言，即是一种无上的享受。借着旅行最容易使准妈妈消除疲劳，并增进夫妻情感，让夫妻俩携手为更美好的明天而努力。

利用飞机、船、车子为交通工具的旅行，对准妈妈而言，最不同于平常的活动。身体活动感少了，反而必须长时间采用一种姿势，或走更远的路途。那么，“旅行”带给准妈妈的不是欢乐而是疲惫。在医学上，“旅行”对准妈妈而言，是一种非生理性的侵袭。何况“旅行”对每一个人的影响程度不同，很难回答什么样的旅行是安全的。

“旅行”对准妈妈是否会产生不良影响，则视准妈妈具体状况而定。当准妈妈身体发生问题时，恐怕将带来不良的结果，还是好好地跟医生商量、讨论。即使是可以旅行，为了绝对安全起见，也要做到面面俱到，不可疏忽。长时间坐在车上摇晃对准妈妈影响极大，应避免做长距离的旅行。最好选择妊娠第5～7个月，而搭乘交通工具时间尽量缩短。千万不要上高速公路，一上即是四五个小时，那对准妈妈而言，是吃不消的。特别是团体观光旅行，更应该避免，能自我控制行程是最理想的旅游方法。

丈夫配合妻子进行胎教必需要做的事情

胎教不单纯是孕妇的事，需要丈夫做的工作也有很多，除去在有关条目中谈到的，还有以下几件事情需要丈夫去做。

(1)经常和胎儿说说话。丈夫通过动作和声音，与妻子腹中的胎儿说说话，是一项十分必要的胎教措施。日本育婴文化研究所的谷口裕司，在妻子妊娠期间，曾经试验过"父亲式的胎教"，就是在每天晚上睡觉前，把手放在妻子的腹部，跟胎儿说上几句话。常说的话是："你今天又长了这么多，我是你爸爸哟。"通过丈夫抚摸妻子的腹部，对孕妇产生的是良性刺激，这既是孕妇的一种精神与机体享受，胎儿也从中受益不少，尤其是对于情绪和精神紧张的孕妇来说，这是一剂良好的安慰剂。

丈夫与妻子腹中胎儿的谈话，不一定拘于某种形式，其内容宜丰富一些。诸如问候胎儿、安慰或批评胎儿等都可以。在与胎儿搭话时要善于揣测妻子的心理活动，仔细琢磨一下爱人需要听什么话，要通过妻子良好的心理感受而产生积极的胎教效应。

(2)和胎儿做游戏。如何和胎儿做游戏，这里大略谈一些简单、轻松的游戏。如妻子平卧时诱导胎儿在"宫中"活动。妻子进餐时模拟给胎儿喂饭等，这些都可以通过孕妇的感官刺激对胎儿起到积极的潜移默化作用。

(3)给胎儿讲故事。丈夫给妻子腹中的胎儿讲故事时,要把未降世的胎儿当成懂事的大孩子一样看待,最关键的是要争取妻子的积极参与,通过妻子的心理感受,来转化为教育因子而作用于胎儿。故事内容宜轻松愉悦,娓娓动听,切勿讲授使妻儿产生恐惧心理的故事。

(4)给胎儿放音乐。音乐在胎教中所占据的重要地位,后面还有专门介绍。这里讲的放给胎儿听的音乐,在选择上最好先征得妻子的同意,至少应是孩子的妈妈比较喜欢听的,否则就不会起到胎教的作用。另外还需要根据胎儿胎动频度进行辩证地选择。如果胎动频繁,应放一些柔和轻松的曲子;如果胎动较弱,则需放一些雄壮有力而又节奏感比较强的音乐。

>> 专家提示

在配合妻子进行胎教的过程中,还有许许多多的事情需要丈夫去做,诸如给胎儿听胎心、数胎动、唱儿歌、诵诗词等,都是很好的胎教措施,这里不一一赘述。

胎儿会通过运动促进自身发育

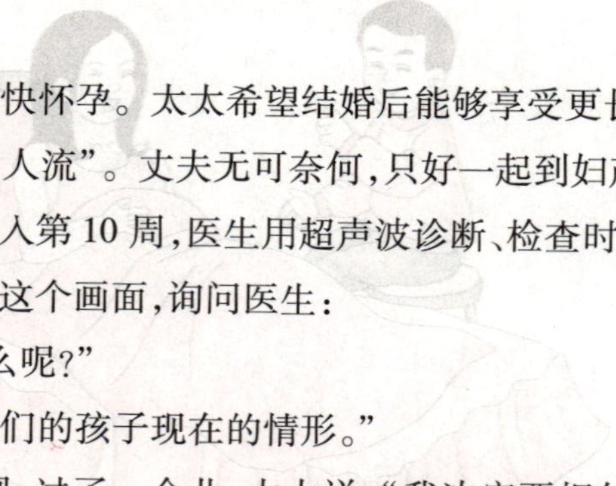

一对夫妻结婚之后很快怀孕。太太希望结婚后能够享受更长一点时间的二人世界,于是向丈夫提议做“人流”。丈夫无可奈何,只好一起到妇产科咨询。

检查结果怀孕已经进入第10周,医生用超声波诊断、检查时,只见胎儿在母体中异常活跃。夫妇俩看到这个画面,询问医生:

“画面中会动的是什么呢?”

医生回答:“这就是你们的孩子现在的情形。”

夫妇俩一听,互相凝视,过了一会儿,太太说:“我决定要把他生下来。我不知道这时候胎儿已经会动了。”接着,太太似乎为了自己的无知而落泪。

当孩子平安生下来之后,他们回忆说:

“看到超声波画面的瞬间,只觉得他是个生命,绝不可以随便拿掉。仿佛画面中的胎儿在对我们诉说着什么。那感觉就像胎儿不断地倾诉:‘把我生下来吧!把我生下来吧!’”

事实上，胎儿每天都在母亲体内运动着。

游泳是项好运动

游泳是妊娠中期一项很好的运动项目。游泳可以促进妊娠中的妇女健康，可以防止因过少的活动而引起的肥胖，游泳还可以进行分娩练习，有助于孕妇顺利地分娩。由于妊娠第7个月是胎儿和孕妈妈皆安定的时期，故较宜于运动。柔和的运动，缓慢的深呼吸，有利于全身的血液循环，促进消化和营养的吸收，这对母体和胎儿都是十分有益的。实验表明，在妊娠期适当运动的孕妈妈，其新生儿心脏比一般婴儿大些。此外，适当注意多运动的孕妈妈，还能促进腰部及下肢血液循环，减轻腰酸腿疼及下肢浮肿，有助于促进身体对钙、磷等矿物质的吸收。

国外专家一直鼓励孕妈妈游泳，认为这是一项有利于孕妈妈舒展身体的全身运动。要注意的是水不能太凉，以免下水后引起腿部肌肉痉挛；游泳的动作要轻柔缓慢，不要太猛；并且要适可而止，不要弄得自己很疲劳。当然，在游泳前，最好咨询一下医生，如果再有专门的教练指导，就更加安全了。

教胎儿学数字

首先要制作一些卡片，即把数字和一些笔画简单、容易记忆的字制成颜色鲜艳的卡片，卡片的底色与卡片上的字分别采用反衬度鲜明的颜色，如黑和白、红和绿等等。训练时，母亲应精力集中，全神贯注，就像教小学生识字一样，一边念，一边用手沿着字的轮廓反复描画。

一定要运用形象思维及色彩组合办法。例如：想象2像水中自由游泳的鸭子，3像人的耳朵，5像秤钩，9像小蝌蚪等。又例如：11、33、44等两位数可采用左侧用绿色、右侧用蓝色，这样的组合既形象又色彩丰富。

> **>> 孕妈妈早知道**
>
> 应注意笔顺一定要正确，每天抽出时间定时进行，这样，久而久之，将有助于孩子识字能力的培养。

为了让胎儿与教学合拍，在教学之前，父母必须先给胎儿一个信号，如抚摸胎头说：“乖孩子，我们开始上课了。”

塑造胎儿性格的胎教

人的性格好坏，对于一生的事业有着很大的影响。我国有句俗话："江山易改，本性难移。"说明性格一旦形成是不容易改变的。人的性格早在胎儿期已初步形成。许多研究表明，孕妇的精神状态、情感、行为、意识可以引起体内激素分泌异常，影响到胎儿的性格形成。如孕妇有忧郁心情，缺乏活力，所怀孩子出生后会好委屈，长时间啼哭。长大后感情脆弱，易郁闷。

>> 孕妈妈早知道

如果孕妇能正确对待孕期反应带来的烦恼，积极、坚强地克服怀孕后期和分娩中的痛苦，这种坚强的意志会影响到胎儿，为胎儿出生后能有自尊自强、勇于与困难作斗争的好性格打下基础。对于胎儿性格的塑造，除了母亲的胎教外，还需要做些有益的精神刺激。

母亲以身作则，塑造胎儿性格

胎儿接受母亲的影响是自然而然的。特别在胎儿6个月以后，能把感觉转换为情绪。这时胎儿的情感与母亲息息相通。因此，在怀孕过程中，要时刻注意当好胎儿的老师，塑造胎儿美好的性格。

有意识地进行精神刺激

这种方法由丈夫主持。刺激不能过分，实际是丈夫逗着妻子玩的喜闹剧，使妻子的情绪有片刻的波动，让这种波动影响胎儿，使他得到锻炼。但实施这种胎教时要注意：

（1）要在妻子心情最好的时候，如果心情不好，也许会使妻子烦恼，不利于胎儿。

（2）要在妻子毫无心理准备的情况下，使她感到意外的惊喜和激动。

（3）给妻子精神上的刺激只能是小小的，时间是短暂的，愉悦的心情是浓浓的。

如在妻子怀孕5个月以后，由于胎动开始了，胎儿有时文静，有时又乱踢乱动。这时妻子往往会产生各种猜测，是男是女想得最多，怕生了女孩丈夫不高兴，家人不喜欢。这时丈夫可以出题和妻子讨论。如猜猜是男还是女，丈夫可以先装出喜欢男孩，讨厌女孩的表情，刺激妻子，然后再解释，无论生男生女都非常高兴。男孩可以继承父业，女孩也可以大有作为，比女孩更能关爱父母。又如，可以为孩子取名与妻子讨论，各自陈述理由，在反复的思考中既体现出了父亲对胎儿的亲情，又因母亲思想不断地活动，使胎儿的神经系统也得到了锻炼。

又如在怀孕后期，丈夫可以趁妻子不备时给将要出生的孩子买漂亮的衣物及生活用品，给妻子买一件纪念品，不动声色地放在床头，等妻子发现后得到一个意外的惊喜。在临产时，丈夫更要多方帮助和鼓励妻子克服分娩时的紧张情绪。这些有益的刺激，将帮助孕妇顺利分娩，给胎儿日后坚强、自信的性格奠定基础。

听《E小调第九交响曲》

《E小调第九交响曲》是德沃夏克最著名的一首交响乐作品，用“也许没有一个乐队没有演奏过它，也没有一个指挥没有指挥过它”来评说，大概并不为过。作品表现了德沃夏克对美国这个新大陆的印象和感受，并倾注着对遥远的祖国和家乡的思念。全曲共分4个乐章：

第1乐章，音乐开始，是一段慢板序奏，为整个交响曲的戏剧性叙述做了铺垫，同时又给人们以丰富的联想：仿佛作曲家正在体验着初到美国时的感受，他站在甲板上凭栏望岸，那里是怎样的一个新世界呢？第2乐章非常感人，有的评论家把它视为所有交响曲慢乐章中最动人的一个。它充满奇异的色彩和神妙的情趣，沁人肺腑，体现了一种黑人歌谣风与斯拉夫民族气质结合的独特韵味。第3乐章具有舞曲性质，据说是受到舞蹈场面的启发。全曲的几个主题，充满内在的对比，或热烈欢愉，或温文尔雅，或思念祖国，或幽默欢趣。第4乐章是一个激动人心的乐章，它气势宏大而雄伟，充满活力与热情，是整首交响曲戏剧发展的高潮，也是全部乐章发展的总结。

这首乐曲适合孕妈妈在怀孕中、晚期听，乐曲表现出的深邃的意境、沉思的韵味、鲜明的民族色彩、感人至深的旋律，不仅能让孕妈妈陶醉，而且还给孕妈妈以独特的美感，尤适合美育胎教。

胎儿也会打哈欠

打哈欠是胎儿的肺正常发育时必不可少的一个环节，但是，对于一个成人，打哈欠并没有太大的实际意义。曾经有学者认为打哈欠的意义在于暗示了人体对氧的渴求。但是，美国田纳西州的研究人员理查德·罗伯特通过对胎儿进行的超声波扫描后发现，子宫中的胎儿在11周时就已经开始打哈欠并能打嗝了。罗伯特和他的同事认为胎儿的这些活动有助于减轻其肺部的压力，同时清除那些阻碍胎儿“气道”的网状组织，使胎儿的肺产生的分泌液与尿液一样汇入羊水。如果这些液体不能顺利地从肺部排出，就会使胎儿的肺部过度膨胀，并造成损害。因此往往有些婴儿一降生，肺就是畸形的，他们的肺肯定有先天的缺陷，会阻碍分泌液的排出。

学会和宝宝沟通

孕妈妈要常给胎儿讲故事，讲白兔、金鱼、猫、鲜花、森林、大海，尽管胎儿听不懂，但清晰的话语和声调，可使胎儿感受到美妙和谐的意境、美丽多彩的世界，使胎儿心智得到启迪。

母亲必须充满感情地对胎儿讲话或讲故事，发出的声音要欢快、明朗、柔和，最好带着笑声，这样容易感染胎儿。有些准妈妈会产生这样的疑问：“孩子那么小，我该给他说点什么呢？”实际上，语言胎教并不是要孩子听懂什么，而是要培养胎宝宝

“听”语言的意识和能力，让胎宝宝对语言产生感觉。如在孕中后期，准妈妈一般都会感觉到明显的胎动，可通过描述胎宝宝的形象和动作训练胎宝宝的听力，比如说：“这是宝宝的小拳头吗？昨天往左边伸，今天向右边伸，左三拳，右三拳，看来比你爸爸喜欢锻炼。”

准爸爸也可以选一首浅显的古诗、一首明快的儿歌、一段动人的童话讲述给胎儿听。

一般来说，胎动在晚上进行得比较多，这时，孕妈妈就可以对胎宝宝说：“宝宝，你看，满天的星斗多美啊！”准爸妈丰富、生动的语言，承载着浓浓的爱意，唤起孩子对外界的好奇，一定能对胎儿的智力发展起到积极促进作用。

了解家庭环境养胎

家庭环境养胎要求准父母多关注家庭环境的美化、卫生、防害，以及采光和通风的良好，家具摆放整齐、色彩明亮、和谐。总之尽可能美化居室、营造一个温馨宜人的居住环境，对孕妇、胎儿的身心健康会很有好处。准父母也要适当注意改善居住的一般条件，比如把杂物处理一些，住房尽可能弄宽敞一些、明亮一些，通风采光好一些，尽可能远离污染源，对胎儿都会大有益处。

(1)在现有条件下追求一些美化。我们可以知道，环境的美与洁对孕妇心情、气血健康、智力都会有影响，对胎儿身心的影响也就可想而知了。既然古人为了使孩子容貌英俊美丽、气质高雅不俗、品性端正无邪，要天天“视美玉”，我们现在也可以时常观看一下墙上的优美而明快的绘画、书法作品或其他装饰品，尽可能把家整理得干净舒适些。

>> 科学胎教课堂

有人说在墙上挂张美人像，天天看看，孩子就有可能长得美，这也是有些道理的。所以准父母最好能对居室做一些装饰，不必太复杂、太花力气，只要在墙上挂一些喜欢的画或色彩明亮的小饰品，阳台上养几盆无毒的花草就可以了。孕妇可时常对着画或花草进行欣赏，只要能欣赏生活中的美，就是很好的美育养胎，无论什么形式都是好的。

(2)尽可能保持居室洁净、卫生。细心的人在生活中都可以发现,那些衣冠不整、家中凌乱肮脏、居室光线幽暗,由于很少开窗通风使屋内充满了长期积累的体味的家庭很少会出现气质好、聪明健康、有出息的孩子,而且孕妇、孩子还都容易生病。

专家们发现,相比较而言,居住环境整齐、明亮、干净,会大大改善孕妇的精神状态,使之生出气质较好、聪明、自信、性格健全、情绪活泼的孩子。事实证明,新鲜的空气、良好的自然光线以及洁净、雅致宜人的环境,能激活人的生理细胞,强化它们的功能。

(3)要注意污染问题。新装修的房子的地板和瓷砖、刷墙时必须使用的涂料、胶水中往往会含有苯,这是一种会使人致癌、患白血病等疾病、使胎儿致畸的有毒化学物质,一定要注意,最好装修完后将屋子空晾三五个月再入住,怀孕前、怀孕期间最好不要装修屋子。另外,孕妇的生活环境内千万不能堆放农药化肥、化纤和皮革制品、废电池、过多的塑料橡胶制品、油漆涂料、消毒剂等有一定污染性、会释放有害气体的物品。

厨房油烟中含有不少有害物质,除应安装抽油烟机外,孕妇最好少去厨房,尤其正在进行煎炸、烹炒时。

还要注意光、电磁波污染问题。现在彩电、冰箱、立体声音响设备、电脑、电饭锅、微波炉等电器在一般家庭都已一应俱全,人们往往毫不在意地使用。早上一起床便开电视听新闻,上班路上一路听音乐,在办公室里是整天用电脑,晚上回家便是坐在沙发上看电视、听音乐,然后又是坐到电脑前直至深夜。这样的一天接受的光和电磁波辐射的量实在不少,对准父母身体会有不利影响,对胎儿的伤害就更不会少。所以准备要孩子的夫妻及已经怀了孩子的孕妇,一定要注意尽可能避开光电辐射,尽量少使用电器。微波炉前要少站,使用时人尽可能离远一点;看电视时间不宜过长、距离过近,最好不超过 1 小时,保持 1 米以外的距离。电脑尽可能少用。

(4)条件差的家庭只要追求整齐简洁就行。居住条件差一些的准父母,也有办法进行环境养胎。房间小,只要收拾得整齐干净了,适当放一瓶绢花或野花,贴一张好看的画,自做一个小装饰品,就可以使居室显得宜人。如果光线不好,考虑一下是否有可能把窗户玻璃换换新或擦擦亮?如门外有树或东西挡住光线,是否能去掉一些树的小枝或拿开东西使光线更多地进屋来?窗户如打不开,是否能改装一下或换个插销使它能开启？屋内杂物过多显得拥挤凌乱的，是否能整理掉或搬开一些，使屋子变得简洁明快？另外能保持床品经常更换、沙发罩适时清洗、衣服找地方挂好或叠好了放整齐，同样能创造一个宜人的环境。

其实环境不在于是否豪华漂亮，而在于是否洁净舒适、不易生长细菌，在于孕妇是否心情愉悦满足。简单的家具、泥土的地面，只要干净、整洁、清雅，同样可以起到环境养胎效果，有些条件好的人若对一切不满足，可能还赶不上条件一般但会收拾、心态好的孕妇的环境养胎效果。

(5)条件更差的可多利用室外好环境。居室条件实在太差、无法获得较好的通风透气条件的准父母，也有办法进行环境养胎，就是多到室外活动。只要天气许可，就可出去晒晒太阳，呼吸呼吸新鲜空气，或到附近的树林、小花园、田野散步，感受感受室外的美和开阔明亮，这样的养胎效果未必差。

(6)孕妇身处宁静很重要。居住的屋子如果紧临马路，声音总是很嘈杂，就要想法使孕妇不受干扰、能得到良好的休息。环境宁静对孕妇、胎儿都是极有好处的，环境静，人心就静，心静气血就容易调和，孕妇和胎儿的健康、胎儿的智力发展都需要宁静的环境。如实在不行，就最好让孕妇转移地方，如住到父母家去、暂时在农村租住一段时间等。

孕妇居室一定要安宁，能使孕妇得到良好的休息，并能保持宁静的心境。

（7）避开其他不利胎儿的场所。屋子或附近环境如果太潮湿对孕妇、胎儿不好，最好想法避免，因为环境过于潮湿，容易生长细菌病毒，人容易得病。南方有些地方梅雨季节家中的桌子也会长毛，雨季墙壁会滴水，最好买个抽湿器经常干燥一下屋子，或者经常开窗通风以驱走湿气。另外，现在有不少公共场所采用完全密闭形式的窗户，比如不少商场，尤其是一楼以上的几层商场，往往没有开启的通风窗户或换气设备；有的机场候机厅、图书馆、学校教室、阅览室、豪华写字楼内的会议厅、办公室等只有没法开启的窗户，这使室内容易积聚人群呼出的废气，新鲜空气却没法流进来，对孕妇、胎儿健康不利，所以最好避免去这样的场所。

阳光的温暖

“万物生长靠太阳”。太阳光不仅给我们的生活带来了光和热，而且还能使人体内的维生素 D 激活，进而促使体内重要元素钙、磷的正常吸收。

孕期妇女由于腹内胎儿生长发育，以及母体自身的代谢变化，需要比正常人更多的钙、磷等营养物质。常常看到一些孕妇抱怨体内缺钙，腿部抽筋，要求医生为她们开一些钙片服用。其实，她们这样做是舍近求远，因为太阳光简直就是她们取之不尽的营养仓库。只要她尽可能地参加一些户外活动，常晒晒太阳，就能从慷慨的阳光中得到她所需要的钙、磷等宝贵营养。

>> 温馨小贴士

由于阳光中的紫外线具有杀菌消毒的作用。因此，孕妇本身，孕妇的被褥，以及为婴儿准备的被褥、衣物等用品常晒晒太阳，都可以达到消毒防病的目的。天气好时不妨打开窗户让阳光进入室内，同样可以起到空气消毒的作用。

当然，什么时候晒太阳，应根据季节、时间以及每个人的具体情况掌握。例如盛夏季节，烈日炎炎，完全不必专门晒太阳，因为此时室外活动多，树阴里的散射阳光就足以满足孕妇的需要了。一般来说，根据我国的地理条件，春秋季以每天 9 ~ 16 时，冬季以 10 ~ 13 时阳光中的紫外线最为充足，孕妇可以选择在这段时间晒太阳。有些人喜欢在室内隔着玻璃晒太阳，其实这样做并不能算是晒太阳，因为阳光中的紫外线不能通过玻璃进入室内。

胎儿的心灵能培育

胎儿的心和大人的心并不完全相同。虽然称之为“心灵”，却因为母亲平常的生活方式而区分为“好的心灵”或“坏的心灵”。如果能以平静的心情过日子，就可以培养胎儿优异的心灵。

母亲心情最稳定的情况是什么时候呢？一言以蔽之，就是“满足的时刻”！包括食欲获得满足，感情获得满足，舒适的生活获得满足等。所有这些心情舒适的状态，腹中的胎儿也一样能感觉到。当他能感到舒适、愉悦的时候，心灵便获得发展。

舒适属于心灵的一部分，同样，不愉快、不安、愤怒也属于心灵的一部分。为了满足人类生存的基本条件，母亲塑造胎儿心灵的同时，也塑造了子女出生之后的心灵。

准妈妈的仪容美也是胎教

就是在怀孕期间，你也可以打扮得很漂亮。虽然你不再苗条和拥有美丽身段，但你完全可以变得更可爱。别忘了那句话：“可爱的一定是美丽的。”

怀孕了，精力、体力都不如以前，又由于信心不足，有些孕妇就不似以前那样顾及容貌了。事实上，美容、穿衣也是胎教，孕妇完全有必要精心打扮自己。美丽是每一位女性所追求的，娇好的容颜会给你带来许多欢乐。怀孕了，同样应精心打扮。这一方面是自娱的一种方式，对自己容颜、服装的关心会使你忘掉妊娠中的不适反应；另一方面，打扮会使你显得气色很好，自己看了，里会舒服，别人看了，对你称许几句，你也一定会很高兴的。化妆能使你保持自信、乐观、心情舒畅。因此，美容、打扮无论对自己还是对胎儿都是很有意义的。

仪容美的关键在于整洁，孕妇只要注意卫生，保持衣着整齐，形象一定会大为改观的。况且，怀孕虽然使以前的体态美消失了，但同时又展现出另一种美。由于激素的刺激和血液循环的加快，你的皮肤较以往更加细腻红润，如果以前额头上有皱纹，这时也会消失。你还会发现发质也比以前好得多。因此，孕妇的美自有一番风韵，如加上打扮，你的心情会更好。

规范行为与习惯的胎教

孕妇的行为和习惯也同样会影响胎儿。国内外的研究证实：新生儿的睡眠习惯是在怀孕后几个月内由母亲的睡眠决定的。早起早睡的母亲生下的孩子也会和母亲一样有早起的习惯；晚睡晚起的母亲生下孩子也会有晚睡的习惯。常熬夜、生活无规律的母亲，生下的孩子也会睡眠无规律，爱吵闹。因此，孕妇应该清心养性，守礼仪，品行端正，给胎儿以良好的影响。

对胎儿进行行为习惯的胎教主要是要求准妈妈身体力行，处处为胎儿做个好榜样。

史赛狄克式胎教

自己发明胎教方法，一手调教出4个智商160天才女儿的“实子·史赛狄克式”胎教法的消息，曾被“妈妈宝宝杂志”报道过。如果你有兴趣，也不妨试试看！

这个世界瞩目的天才家庭，住在美国俄亥俄州，全家共6口，爸爸是乔瑟夫·史赛狄克，妈妈是日本人实子，大女儿苏珊，二女儿丝特姬，三女儿丝特法妮以及四女儿乔安娜。令人瞩目的是，这“四位全世界最聪明的姊妹”，智商全在160以上，是全美排名前5%的天才。

大女儿苏珊5岁时，从幼儿园直升相当于我国初中二年级，10岁时取得进大学考试资格，以接近最高分入榜，成为全美最年轻的大学生。

二女儿也不逊色，13岁的丝特姬也成为堂堂大学生。

本来才该上小学的三女儿丝特法妮已在高中求学。

小女儿乔安娜9岁就已是中学三年级学生。

除了这些辉煌的学业成绩之外，他们的这些天才女儿也不是死读书本的书呆子。她们都有特殊的专长：

苏珊精于弹钢琴；

丝特姬好赋诗词；

丝特法妮热衷于计算机；

乔安娜则偏爱画画。

四姊妹个个智商高，精力充沛。一般人都以为，智商高低是来自双亲的遗传。但是，纵观史赛狄克夫妻的智商，也不过120分左右，实在称不上是天才。然而，这样一对夫妻，为什么能培养出天才儿童呢？其实，这是“胎教”的功劳。

1. 怀孕5个月起开始“子宫对话”，教胎儿所有的知识

好的胎教基础是：“胎儿已是独立的个体，拥有无限的能力。这能力不是来自遗传，而是以正确的程序设计，和家庭的爱为基础，实行胎教而获得的。”

最具体的胎教，是以妈妈拥有平和、开朗、优雅的心为根本，再加上与胎儿的沟通：实子称它是“子宫对话”。

对肚子里的宝宝说说话、唱唱歌大家都会做，但是实子做得更彻底。她从怀孕

5 个月一直到宝宝出生，每天都有课程，从最初的基本单字、数字、加减算法、自然界现象到社会知识，全部都教。实子用大声朗读的方式，将内容悉数反映在自己的脑子里，再传达给体内的胎儿。

2. 宝宝出生 2 周后会说话，9 个月大就能识字

像实子这样做，真能传达到胎儿的脑部？实子则认为并非不可能。

人类的脑部由内至外，分别有古皮质、旧皮质和新皮质 3 层，胎儿的脑部发育，也依此顺序生长。其中，以最外层的“新皮质”最发达，这是人类的特征。与其他动物不同的是，这层新皮质是人类进行智能学习、精神活动的地方。相对地，“先天情报”更不容易输进去，就像一部性能不错却不能输进资料和程序的计算机。而实子的胎教法，恰像在胎儿里面打开开关，大量输进好的情报。

做这项胎教课程时，有一重要的要求是：妈妈要有持续不断的爱心、关怀和安定的心。

结果，大女儿苏珊生下第 2 周，已会说“吃奶”“妈妈”“漂亮”等词汇，3 个月大时，会说简单的句子，9 个月开始学走路时，已能读文字了。

实子在自己写的书《胎儿都是天才》中提到：“为了让孩子生下后过更有意义的生活，应在胎内持续给予学习以及理解各种事物的能力，这样的胎儿教育，便能造就天才儿童。”

看到实子的这番话，你是否心有所感，改变以往对“胎教”不以为然的看法？对她自创与胎儿对话、沟通的“实子 · 史赛狄克式”胎教法有兴趣的人，不妨试试，你的宝宝很可能就是未来的天才儿童。

与宝宝一起听《摇篮曲》

在妊娠晚期，因接近临产，孕妈妈有些急躁，这时期可多听些摇篮曲、幼儿歌曲，以增加母爱，使孕妈妈感受到为人之母的幸福。例如勃拉姆斯的《摇篮曲》："安睡吧！小宝贝，你甜蜜地睡吧！睡在那绣着玫瑰花的被里；愿上帝保佑你，一直睡到天明。"这类歌充满母爱，充满做母亲的自豪感，语言优美，旋律轻柔，是孕妈妈和胎儿都能接受的。

>> 孕妈妈早知道

从生理上来说，悦耳怡人的音响效果能激起母亲植物神经系统的活动，由于植物神经系统控制着内分泌腺使其分泌许多激素，这些激素经过血液循环进入胎盘，使胎盘的血液成分发生变化，有利于胎儿健康的化学成分增多，从而激发胎儿大脑及各系统的功能活动，来感受母亲对他的教育。

胎儿能分辨甜味和辣味

舌头的"味蕾"可以感觉苦、辣、酸、甜的味道。胎儿在7个月左右已经具有感觉味道的能力。因为，如果给7个月的早产儿甜味的东西，马上就有反应。

感觉味道的"味蕾"，在妊娠3个月时逐渐形成，直到出生之前慢慢完成，不过，在妊娠7个月左右已大致完成。对甜味与苦味的感觉，发展比较迅速。

除了心跳的变化之外，怀孕7个月的胎儿尝到甜味时会吸吮，尝到苦味时还会做出表示讨厌的吐舌头的动作。

由于基本的味觉系统已经形成，所以，婴儿出生后马上可以分辨母乳及其他味道的差异。

用卡片沟通

在与胎儿对话、讲故事的基础上，再深一步进行教胎儿认动物的游戏。可以制作一些简单的图像卡片，或是去书店买些动物卡片（这些卡片在宝宝出生后还都可以继续使用）。通过深刻的视觉印象将卡片上描绘的图像、形状与颜色传递给胎儿。

比如，孕妈妈可以拿出一张画有猫的卡片，读给胎宝宝听，教胎宝宝辨认，再拿出一张画有狗的卡片，也读给胎宝宝听。最后抚摸着肚皮问胎宝宝，“认得小猫小狗了吗？”“说说看，小猫小狗哪个更可爱？”这样，寓教于乐，达到了母子间感情的充分交流，对胎宝宝的身心发展大有益处。

对胎儿进行对话训练

对话胎教法是根据胎儿具有听力，夫妻隔着肚皮与胎儿说话，对胎儿进行听力、语言、记忆、审美等方面训练的方法。现代医学表明，胎儿到 4 个月时便对来自外界的声音有所感知，从孕 26 周（6 个多月）起，胎儿就具备听到声音的条件，对来自外界的声音刺激产生生理性反应，如眨眼、心律加强、打哈欠或头部转向等。从 28 周（第 7 个月）起听觉器官通过听神经与脑建立联系，把听到的信息传导到脑，并储存起来构成记忆。虽然胎儿的环境和常人不同，他是漂浮在宫腔内的羊水中，外界传入到胎儿的声波要穿过腹壁、子宫壁和羊水，经过这些障碍，声波的强度会被减弱，经测试一般减弱 20 分贝左右，但是声波的频率、声调和韵律不会发生明显的改变，依旧能传送给胎儿。所以凡是透过母体的声音，胎儿都可以感知到，这是因为人体的血液、体液等传递声波的能力比空气大得多。这些声音信息不断刺激胎儿的听觉器官，并促进它的发育。听觉在人体的智力发育中起着非常重要的作用。当胎儿具有了听觉后，父母除了应常常给胎儿听音乐外，更要牢记胎儿的存在，并经常与之对话。

从早晨醒来到晚上入睡，孕妈妈所做的事情和想了些什么问题，以及说了些什么话，孕妈妈都可以用清晰的语言讲给胎儿听。对这一天的生活，孕妈妈通过和胎儿一起感受、思考和行动，使母子间的纽带更牢固。为培养胎儿对母亲的信赖感及对外界的感受力和思考力奠定基础，还可以给胎儿讲故事、读画册。孕妈妈可以到书店选择一些色彩丰富、富于幻想、通俗易懂的幼儿画册做教材，将画册中每一页所展示的内容，用生动、形象的语言传递给胎儿，从而促进胎儿心灵健康成长。

>> 专家提示

准妈妈还可以选一些古今中外的著名童话或神话故事、革命传统故事、科学家传记等，以及一些童谣、诗歌等念给胎儿听。当然，这项工作准爸爸也应积极参与，关键是夫妻要保持良好的心境、健康愉快的情绪，这样胎儿才会听得更好。

读诗集《飞鸟集》

朗诵诗歌要有表情和抑扬顿挫的声调，朗诵完了，还可给胎儿讲解诗的意境，让他从小就体会诗歌诗中有画、画中有诗的美好韵味和高雅情操。我们不能忽视文学语言在胎教中所起的作用。文学和音乐一样，容易对人的情绪产生影响，将优雅的文学作品以柔和的语言传达给胎儿，是培养孩子的想象力、独创性以及进取精神的好教材。文学是一种充满感性色彩的艺术，孕妈妈读了能激发爱子之情，也能提高自己的修养，体会到优美的意境和宁静的情韵。这也会改善孕晚期孕妈妈紧绷着的神经，促进身心平衡，优化胎内环境，让胎儿出生后性格良好，情绪稳定。

比如，读泰戈尔《飞鸟集》里的诗句："您的阳光对着我的心头的冬天微笑，从来不怀疑它的春天的花朵。"或者："鸟儿愿为一朵云，云儿愿为一只鸟。"或者："在黄昏中，这花成熟为一颗记忆的金果。"……诸如此类的诗句，美妙而动人，不妨深情地朗诵给胎宝宝听，让他也接受到思想者所表达出来的美的熏陶，将富有感情的声调传递给宝宝，把你对文学作品的感悟和想象也传递给宝宝，从而促使胎儿心灵的健康发展，达到怡情养性的养胎目的。

尝试国画与书法

广泛的情趣对改善大脑的功能有着极为重要的作用。

推荐孕妈妈们在闲暇的时候熟悉一下中国的传统文化：国画与书法。准备好用具后，就可以开始了。先画几副泼墨山水画，或者写写书法（当然，不会书法绘画的妈妈可以用其他的生活情趣和爱好来弥补），边画边讲，比如画竹时可以对胎宝宝说："宝宝，妈妈在画竹，先画一个圆圆长长的竹身，竹是一节一节的……"相信胎宝宝在腹中也会跟着孕妈妈一起来学习新知识。

给胎宝宝读《登鹳雀楼》

"白日依山尽，黄河入海流。欲穷千里目，更上一层楼。"王之涣的这首《登鹳雀楼》可谓家喻户晓。孕妈妈就可以为宝宝有感情地朗读一下这首诗。

"白日依山尽，黄河入海流"，是写诗人登楼远眺落日之景，远眺天际仿佛感到天边像是从山那头渐渐消失；俯瞰黄河，滚滚流入东海，中华大地山河是何等辽阔壮美。虽是写景，却抒发了诗人内心的感慨与想象力。

"欲穷千里目，更上一层楼"，从字面上看，是说要想看得更远，必须登上更高一层楼。"穷"是极尽的意思，但从意境上却有更深远的意思。古人好登高，是民俗是习惯更是为抒发内心的感慨，因此常常把追求事业新高度与登高作比。然而要取得更大成就必须更尽一把劲，再往高处走，再高些，更高些，才能达到一种新的眼界，新的意境。

此句与杜甫"会当凌绝顶，一览众山小"的才情有异曲同工之妙，只是少一分霸气，多几分默默攀登的谦逊和探寻真理的志向。因此它一直被当作一种追求崇高境界的象征，千百年来为人们所传诵。孕妈妈可以耐心为胎宝宝解读此诗，再加上自己的思索与体会，就可以让胎宝宝感受到此诗的意境了，进而可以给宝宝选择更多诗词。

教胎宝宝堆积木

今天，孕妈妈可以教胎宝宝来堆积木。堆积木是儿童最喜欢的游戏之一，用来提高学龄前儿童的手脑互动能力。现在选堆积木为胎教课程，一样可以起到刺激胎脑良性发展的作用。

选择颜色鲜艳，形状简单的积木作为道具，试着把积木排成长长的一列，然后再打乱，重新再排，并在脑海里把所看的信息形象化，并把信息传递给胎儿。也可以往高处堆，但要避免积木落地的声音，因为这种突如其来的声音，会惊吓到肚子里的胎宝宝，从而影响到胎教效果。

让腹中的胎儿“见多识广”

用故事培养胎儿的想象力。给胎儿讲故事是一种很有好处的胎教手段。讲故事时孕妇应把腹内的胎儿当成一个大孩子，娓娓动听地向他（她）讲述，其语言神经可受到良性刺激，使其在不断变化的文化氛围中发育成长。孕妇讲故事既要避免尖声尖气的喊叫，又要防止平淡乏味的读书，方式可以根据孕妇的具体情况而定。内容可由母亲任意发挥，可讲书中的故事，也可以读故事书，还可以给胎儿朗读一些儿歌、散文等。内容不应太长，宜有趣，切忌讲读引起恐惧、惊慌的内容。

与7个月大胎儿做交流式接触

为了使宝宝顺利成长、发育，母子之间的接触是十分必要的，这是一种精神的、心理的情绪互动，可以使宝宝更爱妈妈、妈妈更疼宝宝，这种相互作用也能决定孩子未来的性格发展。

运用与胎儿对话的方式，可以达到语言沟通的目的。然而，一边听音乐，一边做放松练习，能使你和宝宝完全沉浸于安定的状态，进入“无言交流”的境界。

当然，胎儿此时对外界的感受性也在不断科学提升，你跟他说话、唱歌或共舞，也是不可或缺的。

孕晚期

迎接聪明宝宝的降临（孕8月～孕10月）

第一章

与宝宝一起看世界的第8月

怀孕第8个月直至生产前，是施行阅读胎教的最佳时机。医学研究发现，胎儿的意识萌芽大约发生在怀孕第7~8个月的时候，此时胎儿的脑神经已经发育到几乎与新生宝宝相当的水平，一旦捕捉到外界的信息，就会通过神经管将它传达到胎儿身体的各个部位。

孕妇在孕晚期应听什么音乐

孕妇很快就要分娩，心理上难免会有些紧张，况且这时胎儿发育逐渐成熟，孕妇感到身体笨重。这时应选择既柔和而又充满希望的乐曲，如《梦幻曲》、《让世界充满爱》、《我将来到人间》，以及奥地利作曲家海顿的乐曲《水上音乐》等。

柔美如歌的旋律，各声部完美的交融以及充满表现力的和声语言，刻画了一个童年的梦幻世界，表现了儿童天真、纯洁的幻想。孕妇随着柔美平缓的主旋律，会犹如进入沉思的梦境，在梦幻中见到美丽的世界，并随梦幻升腾，就像是进入一层比一层更美丽、更奇异的梦境中，仿佛看见了一个圣洁的小天使，您期盼了好久好久的可爱小宝宝正向您走来。随着《梦幻曲》旋律的变化，孕妇能在梦幻中从一幅图景又转入另一图景，然后在曲调渐渐安静下来的时候，腹内的胎儿也在这无限深情和充满诗意的曲子中安然地酣睡。

读抒情诗《再别康桥》

“悄悄的我走了，正如我悄悄的来；我挥一挥衣袖，不带走一片云彩。”《再别康桥》是一首优美的抒情诗，宛如一曲优雅动听的轻音乐。

1928年秋，徐志摩再次到英国访问，旧地重游，勃发了诗兴，将自己的生活体验化作缕缕情思，融汇在所抒写的康桥美丽的景色里，也驰骋在诗人的想象之中。孕妈妈今天的胎教内容就是为胎宝宝读这首抒情的诗。

诗词种类很多，孕妇应读那些清新、婉约的作品。清新的古诗词境界清幽，描摹事物朴素而淡雅，孕妇读了能油然而生宁静之感和悠然神往之情。全诗以“轻轻的”“走”“来”“招手”“作别云彩”起笔，接着用虚实相间的手法，描绘了一幅幅流动的画面，构成了一处处美妙的意境，细致入微地将诗人对康桥的爱恋，对往昔生活的憧憬，对眼前的无可奈何的离愁，表现得真挚、浓郁、隽永。诗人闻一多20世纪20年代曾提倡现代诗歌的“音乐的美”“绘画的美”“建筑的美”。《再别康桥》一诗，可以说是“三美”兼备，堪称徐志摩诗作中的绝唱。所以，在胎教选文中，此文是最佳读本之一。

营养对胎儿的重要意义

妊娠期间合理充分的营养直接影响胎儿的发育。

研究表明，人类脑细胞增殖和分化最旺盛的时期在妊娠最后3个月和出生后1年左右。由于脑细胞发育在很多方面是不可逆的，在妊娠期间保证母体营养以使胎儿脑发育正常甚至优秀显得尤为重要。通过母亲的合理饮食，促进胎儿大脑细胞数量的增加和质量的提高，为胎儿出生后良好的智力发育提供了可能。动物试验和人群统计的资料证明，孕期营养不良对胎儿的脑发育有阻碍作用。

>> 孕妈妈早知道

每对夫妇、每个家庭都应该充分理解这一点，尽量充分合理地为孕妇提供营养，这是生出一个健康活泼、聪明伶俐的小宝宝的又一关键。如果因为习惯、偏良或是经济等其他原因，而在孕期营养方面有失误的话，那是会后悔莫及的。

孕期营养的重要性还表现在保证胎盘的正常发育。胎盘是胎儿自母体汲取营养、排除代谢产物的主要通路。胎盘组织不仅被动转运营养物质，还进行正常代谢和主动转运，充足的孕期营养是胎盘正常代谢和发挥功能的前提条件。如果孕期营养不足，尤其是伴有蛋白质、热量缺乏时，胎盘的正常代谢受到影响，胎盘细胞数目减少、重量下降及发生功能障碍，可能导致流产、早产、死胎及低体重儿的出生。

优雅的居室

家庭是孕妇休养的场所，是胎教的外环境。可以说，在你的孕期生活中，有一半以上的时间是在家庭中度过的。因此，你和未来的爸爸完全有必要重新设计你的孕期居室，为你们的胎儿创造一个优雅宜人的胎教环境。

总的设计原则是整洁、安静、幽雅、舒适。怀孕后，由于体内内分泌的变化，孕妇容易心情烦躁，加之职业妇女经过一天紧张的工作，往往身心疲惫。因此，居室的整体色彩应以淡蓝色或湖蓝色为基调，整个房间应整洁舒适，使你尽快摆脱烦躁情绪，从精神上及体力上得到很好的休息。你不妨在房间内挂上几张活泼可爱的娃娃画像，那将引导你联想到你的宝宝，对优化你的心境产生极佳的效果。你还可以根据你的住房情况选择几幅湖光山色、风景优美的画及书法作品悬挂于室内，美的艺术作品将使你心清神悦，充满美的享受。你可以养几条金鱼，种几盆花，摆几盆玲珑精巧的盆景，给你以大自然的诱惑力，激发你热爱生活、蓬勃向上的精神。在厨房里摆上一盆郁郁葱葱的蒜苗，有条件的话，还可以在卧室及餐桌上的花瓶里插上一两束鲜花，则会使你精神大振，胃口常开。毫无疑问，这样一个优美恬静、整洁舒适的休息环境，将使你情绪稳定，精神愉快，从而对你的胎儿产生意想不到的胎教效果。读者朋友，如果你已计划要孩子，那么，不妨从现在开始动手，布置好你的居室。

给胎宝宝讲《猴子摘桃》的故事

既然胎宝宝已经长大到可以聆听和感受到孕妈妈的声音和感情了，那不妨在这段时间把与宝宝听觉有关的语言胎教摆在重要的位置上。孕妈妈睡觉之前躺在床上，或者平时坐在椅子上休息时，可以平静一下纷繁的心情，让身心都处于宁静的状态，开始给胎宝宝讲故事，你可以想象着自己的胎宝宝在腹内津津有味地听自己讲故事的情景。

在这种轻松的状态下，孕妈妈可以用娓娓动听的声音讲《猴子摘桃》的故事：鲜桃山上的鲜桃全熟。猴弟弟早等着这一天啦，他抓耳挠腮，甭提多高兴了。第二天天刚放亮，猴弟弟便开上卡车，沿着盘山公路，准备上山顶去摘桃子。

太阳慢慢升起，汽车才开到山脚，空气里的水滴看见太阳公公暖融融的笑脸，快活得你拽我，我拉你，扯起了一道白色雾幕。好大的雾呀，对面什么也看不清。“对不起，猴弟弟，我是雾妹妹，请下车。忘记告诉你了，每天太阳出山的时刻，正是我们开始练习爬山的时候。”猴弟弟没有责怪雾妹妹，他挺礼貌地说：“没关系！”猴弟弟跳下车，改乘飞机去摘桃。当他驾驶着飞机准备在山顶上降落时，越升越高的雾妹妹已从半山腰冲到山顶上。浓浓的雾一下子罩住了山头，猴弟弟东张张、西望望，连鲜桃山的影子都看不到了！这一回，猴弟弟脑门上急出了汗，他大声嚷嚷：“哎哟哟，雾妹妹，你太顽皮了，飞机没法降落会出事的，太危险了！”“猴弟弟，别着急，太阳升高，我也爬得高，不一会儿，我就飘到蓝天上了。”雾妹妹想了想，又说：“不过，到那时，你不能再叫我雾妹妹了。”“那该叫你什么呢？”“云妹妹呗。”说完，雾妹妹一踮脚，离开了山顶，成了蓝天上的一朵白云。

红色的桃树林又露出来了，猴弟弟放心地降落飞机，猴弟弟突然明白了雾妹妹变云妹妹的道理：“呵！雾和云是一家子哩！雾升上天空叫云，云落在地上叫雾。”

听莫扎特的《春泉》

音乐是情趣转化的产物，音乐胎教不仅可促进胎儿的身心发育，还能培养儿童对音乐的兴趣。在这一天里，孕妈妈不妨静下心来听听莫扎特的音乐，感受一下音乐给自己带来的感官上的享受和放松的心情。莫扎特的音乐清明高远，乐天愉快，淳朴优美，真挚温暖，有如天籁一般，常常被誉为“永恒的阳光”。

《春泉》(Spring Spring)就是其中比较有代表性的一首曲子。莫扎特在严酷命运的摧残之下默默地承受着、孕育着、奉献着……像殉道的使徒般唱着温馨甘美的音乐安慰着自己，安慰着整个世界。他的音乐有人性的关怀，有真、善、美。沐浴在这样的音乐里，胎儿和孕妈妈能感受到平静和祥和。

为什么晚期孕妇不宜仰卧

妊娠期间，子宫血管变粗，弹性增强，血容量增加，以保证向胎儿输送氧及营养物质，并替胎儿清除代谢产物及二氧化碳，同时从盆腔流到下腔静脉的血量也随妊娠的进展相应增加。孕妇仰卧，会使增大的子宫压迫于脊柱前的下腔静脉，阻碍下半身的血液回流，其后果一是回心血量减少，一般比侧卧时减少一半，使子宫、胎盘灌流量相应减少，胎盘不能发挥正常功能，不利于胎儿生长发育。二是使下肢和外阴及直肠的静脉压升高，加之孕期静脉壁呈扩张状态，孕妇极易发生下肢和外阴静脉曲张或痔疮。孕妇仰卧时，增大的子宫还会压迫骨盆入口处的输尿管，如果输尿管受压，尿流不畅，排尿量将更会减少而增加水肿程度。

另外怀孕30周后，部分正常妇女体内有较多的水，下肢更易出现水肿。严重者会并发高血压综合征，造成水肿延及腹壁甚至全身。所以，妊娠晚期，下肢水肿的孕妇，尤其是患高血压综合征的孕妇必须侧卧。

做个有趣小游戏

针对这个时期已经接近“成熟”的胎宝宝，准父母可以和胎宝宝做做游戏，增进与胎宝宝的感情，同时也活跃胎宝宝的身心。准爸妈可以通过轻轻从不同方位推动胎宝宝(动作一定要轻柔)，感觉一下胎儿的反应，通常只要反复几次之后，胎儿就会有所响应。例如：当你轻轻推动胎宝宝，胎宝宝就会做出反应，或是转身，或是踢腿舞拳。这样的互动，实在相当有趣！准爸爸可以一同参与孕期胎教，当准爸爸给孕妈妈在涂抹妊娠霜时，可以和妻子与胎儿对话，增加彼此互动的机会。

>> 温馨小贴士

需要注意的是，游戏胎教进行的时间不宜过长，以免胎宝宝产生厌倦，打扰胎宝宝的正常休息。为了增加乐趣，准爸妈在和胎宝宝做游戏的同时，还可以说说胎教小歌谣之类的，胎宝宝更能感受到和父母互动的温馨氛围。

胎儿会喝水

现在，我们已经知道，胎儿所需要的氧气及营养物质是由胎盘和脐带供应的，他自己既不用费劲儿吃东西，也不必劳神呼吸。那么，他当然也用不着喝水？事实上，他每天除了舞拳踢腿锻炼肌肉和骨骼、练习呼吸动作以外，同时也在积极地锻炼喝水的能力。

据医学研究人员介绍，胎龄满3个月时，胎儿就能够喝水。当然，他是就地取材，饮用羊水。他所饮入的羊水中的蛋白质，通过肾脏分解，排泄入羊水；而饮入的羊水中混杂的脱落上皮组织等物质，则形成胎粪。但不用担心羊水的污染，羊水大约每隔3小时就会更换一次，既无细菌也没有灰尘。

至于胎儿每天喝水的量，目前还不能做出精确的估计，有人说每天可达500毫升。那么,胎儿为什么要喝水呢?究其原因,恐怕是一种生存本能:为了训练自己的生活本领,通过对口腔吸吮及吞烟能力的锻炼,为出生后使用口唇吃奶做好准备。

听民乐《金蛇狂舞》

《金蛇狂舞》是聂耳根据民间乐曲《倒八板》整理改编的民族器乐合奏曲,表现了在我国传统民间节日中人们舞动巨龙、锣鼓喧天的欢乐场景。聂耳将其定名为《金蛇狂舞》,反映了他对新中国的坚定信念和革命的乐观主义精神。乐曲短小精悍、欢快流畅。演奏形式生动活泼,铿锵有力的锣鼓,有时作间奏,有时与丝竹乐队对奏,有时与曲调同时奏鸣,渲染了热烈欢腾的气氛。

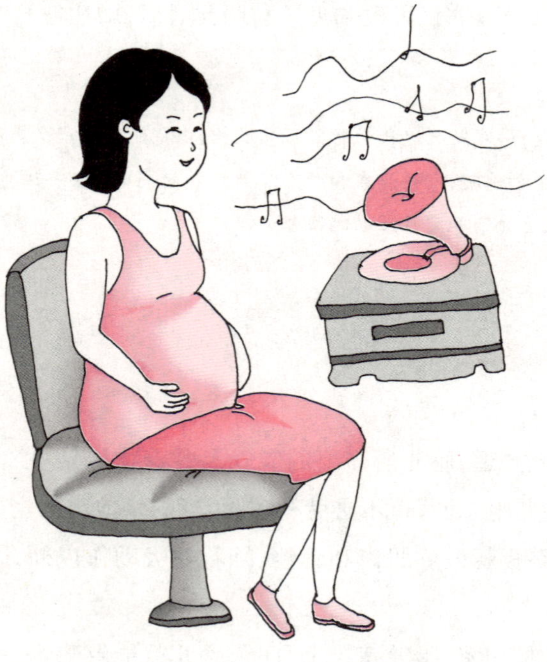

乐曲一开始,以昂扬、奔放的引子揭开了序幕。接着,由鼓、钹奏出激越的音响作为过渡,引出明快、流畅的主题乐句。主题旋律具有强烈的内在推动力,赋予乐曲热情、兴奋、欢乐的色彩。第2段上、下句对答呼应,并将对答的双方处理成领与合、吹与弹、锣与鼓、强与弱等对比关系,情绪逐层高涨,最后达到了全曲的高潮,巧妙地描绘出民间喜庆时人们舞动巨龙、锣鼓喧天的欢乐场景。第3段是第1段的再现。乐曲从头反复了一遍，紧接着，在经过第2段的展开和对比之后，又一次出现第1段的旋律，随着速度逐渐加快，力度逐渐增强，情绪更加红火，再度把乐曲推向高潮。最后在锣鼓齐鸣中，以短促有力的3个音结束全曲。这首乐曲适合孕妈妈精神萎靡时听，它活泼生动的表现和铿锵有力的旋律渲染了热烈欢腾的气氛，能振奋孕妈妈的精神，感染孕妈妈沉浸到乐观的情绪中来。

美术作品欣赏

雕像《思想者》塑造了一个强壮有力的男子形象。他低头沉思，仿佛在为人类的一切烦恼冥想。这个"思想者"是以但丁的形象为蓝本的，他那深沉的目光以及拳头触及嘴唇的姿势，表现出一种极度痛苦的心情；他注视着人世间所"上演"的悲剧；他同情、怜爱人类，但又无法对那些罪犯下最后的裁判。从他身上我们可以看到思想者"心中那就要迸发的巨大力量。这是诗人但丁悲剧形象的化身，也是艺术家个人思想的寄托。

《思想者》无疑是一种人类精神的写照，之所以推荐孕妇欣赏这部不朽之作，是希望孕妇不仅去感受画面的内容和主题，也要去思考人类的力量和思想。通过对这幅作品的欣赏，孕妇可以在引发自我思考的同时也影响胎儿，从而促进胎儿的智力发展，这是一幅适合孕妇在孕晚期欣赏的作品。

胎儿记忆力发展的规律

人的诞生始于受精卵，受精卵在子宫内着床后依次分化出外胚叶、中胚叶、内胚叶，其中外胚叶就是脑的原形。开始它是圆板状，随后发育成神经管，胎儿的神经管在初期即发生弯曲变形，出现褶皱，以便在有限空间容纳更多的细胞，造就了最终复杂的、布满沟回的大脑。在胚胎的第4周，胎儿脑已在原始形

>> 科学胎教课堂

随着年龄的增长，人的记忆力逐渐增强，就其增幅而言，婴儿期的记忆力增长最快。这时期的孩子之所以能很快记住电视画面和儿歌，是因为早在胎儿期就已经形成了这种能力。脑的发育领先于肢体的发育。

态上完成了主要的部分。到第 6 周大脑已可以记录信号。第 7 周胎儿面部轮廓形成，眼、鼻、口已依稀可辨。到第 9 周脑干和脊髓便以半个大脑的体积完成了发育过程，这时用较细的探针触其额部，他已经会低头躲避，这表明胎儿的触觉神经已出现。大脑继续发育到第 4 个月，胎儿便形成了头部比例过大的完整人形。

在脑的发育过程中最关键、所需时间最长的是神经网络的形成，是神经网络最终导致大脑功能的产生。

爱的温暖

和谐乐观的家庭氛围是胎儿的文化摇篮。处于爱和温暖氛围中的孕妇充满了幸福和明朗的心理感觉，并能通过信息传递感染胎儿，使胎儿在这种快乐轻松的胎教氛围中获得良好的心灵感受，从而健康地成长。

要创造良好的家庭氛围，首先必须加强夫妻双方的共同心理修养，做到互敬、互爱、互信、互帮、互慰、互勉、互让、互谅。夫妻之间要经常进行情感沟通，彼此相敬如宾。恩恩爱爱，相依为伴，使家庭成为生活中平静的港湾，在这里能得到鼓励，得到关心，得到欢乐，让家庭生活充满生气，充满绚丽的色彩。

丰富家庭业余生活也是创造良好家庭氛围的有效手段。业余假日，夫妻不妨共赏音乐，畅谈感受，或者是一同垂钓河边，郊外小游，散步谈心，欣赏摄影作品，参观书画展览……使孕期生活充满高尚的情趣，富有活力。

丈夫要为孕妇创造一个适宜的休养场所。家庭内的环境要整洁舒适，室内要保持整洁，空气新鲜，杜绝污染，避免干扰；家具的布局，装饰品的陈设都应符合胎教环境要求。丈夫应扮演好未来父亲的角色，主动承担起家务劳动，无微不至地体贴关照妻子，使她称心如意。只有这样，未来母亲才能在一种平稳的心境中生活，她腹中的胎儿才能健康地成长。

欣赏圆舞曲《蓝色多瑙河》

圆舞曲《蓝色多瑙河》是约翰·施特劳斯所作170首圆舞曲中最具代表性的一首。

1866年，奥地利在普奥战争中惨败，维也纳陷入了深深的消沉之中。为振奋人心，作者受维也纳男声合唱协会领导人赫贝克的委托，创作作象征维也纳生命活力的圆舞曲。曲名和创作动机源自德国诗人卡尔·贝克题献给维也纳城的诗句，“在多瑙河旁，美丽的蓝色的多瑙河旁”。半年后，作者把它改编成为管弦乐曲，在巴黎万国博览会上公演，获得了极大的成功，并很快被介绍到英国、美国及其他国家，被誉为奥地利的“第二国歌”。而后合唱曲也开始流行，歌词由诗人格尔纳特重新创作。

>> **温馨小贴士**

这支著名的圆舞曲旋律优美动人，节奏富于动感，适合孕妈妈在怀孕中、晚期听，孕妈妈在欣赏这首曲子时，通过想象能感受鲜明的音乐形象，从而进一步理解奥地利人民热爱生活、热爱故乡的深厚感情。

怀孕8个月之后宜进行阅读胎教

一般人都认为母亲是否有求知的欲望，会直接影响胎儿。因此，准妈妈们最好每天多读一些书，并把书上的事情告诉给胎儿听。孕妇若一直反复念同一则故事给胎儿听，会令其神经系统变得对语言更加敏感。

此时，胎儿脑外层的脑皮质也很发达，因此可以确定胎儿具有思考、感受、记忆事物的可能性。

欣赏《D 大调第三管弦乐组曲》

在巴赫所写的 4 首管弦乐组曲中,《D 大调第三管弦乐组曲》最有名,德国大诗人歌德在听了门德尔松用钢琴为他弹奏这首组曲后说:“乐曲的开头部分实在太壮丽,就好像一大群富丽堂皇的人们正沿着宽阔的台阶庄严地迈步而下。”这是对作品最好的评价。

这首组曲由 5 个乐章组成。第 1 乐章序曲,气势庄严、雄壮,歌德所说的“乐曲的开头部分”,指的就是这一乐章。第 2 乐章咏叹调,旋律质朴,富于歌唱性,带有巴洛克后期的夜曲风格。第 3 乐章加沃特舞曲和第 4 乐章布列舞曲都表现出一种活泼愉快的情绪。第 5 乐章吉格舞曲,是一首以双簧管和小提琴为主演奏的华丽舞曲。

这首组曲是由两支双簧管演奏,其中第 2 乐章咏叹调只由弦乐队演奏。后来这个咏叹调被人改编成多种乐器的独奏曲,其中德国小提琴家威廉密 1871 年改编的小提琴曲最为著名。由于他将原曲的 D 大调改为 G 大调,使乐曲的主旋律能够完全在小提琴的 G 弦上演奏,因此被称作《G 弦上的咏叹调》。

《G 弦上的咏叹调》全曲分两个部分,第 1 部分是 6 小节的乐段,这段曲调质朴而深情,音乐从极弱而慢慢渐强的长音开始,抒发着深思的心绪,而伴奏声部弦乐器的拨奏,更衬托出这种情感。第 2 部分共 12 小节,情绪起伏较前一部分显著,在哀怨缠绵的情调中流露出激情。这也是一首典型的巴洛克后期的音乐作品,它非常抒情,旋律优美,富于浓郁的感情。孕妈妈在听这首乐曲时,主要以感受抒情为主。

胎儿期是一生中最重要的时期

也许你难以相信,但是,人的一生中的确以胎儿期的素质为最佳。胎儿具有大人已经失去的心电感应能力。

胎儿利用心电感应能力与父母沟通,胎儿还在母亲肚子里时就寻求与父母沟通,同时发送心电感应。可遗憾的是,父母通常没有察觉到这一点,因此胎儿无法获得来自外界的情报。

胎教的重点，就是让胎儿与父母的心意互通。

3～4个月胎儿的心灵已经产生作用。心灵的作用就是借着心电感应与人沟通。胎儿期可说是人类的一生中心电感应能力最强的时期。

母亲只要用手贴着腹部，与胎儿心灵的波长吻合，即能与胎儿开始沟通。“我是妈妈，我好爱你喔。你今天好不好啊？你一定要顺利成长喔！”只要经常传送这些充满爱的意念，胎儿就会感到满意，进而发育为心绪平和的孩子。

有利于胎儿发育的蔬菜有哪些

蔬菜中的健脑食品主要有香菇、金针菇、黄花菜、南瓜等。

1. 香菇

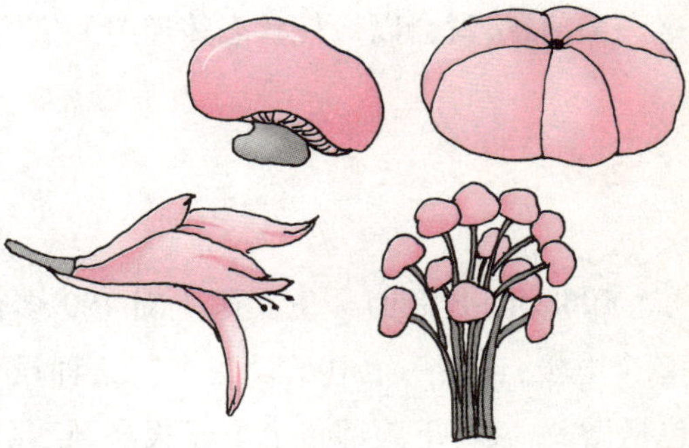

香菇营养丰富，每100克含蛋白质21克，脂肪1.3克，粗纤维32克，碳水化合物29克，胡萝卜素20～120微克，维生素$B_1$0.19毫克，维生素$B_2$1.3毫克，尼克酸24.8毫克，钙35毫克，磷289毫克，铁7.3毫克，另有其他维生素、矿物质及30多种酶和18种氨基酸，因其含有全面丰富的营养成分，是很好的健脑食品。

2. 金针菇

金针菇营养全面丰富，每100克干品含蛋白质31.2克，脂肪5.78克，粗纤维3.34克，碳水化合物60.2克，钙16毫克，磷280毫克，铁9.8毫克，尼克酸23.4毫克，还含有维生素B_2、维生素C以及胡萝卜素等，并含有8种人体所必需的氨基酸，其中赖氨酸的含量特别多，是健脑佳品。

3. 黄花菜

黄花菜又名金针菜，被称为“健脑菜”，其营养价值高，含有丰富的蛋白质、脂肪、钙、铁等有健脑作用的营养成分，还含有较多的维生素B_1，其安神健脑作用明显。

4. 南瓜

南瓜每100克含蛋白质0.5克,脂肪0.1克,钙30毫克,磷9毫克,铁1.1毫克,胡萝卜素0.2毫克,维生素$B_1$0.05毫克,维生素$B_2$0.06毫克,维生素C 5毫克,碳水化合物15.5毫克,是健脑食物。

宝宝也爱学拼音

虽然不一定通过教胎宝宝学习都能培养出天才,但实践证明,经过这种训练的胎宝宝出生后在学习语言、文字等方面,比普通孩子学得更快更好。所以,孕妈妈还是应该经过这种努力,为胎宝宝的将来打好基础。今天,可以教胎宝宝学学拼音。孕妈妈可以这样:在教“α”时,一面要正确地反复发好这个音,一面用手指写它的笔画,要将α的视觉形状和发音深深地印在脑海里。这样一来,母亲发的“α”这一个信息,就会以最佳状态传递给胎宝宝,从而利于胎儿用脑去理解并记住它。

胎儿会做梦

1968年,比利时一位女医生对100多位孕妇进行了试验,在她们的头部贴上12个电极,连在一个电子设备上。这种设备能检查出大脑的8种主要活动,其中包括做梦,又在下腹部接上电子设备,记录胎儿的运动情况。结果观察到,就在母亲开始做梦的同时,已经有8个月大的胎儿跟妈妈有同样的特点,身体停止活动,眼珠迅速转动,这说明胎儿也在做梦。

根据上述情况,一些科学家认为:孕妇在怀孕过程中,能把她所想、所闻、所见到的一些事情,变成思维信息,不知不觉地传给胎儿,所以对胎儿进行教育,是很有道理,也是很必要的。

健康的书籍

书是知识的源泉,是孕妇文化修养的基础,也是胎教必不可少的精神食粮。孕妇担负着孕育培养胎儿的重任,更应注意从书籍中汲取精神营养,获得知识和智力的启示。那么，孕妇适宜阅读哪些方面的书籍呢？

从胎教的角度出发，孕妇宜选择阅读一些趣味高雅，给人以知识和启迪，使人精神振奋，有益于身心健康的书籍。因为读一本好书、看一篇好的文章，无异于在精神上获得一次美的净化，使人心情开朗，精神振奋，耳目一新。同时，对深居腹中的胎儿也起到潜移默化的渗透作用，而那些单纯为了吊人胃口的庸俗小报，惊险离奇的凶杀、武侠读物，以及下流卑俗的黄色书刊，则像是精神上的噪声，使读者心理感到压抑、紧张、卑劣，处于一种不良的情绪状态中。显然，对于胎儿的身心发育是极为不利的。因此，孕妇的阅读内容宜选择那些名人的传记、名言；优美的抒情散文；著名的诗歌、游记；有趣的童话故事；艺术价值高的美术作品；以及有关胎教、家教、育婴知识等书报杂志，从中获得知识和力量。

哼唱《小燕子》

有的孕妈妈认为，自己五音不全，没有音乐细胞，哪能给胎儿唱歌呢？其实完全没有必要把唱歌这件事看得过于神秘，要知道，给胎儿唱歌并不需要什么技巧和天赋，要的只是母亲对胎儿的一片深情。只要带着对胎儿深深的母爱去唱，歌声对胎儿来说一定是十分悦耳的了。因此，未来的妈妈不妨经常哼唱一些自己喜爱的歌曲，把自己愉快的心情通过歌声传递给胎儿，使胎儿分享喜悦的心情。唱的时候尽量使声音往上腹部集中，把字咬清楚，唱的甜甜的，胎儿一定会十分欢迎。

孕妈妈经常唱一些儿歌，可以让胎宝宝提早感受“童年”的乐趣。比如，轻轻哼唱《小燕子》：“小燕子穿花衣，年年春天来这里。我问燕子你为啥来，燕子说这里的春天最美丽。小燕子，告诉你，今年这里更美丽。我们盖起了大工厂，装上了新机器，欢迎你长期住在这里……”一边唱可以一边给胎宝宝即兴编一段小燕子的童话故事，这样，和胎宝宝的互动和交流就会更密切了。

欣赏古筝曲《渔舟唱晚》

古筝曲《渔舟唱晚》，标题取自唐代王勃《滕王阁序》里“渔舟唱晚，响穷彭蠡之滨”中的“渔舟唱晚”四字。乐曲以歌唱性的旋律，形象地描绘了晚霞斑斓、渔歌四起、渔夫满载丰收的喜悦荡桨归舟的欢乐情景，表现了作者对生活和美丽河山的赞美和热爱。

全曲大致可分为3段：第1段，用慢板奏出悠扬如歌的旋律，展示了优美的湖滨晚景，抒发了作者内心的感受和对景色的赞赏。第2段，音乐速度加快，其旋律是从第1段的音调中发展而来，形象地表现了渔夫荡桨归舟、乘风破浪前进的欢乐情绪。第3段，快板，形象地刻画了荡桨声、摇橹声和浪花飞溅声。随着音乐的发展，速度逐渐加快，力度不断增强，展现出渔舟近岸、渔歌飞扬的热烈情景，在高潮突然切住后，尾声缓缓流出，出人意外又耐人寻味。这首乐曲适合孕妈妈在睡眠不好时听，它乐声悠扬如歌，意境旷达，能促使孕妈妈的情绪恢复宁静，同时，也带给胎宝宝以安静祥和的氛围。孕妈妈在临睡前听此曲，可让自己的思绪沉静到傍晚的水波上，在渔舟的轻摇慢曳中静静入睡……

胎儿有人格

除了上述令人惊异的感觉能力之外，神经学家更认为，胎儿可能具有意识的初步形态。

美国神经学家布米尼克·芭芭拉，以最新的显微镜技术来研究胎儿的大脑，得到上述的结论。确定受胎后28～37周的胎儿大脑皮质已经发达至具备思考的能力，其神经组织与新生儿几乎没什么两样。

其他的研究者更指出，对胎儿脑波的测定显示，胎儿睡眠与成人做梦时的脑波观测值一致。

所以，生物学家、心理学家、神经学家都把胎儿定位于“具有感官能力及初步学习能力的个体”。心理学家更进一步表示，胎儿在妈妈的子宫内逐渐形成人格，成为具有情感及知觉的人。而胎儿的人格是通过和父母，特别是和母亲的密切沟通形成的。

听“过来人”谈胎教经验

孕妇们实际采用的三种胎教方法：

(1)听音乐、唱歌；

(2)对孩子讲话；

(3)丈夫的热情帮助。

实际生活当中具体是怎样做的呢？

(1)我们那时经常听迪斯科音乐，不知是不是这个原因，我的孩子只要一听到音乐马上就能找到节奏。

(2)我给腹中的孩子起了一个爱称，经常这样叫他。我一直坚持对他讲关于做饭、洗衣服一类的家务事，以及每天的天气、美丽的天空和花朵等。每一次说这些之前，我都要直呼他的爱称。因为我听说胎教的时候，将自己目睹的变成语言讲给胎儿听是一种好方法。不知道是不是这个原因，我的孩子是很听话也很孝顺的。

(3)我那时曾把巴赫的《G大调咏叹调》、维伐尔地的《春夏秋冬》、韩德尔的《水上音乐》、莫扎特的《降E大调》等古典名曲录成磁带，每天放给胎儿听，虽然我现在生出的孩子，还远远不是天才，但他各方面表现都优于同龄孩子。

(4)我怀孕期间，晚上睡觉前，丈夫经常抚摸我的腹部，温存地对孩子说些话，比如“你要乖，做个好孩子”，“要健健康康地”等，偶尔也开玩笑说“你可不要长得像妈妈”等。随着丈夫的抚摸，我焦躁的心情渐渐平静下来，这也许对孩子来说是一种好的影响吧，我现在的孩子是一个不发脾气的、能够安静地听别人讲话的好孩子。

(5)我原来是一个走路很快的人，因为看到书上讲“保持平和的心态对孩子有好处”，所以我改为挺腰慢慢走路。改变走路速度之后，我不再经常感到心烦和神经质，心胸变得宽广。这样一来，我能够看见从未注意过的葱绿树木，蔚蓝的天空，也能够感受到未曾感受过的许多事物。进入稳定期以后，我开始每天散步，并且散步时对胎儿讲很多话，把手放在肚子上，我告诉他“这儿有只小鸟”“现在满地都是落叶了”等等。每当这个时候，我就能经常地感觉到胎动，那是一种健康有力的胎动，于是我也变得精神饱满了。

尽早给胎儿取名字

胎儿虽然还没有出生，给他起个名字，可使父母对他更为重视，和他“对话”更为方便。还有，经常叫唤他的名字，能引起他的条件反射，一听到叫他的名字就知道和他讲话了。胎儿出生后，你呼唤他的名字，他会转头寻找声源，感到熟悉，对你亲热。当然，给胎儿起的名字要响亮一些，可以两个字一样，如“贝贝”“灵灵”“辉辉”，这样容易叫，容易听，也容易记住。当爸爸妈妈轻声叫唤胎儿的名字时，必然会有一种温馨、亲昵的感情荡漾在心中，必然觉得胎儿已经成为你家庭中不可缺少的一员——虽然他还没有出生，虽然你还不能见到他，但对他的身心发育和健康生长却是很有益的。

欣赏书法《上阳台帖》

《上阳台帖》为李白书自咏四言诗，也是其唯一传世的书法真迹。孕妈妈可以在许多书法集粹上看到它的影踪。李白生活于盛唐，有诗仙的美誉。他为人洒脱飘逸，正谓字如其人，《上阳台帖》用笔纵放自如，快健流畅，于苍劲中见挺秀，意态万千。结体亦参差跌宕，顾盼有情，奇趣无穷。

帖后有宋徽宗赵佶一跋，跋文为："太白尝作行书，乘兴踏月，西入酒家，可觉人物两望，身在世外……字画飘逸，豪气雄健，乃知白不特以诗鸣。"元代张晏跋曰："谪仙(李白)尝云：欧、虞、褚、陆真奴书耳。自以流出于胸中，非若他人极习可到。观其飘飘然有凌云之态，高出尘寰得物外之妙。尝遍观晋、唐法帖，而忽展此书，不觉令人清爽。"由此可知，"诗仙亦有传世作，诗书双绝留人间"。

看着如此飘逸的作品，孕妈妈是否可以感受到浓浓的书卷气息扑面而来，那么，此次胎教的目的就达到了。

行为胎教

行为也是一种语言，只不过它是一种无声的语言。孕妇的行为通过信息传递可以影响到胎儿。

>> 温馨小贴士

我国在这方面很早就有论述，古人认为，胎儿在母体内就应该接受母亲言行的感化，因此要求妇女在怀胎时就应该清心养性，恪守礼仪、循规蹈矩、品行端正，给胎儿以良好的影响。相传周文王的母亲在怀文王时由于她做到了"目不视恶色、耳不听淫声、口不出傲言、甚至坐立端正"等良好的胎教，因此她所生的文王贤明英武，深得民心。

明代一位医生也认为"妊娠以后，则需行坐端正，性情和悦、常处静室、多听美言，令人诵读诗书，陈奏和乐，耳不闻非言、目不视恶事，如此则生子福寿敦厚、忠孝贤明，否则生子鄙贱不寿、愚顽透顶"。

由此可见，早在古代人们就已经懂得了母亲的良好行为对后代的影响。时至今日，虽然我们已经进入了信息科技时代，但我国的古代胎教学说却一直被中外学者所重视。经过长期的研究，他们证明了我国古代胎教理论是相当有科学性的。

视觉胎教

尽管一直以来人们更为熟悉的是音乐胎教和童话胎教，但最近随着人们对胎教的关注程度不断上升，视觉胎教也终于出现在了大多数人的视野当中。对名画进行鉴赏、给图案上色等方法都属于通过接触色彩，训练胎宝宝感性能力的视觉胎教。孕妈妈看到的东西越多，胎宝宝所能感受到的美觉体验就越多。

（1）视觉刺激与听觉刺激同样重要。胎宝宝的听觉在怀孕早期不断地发育，并且会在怀孕 24 周时达到成人的水准，而相比之下，视觉的发育则要晚许多。在这种情况下，我们切不可因此而疏忽对胎宝宝进行视觉胎教。

>> 科学胎教课堂

胎宝宝在视觉上接受的刺激也同样会对其在情绪上产生明显的影响。相对而言，人的视觉需要极为复杂的机能作为支持，而直到出生时为止，胎宝宝并没有完全具备这些机能。进一步说，小孩子要长到 8 岁才能获得与成人一样的视觉能力。人类视觉发育的周期如此之长，这就难怪胎宝宝只能分辨光线明暗的程度了。

照射到母亲眼睛里的光线会对一种叫作褪黑激素的物质产生调节作用，使胎宝宝的眼前也相应地产生明暗的感觉。当看到明亮物体的时候，褪黑激素的分泌量会下降，看到昏暗物体的时候上升，这一点使胎宝宝也具备了辨别外界事物明暗的本能。胎宝宝对外部的光线开始产生反应往往是在怀孕第 7 个月之后开始。

（2）抛开负担，愉快地开始吧。与音乐胎教、胎谈胎教和童话胎教相比，视觉胎教可能显得较为无趣和困难，然而事实上，视觉胎教也是一种可以轻松掌握的方法。

提起对美术的认识，也许孕妈妈只记得达·芬奇的《蒙娜丽莎》，但这没有关系，只要对画作没有反感，任何人都可以从零开始对它们进行鉴赏。

其实，对于鉴赏名画，最重要的并不是了解多少与之相关的背景知识，而是排除一切拒绝感和心理负担。因为，无论采用多么好的胎教方法，如果孕妈妈在进行胎教的过程中感到有压力，就都会产生负面影响。

(3)参观画展和到美术馆欣赏名画欣赏好的画作就和听到优美旋律、阅读感人的文字一样是一种美的享受，此时人的内心会变得安定，甚至会有一种被净化的感觉。观看摄影作品、画作、雕刻、陶艺和版画将对胎教起到很大的帮助。

一位小提琴家的母亲在怀孕时，曾乐此不疲地前往美术馆和音乐会进行艺术胎教，正是这种经历使这位小提琴家的感性能力在胎儿时期就得到了锻炼。

即使一周只有一次，能够和丈夫一起前往最近的美术馆或画展，接触各种各样的画作无疑将给胎宝宝带来极大的享受。况且步行去场馆，孕妈妈还能锻炼身体，何乐而不为呢？对于常常待在家里的孕妈妈，出一趟门也会使孕妈妈与胎宝宝之间谈论的话题变得丰富起来。

(4)职业女性可以利用画册进行胎教，如果居住区文化氛围偏差或附近没有美术馆，可以借助画册进行胎教。

在选择画册时，要把孕妈妈的爱好取向当作最为重要的基准。如果孕妈妈不喜欢受到别人称赞的“杰作”，就选择一些孕妈妈所熟知和喜爱的画家的作品。此外，在学生时代的美术课上曾学习过的，或平时通过各种媒体经常接触的作品也很适合在胎教中使用。孕妈妈看到这些作品时，往往会产生一种亲切的感觉。

(5)美的感染比美学知识更重要。通过鉴赏画作使自己的感情变得丰富，并将这种美感传递到胎宝宝才是真正意义上的视觉胎教。

在进行视觉胎教时，人们往往会因为不知该看哪些作品而感到苦恼。最适合用于胎教的其实就是那些美感充足、线条和色彩较为鲜明且能够带给人柔和感觉的作品。从这一点上来说，那些能够用明亮的颜色很好地展现色感变化的印象派作品非常适合做视觉胎教的素材。

(6)名画鉴赏要点。刚开始的时候，与其看细腻的人物肖像，不如看那些一眼就可以了解画家基本意图的风景画，看到美丽的自然风景就如同倾听自然的声音一样，可以使情绪安定下来。

在去美术馆之前可以先了解一下正在展示的作品主题。掌握了画家和作品的基本信息之后再对其进行鉴赏，往往可以带来更多的感受。只要能看出画家何时创作了这幅作品，作品的名称是什么就已经足够了。掌握这些基本信息后就会对画作产生许多相关的疑问，到最后也就能相应地有许多感动和收获。也只有在孕妈妈拥有感情的情况下，胎教才能真的有效。

对孕妈妈来说，一个画展并不只具有观赏一次的价值。遇到一本好书，每读一遍都会有新的收获，欣赏画作也是这样，即使是同样一幅作品，每看一次都可能有不同的感受。昨天没有领悟的内涵也许会在今天的欣赏中产生新的感受，这种体验将带给你无比喜悦的感觉。

视觉胎教也和其他胎教过程一样。只有坚持与那些画作打交道才可以使胎教更有效果，在这一点上，任何东西都不如“兴趣”这两个字重要。

进行音乐胎教，并不都是为了把宝宝培养成音乐家。如同期待通过视觉胎教使宝宝具有较高的审美感，长大以后成为一个名画家一样是不切实际的，但视觉胎教的影响却是深远的。

意念胎教

在怀孕期间孕妇就应设想未来宝宝的形象。在孕期设想的孩子形象在某些程度上相似于将要出生的婴儿。

孕妇的心情舒畅，进而使胎儿受到良好刺激是有一定作用的。这样可以保持愉快的心情，通过体内的化学变化来影响胎儿。许多孕妇家中的墙壁上都悬挂一些自己喜欢的漂亮的婴幼儿照片，天天看上几回，说是这样出生后的婴儿漂亮，还可以和丈夫一起描绘所希望的婴儿模样。

孕妇还可预先设计制作一些胎儿出生后的用品，买些玩具等，在一针一线的缝制中，培养孕妇同腹中宝宝的感情。

孕妇及丈夫在为未来的宝宝准备日常用品的同时，精神上得以充实，时间也会过得快起来。这就是精神和意愿的催化作用，将促使宝宝按自己的意愿发育。孕妇一般可以把自己的想象通过语言、动作等方式传达给腹中的宝宝，并且要持之以恒。

怀孕 8 个月的胎教要领

怀孕第 8 个月时胎儿的潜力

8 个月的胎儿，听觉能力已具备，也开始有了视觉能力。味觉和嗅觉的发展也很明显，可是当母亲第 1 次给新生儿喂奶时，他会自动的将嘴撅向喂奶方向，由此可知胎儿在母亲腹中即已具有某种程度的嗅觉。至于味觉部分，如果将柠檬汁或砂糖沾在初生婴儿舌上，婴儿会立刻产生反应（感觉味道的味蕾在妊娠第 3 个月就已经形成），从这点可以知道，胎儿此时的味蕾已经相当发达。

最后是触觉。胎儿的皮肤感觉（触觉、压觉、冷觉、热觉、痛觉）究竟发达到何种程度呢？从妊娠第 8 个月时自然流产的胎儿发现，在上唇和鼻翼的部位，对外力已经有反应。可见皮肤在相当早的时候就已经开始发挥作用了。

8个月大胎儿的视觉反应

胎儿在8个月时已经成长到可以诞生的阶段。肌肉已长成，双腿踢动强而有力，这时孕妇可以感觉到强烈的胎动。

听觉在此阶段已经完成，不仅可以分辨母亲子宫内血流声，对其他的声音也有反应。在妊娠30周左右，可以测出大脑的脑波，表示胎儿此时已有意识存在。

第8个月时，胎儿跟大脑连接的神经回路更加发达，这时母亲的腹壁和子宫壁变得更薄，所以更容易听到外界的声音。从超声波的画面上，可以看出当父亲和母亲在交谈时，胎儿的行动会有明显的变化，因此判断胎儿可以听见声音。

这个时期的胎教，要注意多与胎儿轻声说话，语气要和蔼温柔，让宝宝感受到母爱，以建立牢固的亲子联系。

可以和8个月大胎儿玩游戏

当然可以和8个月大胎儿玩游戏！8个月的胎儿已经相当大了，他活动有力，反应灵敏，逐渐能辨析不同的声音及外在环境。这个时候，你可以慈爱地抚摩或轻拍胎儿，以引发他某种程度的意识反应。

怀孕第 8 个月的胎教要点

到了妊娠第 8 个月，胎儿的主要器官都已经发育完毕，身长可达 40 厘米，皮下脂肪增多，体态日渐丰满，已临近怀孕的晚期，孕妇的身体也显得有些笨重，此时的胎儿对各种外界刺激信息已有了比较灵敏的反应，对胎教的接受能力进一步增强，要把握住有利时机，强化对胎儿的教育。

这时还需要注意不断的活动肢体，做一些力所能及的家务，或在医生指导下做适合妊娠晚期练习的体操，为胎儿的顺利出世做些准备工作。

第二章

离宝宝越来越近的第9月

经历了孕期前8个月，到了第9个月，这时已接近整个妊娠的尾声，面临最后的“冲刺”，孕妇在做好胎儿教育的同时，要积极进行分娩前准备，要特别注意精神应激因素对妊娠的影响。

9个月准妈妈的妊娠体操

骨盆的振动运动：

锻炼下腹部及产道的肌肉。早晨起床前、晚上睡觉前练习呼吸法。

腰贴在床上，轻轻把肚子挺起，使背和床之间出现空隙，再慢慢放下，然后放松休息。根据孕妇情况增减次数。

膝盖着床，头下垂，脊背向上弓，支撑着上半身的重心。

抬头把腰向前移动，身体重心也随之向前移，再逐渐恢复到仰卧位。

“跳动”的交流

孕妈妈有一个每天都要完成的任务，就是要数胎动。其实，孕妈妈还可以通过数胎动直接与胎儿交流情感。妈妈在数着胎动的时候，可以发挥自己的想象力，想象着和宝宝对话，对宝宝的美好祝福与愿望都可以在胎动时说出来。因为，胎动时也是胎儿比较活跃的时刻，他会感应或者记住妈妈对他说的话。

由于胎儿对男性低沉的声音较为敏感，准爸爸则起着举足轻重的作用，因此孕妈妈也可以让丈夫抚摸着自己的肚子，和胎儿说说话，让未来的宝宝也熟悉一下爸爸的声音。也可以念儿歌，讲童话，或者给宝宝听歌。慢慢地，胎儿在妈妈腹内就会活跃起来，甚至“主动”要求玩耍。

了解最佳怀孕情绪

孕妇应该保持心情愉快，情绪乐观，避免不良情绪的发生和影响。即使遇到不痛快的事也不要苦恼发怒，这对孕妇自身健康，特别是对于胎儿的健康发育，是非常有好处的。

因为孕妇的情绪变化，会导致生理功能、身体质量与健康状况的改变，而这些改变又会直接或间接地影响到胎儿的生长和发育。所以，孕妇对此必须要有足够的重视。

孕妇发怒的时候，血液中的激素水平会很快升高，体内的有害化学物质的浓度也会在短时间内骤增。这些物质通过血液循环很快遍及全身，而且能够通过胎盘屏障进入羊膜腔。这些物质会在胎儿身上直接发生作用，日后在性格、情绪上会重现母亲的性格和情绪。可见，孕妇发怒的结果是很不好的。

血液中的白细胞是健康的“卫士”。人在生病时，白细胞特别是白细胞中的巨噬细胞便与侵入体内的细菌、病毒进行“搏斗”，而孕妇发怒时会使血液中的白细胞减少，这无疑会使抵抗疾病的战斗力减弱，降低人体免疫力。所以，易发怒的孕妇更易感染疾病，这不仅对自身健康不利，也会由于经常生病而影响胎儿的生长发育，导致孩子出生之后的抵抗疾病能力比正常孩子差。怀孕期间孕妇的情绪不佳，对健康造成的不利影响是多方面的。

另外，一些发生唇腭裂等缺陷的婴儿，其母亲在怀孕期间往往情绪不好。怀孕7～10周这段时间，正是胎儿口腔腭部和上颌骨形成的时期，而此时孕妇的情绪不稳定，受到一些不良刺激和影响，很可能就是形成出生缺陷的一个不可忽视的因素。

>> 科学胎教课堂

性情暴躁、情绪波动大、多愁善感、敏感多疑、心胸狭窄的孕妇，妊娠早期以及中期发生流产的，要比正常孕妇高出3～5倍。而且这些孕妇生的孩子，比正常孕妇生的孩子体重明显要轻一些，并且分娩时出现难产的情况也多于心理正常的产妇。

孕妇的情绪如何，既关系到自身的健康，也关系到下一代的生长发育，的确是一件应该认真对待的大事。至于在怀孕期间如何保持健康、良好的情绪，需要注意的方面很多。家庭要尽可能创造和谐、欢乐的生活气氛，夫妻之间要多交流、多理解，尤其是发生不愉快事情的时候，丈夫要多从积极的方面开导孕妇，避免孕妇受到不良刺激。孕妇自己同样要正确对待生活中发生的大大小小的矛盾，对一些无足轻重的事情，不要过分认真计较，尤其不应该多疑，尽量减少对家里其他人的误解。即使遇到什么不顺利的事情，也要大度一些，应该学会多做一些自我安慰，这样，情绪就不容易受到影响而波动了。要知道，保持健康的情绪，让自己始终有一种良好的心境，对自己、对胎儿都有好处，自然对家庭也就有好处。

怎样防治胎儿失聪

要预防胎儿失聪，孕妇在妊娠期必须注意下列问题：

(1)合理用药。各种中毒性药物都可通过母体进入胎儿，影响其内耳发育。即使在妊娠后期，内耳已经发育正常，胎儿也可能因某些药物的直接损害而造成耳聋。最常见的药物有抗生素，包括链霉素、卡那霉素、庆大霉素、新霉素、妥布霉素等，其他如抗疟药奎宁、氯喹及乙胺嘧啶、解热镇痛药等，也应慎重使用。

(2)避免感染。有许多病原微生物都会通过胎盘影响内耳发育。因此在妊娠期间，孕妇不宜接触传染病毒，如流行性感冒、流行性腮腺炎、脊髓灰质炎、病毒性肝炎、乙型脑炎和梅毒等，要注意加强营养、多进行室外活动，以提高母体的抵抗力。

(3)注意各种诊治性伤害。妊娠头3个月内，不要做X射线透视与摄片，不使用同位素诊断和治疗疾病，更不能在妊娠期间做大剂量的放射治疗。

本周运动胎教

介绍几种辅助运动的练习，以利分娩：

(1)深呼吸法：孕妇仰卧或侧卧位，将双膝曲起，双臂自然地伸展，精神放松，然后大口吸气，吸气时要深要慢，然后再慢慢呼气将气吐出。随着宫缩的次数、强度增加，深呼吸的次数和深度也要增加；当宫缩停止时，马上闭目休息，转为正常呼吸。这样深呼吸可以使产妇吸入大量氧气，有利于子宫肌层收缩对缺氧的耐受性，从而起到了减轻产妇疼痛的效果。

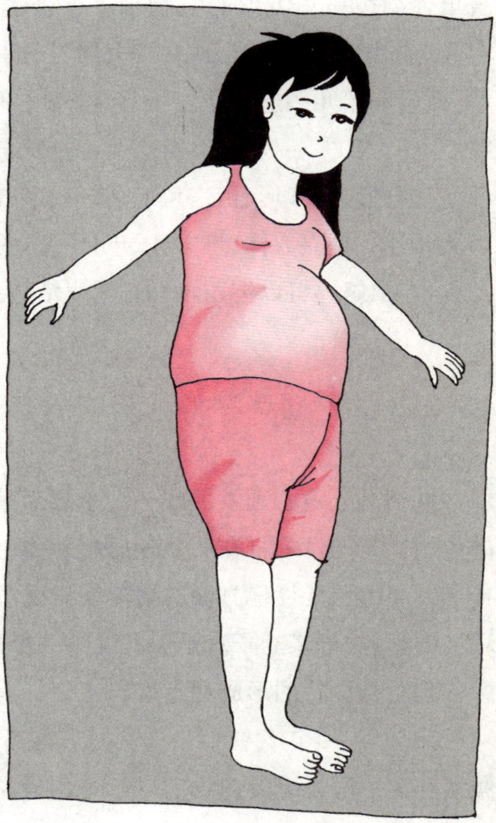

(2)按摩法：仰卧，两手按住肚子的中央，然后深吸气，将两手手指沿腹壁轻轻按摩，吸气时在腹部往左右画半圆形；吐气时，做与吸气时相反的动作，再画半圆形回到原处，重复此动作数次。

(3)姿式：侧卧，并稍微向前倾，上侧的腿向前，下侧的腿向后分开；手的动作和腿一样，上侧向前，下侧向后。孕妇平时可采用这种姿势练习上述的呼吸法或按摩，会感到轻松。

学习图形

不论教什么，重要的是将学习内容与生活紧密地联系在一起，用周围的东西进行实物教学是最有效的。

例如学习正方形时，孕妈妈说："这个图形是由四条直线围起来的，并且四个角都呈直角。"讲法是对的，但是这种从平面几何的角度进行的解释是很难引起胎儿兴趣的，所以就要找出你身边呈正方形的实物来进行讲解。"和卡片上的图形一样的东西在哪儿呀？"先提出问题，然后和胎儿一起寻找，"有了，坐垫、桌子。"这时可以一个个拿在手里，一边讲"这是正方形"，一边用手描这个图形的轮廓，通过这种"三度学习法"进行胎教。学完正方形、长方形、正三角形、圆形、半圆形、扇形、梯形、菱形等平面图以后，再告诉胎儿什么是立方体、长方体、球体等。在学习这类图形时，最系统的教具可以说是积木，孕妈妈可以把积木和日常生活用品联系在一起穿插着教。

>> 温馨小提示

图形的学习与数的学习一样，以闪光卡片上描绘的图形为基础，将其视觉化后传递给胎儿。

胎儿的性格培养

性格是儿童心理发展的一个重要组成部分，它在人生的发展中起到举足轻重的作用。人的性格早在胎儿期已经基本形成，这一点已被专家们所证实。因此在怀孕期注重胎儿性格方面的培养就显得非常的必要。胎儿性格的形成离不开生活环境的影响，母亲的子宫是胎儿的第一个环境，小生命在这个环境里的感受将直接影响到胎儿性格的形成和发展。

20 世纪 70 年代初期一直被妇产科医生用来防止孕妇流产的一些药物，如：雌激素和黄体酮最近发现它们对胎儿的性格有着不良的影响，美国纽约州立大学的一项研究报告表明：孕期的妇女使用雌激素和黄体酮会使胎儿出现明显的女性特征，表现为男性性格软弱，很少有攻击能力，而女性则更加女性化。这些情况与孕妇的服药量有密切关系，同时注射了黄体酮、雌激素的孕妇所生的孩子与只注射黄体酮的孕妇所生的孩子相比，前者比后者更具有明显的女性特征。

这是我们从报告中看到激素对胎儿性格的形成的影响。那么，是不是只要不使用这些激素，对胎儿的性格形成就没有影响呢？许多研究表明孕妇的精神状态、情感、行为、意识等也同样可以引起激素分泌的异常改变，而影响到胎儿的性格形成。

曾有一位在妊娠期间遭受沉重打击的妇女，她于怀孕数周后被丈夫所抛弃，家庭负担，经济问题都摆在了面前。常常为此发愁，当她怀孕到6个月时，在一次检查中，发现一侧卵巢患有癌前性囊肿，需要立即手术切除。医生建议她流产，但她毅然拒绝，为了孩子她做好了冒任何风险的准备。最终这位妇女生下了一个完全健康的儿子。

从这个实例说明：只要母亲有坚强的性格就会感染胎儿使其同母亲一道战胜困难，并从中得到性格方面的锻炼。心理学研究证明，胎儿能敏锐地感知母亲的思维心理活动及母亲对自己的态度。所以说胎儿也并不像人们想象的那样娇弱。通过以上的事例希望能给将要做母亲的妇女一个深刻的启示。

>> 孕妈妈早知道

如果母亲是一位热爱胎儿，不论在任何不良环境中都能够表现出坚强的个性的女性，那么对胎儿则产生不同的效果。

艺术编制胎教法

发自内心的微笑可以感染周围每一个人，而孕妈妈发自内心的微笑，可以给予胎宝宝最好的帮助。

从今天起，在清晨，可以对着镜子先给自己一个微笑。知道吗，这个微笑可是很神奇的。曾经有一位孕妈妈这样说道："当微笑的那一瞬间，我的一脸惺忪变为满脸光华润泽，那一瞬间，细胞苏醒了，整个人充满朝气与活力。"这样的微笑，是充满爱和快乐的微笑。孕妈妈可以想象，胎宝宝在子宫里正在熟悉你的微笑，也在对着你微笑呢！

孕妈妈可以在每次微笑的同时，祝福胎宝宝：在未来的人生每一个阶段，不管遇到多少困难，都要牢牢记得，带着微笑去面对，去突破层层难关，走向胜利与成功！这样的微笑胎教，是你给宝宝的最好的一份礼物！在每一次微笑时，孕妈妈一定可以看到胎宝宝正在欢喜接受的笑容。

欣赏名曲《小夜曲》

这是首典型的器乐小夜曲，是海顿所作《F大调第十七弦乐四重奏》的第2乐章"如歌的行板"，作于1771年。海顿在一生中共写有80余首弦乐四重奏，大多是欢乐、热情的抒发。这首小夜曲色彩明朗，节奏轻快，旋律娓娓动听，具有一种典雅质朴的情调，表现了无忧无虑的意境。

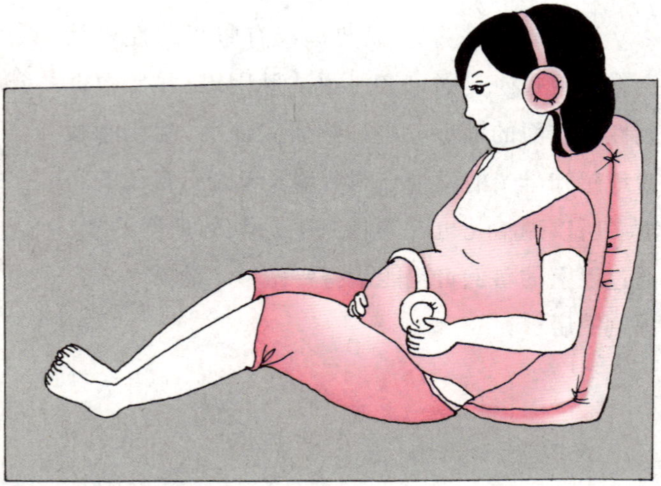

乐曲开始时，先由第一小提琴带上弱音器奏出柔美、亲切的第一主题，充满欢快的情绪；其他3个声部由第二小提琴、中提琴、大提琴用拨弦模仿吉他的音响为之伴奏，这一主题略加装饰反复了一次。在短小的连接部之后，出现一个由装饰音和附点音符构成的第二主题，它在调性、音区、旋律等方面与第一主题形成对比。展开部只有8小节，它的旋律进行时出现大跳音程，显得活泼而富于生气。在再现部中，第一主题出现后立即进入连接部，它由第一主题结尾的音调加以变奏、演进而成，继而完整再现了第二主题。最后，乐曲在欢快的气氛中结束。

这首乐曲极富有抒情性，能使孕妈妈镇静、舒心，听后能怡情养性。

听民乐《百鸟朝凤》

《百鸟朝凤》是唢呐曲，原是流行于山东、安徽、河南、河北等地的民间乐曲。它以热情欢快的旋律，生动描绘了百鸟和鸣、气象万千的自然景象，表现出人们对大自然的赞美和热爱之情。全曲共分8段，是一首循环体结构的乐曲：

山雀啼晓。乐曲开始是一段散板。在唢呐奏出清新、悠扬的乐曲之后，随即模仿鸟叫声，由伴奏乐器笛子与之相对答呼应，互相竞赛，展现出山雀啼晓的意境。

春回大地。这是一段具有浓郁乡土气息和北方民间音乐粗犷、爽朗风格的曲调，优美而流畅。这段音乐的特点是造成一种欢乐的情绪和变化多端的气氛，为下一段落模拟音调的出现提供了心理上的准备。

莺歌燕舞。唢呐自由地模拟各种鸟叫声，伴奏声部以舒展的节奏和优美如歌的旋律作陪衬，加强了音乐性。

林间嬉戏。短句替代前面悠长的乐句，音乐显得活跃起来，犹如人们在山林中嬉戏的欢快情景。

百鸟朝凤。这是第2次出现的模拟各种禽鸟的叫声，充分发挥了唢呐所特有的演奏技巧，惟妙惟肖地表现了百鸟争鸣的情景。

欢乐歌舞。随着速度的转快，乐曲的情绪不断向前推进。当乐队戛然停止之后，唢呐出人意料地用花舌音发出蝉鸣声，非常真切喜人。特别有趣的是模拟蝉被捉住时，发出的阵阵挣扎声和最后长鸣一声远飞而去的一段，绘声绘色，充满了欢快热烈的气氛。

凤凰展翅。随着乐曲速度的加快和短小音型的反复推进，音乐进入了高潮，之后又出现了唢呐的华彩段，它使得欢腾的情绪达到极点。

并翅凌空。这是高潮段落的继续，音乐情绪愈加热烈，再次出现百鸟齐鸣的场面。最后以一个短小的尾声结束全曲。

>> 科学胎教课堂

这是一首特别适合于孕妈妈在怀孕中、晚期以及给胎儿听的乐曲，因为它不仅描绘了大自然中百鸟和鸣的景象，有助于孕妈妈舒畅心情，还模拟了林中各种禽鸟的叫声，仿佛把人带入了大自然中。这种原声的模拟给胎儿听，能直接刺激胎儿的听觉，有助于胎儿的智力发展。孕妈妈在与胎儿共同欣赏这首乐曲时，若能一边听一边给胎儿描述林中百禽的叫声和欢快的场面，则对胎儿智力发展更有利。

美育胎教法

美育胎教法是指根据胎儿意识的存在，通过母亲对美的感受而将美的意识传递给胎儿的胎教方法。

人们通过看、听、体会，享受着世界上各种各样的美，而胎儿无法看到、听到、体会到这一切，所以母亲要通过自己的感受，将美经神经传导、输送给胎儿。美育胎教也是胎教学的一个组成部分，它主要包括音乐美育、自然美育和感受美育。

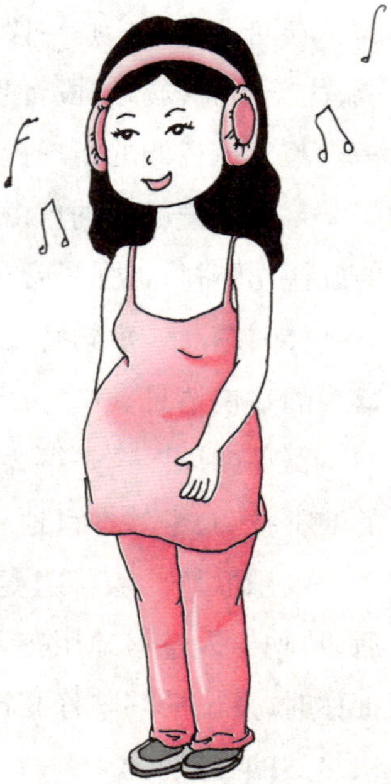

音乐美育

音乐美育是指对胎儿进行音乐美的培养，以此来达到胎教的目的，它主要通过孕妇的心理和生理两种途径来实现。从心理方面讲，音乐能使孕妇心情愉悦，产生联想，从而使情绪达到最佳状态，再由神经系统将这一信息传递给腹中的胎儿，使其深受感染。同时，安静舒缓的音乐也可以给胎儿创造一个悠闲的环境，使躁动不安的胎儿安静下来，让他意识到世界是多么和谐美好。从生理方面讲，悦耳的音乐能激起母亲植物神经系统的活动，植物神经系统控制着内分泌腺，使其分泌出许多激素，这些激素经过血液循环进入胎盘，使胎盘的血液成分发生良性变化，有利于胎儿健康的化学成分增多，从而激发胎儿大脑及各系统的功能活动，使胎儿感受到母亲对他的刺激（教育）。

自然美育

大自然是美的最高境界，孕妇多到大自然中去欣赏美丽的景色，可以促进胎儿大脑细胞和神经的发育。在这里，我们要着重提一下大自然的美对胎儿的积极作用和熏陶。

在我们生存的这片土地上，不管是神奇辽阔的草原、挺拔峻峭的高山、幽静神秘的峡谷、惊涛拍岸的河海，无不开阔着我们的胸襟，启迪着我们的思考，给我们带来美的享受和精神的升华。孕妇在大自然中感受到这一切，将提炼过的感受传递给胎儿，就使得胎儿也能受到大自然的陶冶。

同时，母亲经常走入大自然，呼吸新鲜空气，也有利于胎儿的大脑发育。有人曾在动物身上做过这样的实验，把怀孕的兔子和鼠分别放在空气不畅的箱子里，结果，这两种受试动物所生的幼崽出现无脑畸形的比例非常高，这说明大脑发育需要充足的氧气。

感受美育

孕妇如果有优雅的气质、饱满的情绪和文明的举止，就能感受到来源于自身的一种美。这种感受确立了孕妇的审美观，也能将这种审美观传递给胎儿，使胎儿在母体内也得到美的熏陶。因此，专家经常告诫妇女在怀孕期间，不仅要保持精神焕发，穿着整洁，举止得体，还要适当丰富自己的精神生活。例如，多听音乐、看书、旅游、欣赏美术作品等，通过感受这些美好的行为来增加孕妇的情趣，丰富美的内涵，陶冶情操。

了解成熟胎儿的生活情况

多少年来，人们一直想了解未出生的胎儿是怎样生活的。超声波扫描等新技术的出现和发展，打开了观察子宫的窗口，可以在屏幕上仔细观察胎儿的每日活动，目睹一个成熟胎儿的生活。

这个胎儿在自己生存的"海洋"里已经漂浮了 9 个月。他在这天早晨醒来，睁开双眼，打着哈欠，使劲用脚踢了几下。他用小手去抓自己的脐带，把脐带当作玩具。他不时地把手伸到嘴里，吮自己的大拇指。在胎儿的上边是母亲的心跳声和消化系统的肠鸣声。他可以听到母亲和父亲的谈话，他是那样注意听着，甚至不再吮自己的大拇指。母亲开始走动，轻轻地摇晃着使他睡去。

收音机把他吵醒。他眨一眨眼，对陌生的感觉做出厌烦的样子。但是很快就注意地听着音乐。他扭过头，把耳朵更贴近这外部世界。母亲的笑声在他听来是沉闷的隆隆声。母亲轻轻拍打着肚子，胎儿高兴地用脚踢着。母亲和腹内的胎儿玩了半天，直到他失去兴趣，睡着为止。

他被剧烈的震动吵醒，母亲被绊倒了。由于羊水的液囊充满液体水泡，对任何伤害都有极好的缓冲作用。但是由于母亲担心伤害自己的孩子，心情紧张，导致肾上腺素和其他激素分泌增加。他用脚踢着，做出哭喊的样子。激素减少时，他才平静下来。

胎儿用一只脚探查着柔软光滑的胎盘。有时喝一些像海水一样的羊水，吞咽这种刺激物常常引起打嗝。他的母亲会感到一阵轻微的有节奏的跳动。打嗝停止后，他把自己安顿在很舒适的位置——背部靠着母亲的左侧，屁股蜷曲在母亲肋骨的下面，又开始打盹了……

无为而治

研究发现，胎宝宝能对母亲相当细微的情绪、情感差异做出敏感的反应。胎宝宝在那黑暗的母腹之中，母子之间不但血脉相连，休戚相关，而且情感相通，心灵互应，母亲与胎儿在彼此传递着情感，同时也向母亲发出各种信息。因为在胎教过程中，最为关键的莫过于母亲的爱心——这就是我们所提倡的“无为而治”。

胎儿妊娠6个月以后，开始明确自我，能把感觉转换为情绪。这时，胎儿的性格逐渐根据母亲的情感信息得以形成，胎儿不断接收母亲传递的信息。最初，他只能接受极简单的成分，但是随着记忆和体验的加深，胎儿的性格变得越来越复杂。胎儿的精神世界由无意识的存在，发展为能够记忆和理解复杂情感与情绪的存在。所以每一天，孕妈妈保持良好的心态和豁达开朗的心境，就是一种“无为而治”的胎教方式。

教儿首简单的儿歌

在孕晚期，父母就可以开始教胎宝宝背诵简单的儿歌。儿歌背诵要押韵，多次重复才能有印象。先背一首，重复7~10天，然后背第二首，背诵第二首时也要经常重复第一首。只要有1~2首经常重复背诵就足够了，不要过多，也不要背得过快。要一个字一个字说清楚，特别把押韵的字重读。

儿歌之所以易于上口就是因为押韵，押韵有节律就起到与音乐相仿的作用。准爸妈经常给胎儿背诵儿歌，婴儿会背诵儿歌的时间也相应提前，在16个月时就会讲儿歌，在未经语言胎教的婴儿中，要到18~20个月时才会说押韵的字，到24~28个月才会背诵整首儿歌，几乎慢4~6个月。孩子会背诵儿歌说明能连续按顺序记忆4句短话，12~14个字。孩子学讲话之前要在脑子里背诵许多单词，从最开始会称呼爸爸妈妈后，到能用单音说出一个词来表达想要的东西。通过背诵，渐渐把词连成短句。所以背诵是讲话之前必经的一个阶段。由于儿歌押韵，朗朗上口，易于背诵，所以无论古今中外，儿歌都普遍存在。

营养胎教

这一周，孕妈妈的心情会处于极度紧张的状态。这时，不妨试一试银耳羹。银耳羹有养阴润肺，益气生津的功效，适用于肺阴虚咳嗽、咯血，阴虚型高血压、失眠等症状。银耳5克，鸡蛋1个，冰糖60克，猪油适量。将银耳用温水发透，放沙锅内炖烂。将冰糖放入另一锅中，加水，上火溶化，把鸡蛋取蛋清兑入清水少许，搅匀后倒入糖水中，烧开后，打去浮沫，倒入沙锅内，起锅时加入少许香油即可。

孕晚期是胎儿生长最快的阶段。这时，除满足胎儿生长发育所需要的营养素外，孕妈妈和胎儿的体内还需要储存一些营养素，因此对营养素的需求量增加，为了保证胎儿生长发育的需要，要增加每日进餐的次数和进食量，以使膳食中各种营养素和能量能满足孕妈妈和胎儿的营养需要；膳食组成应多样化，食物感官性状良好，色、香、味俱全，食品的选择应根据孕妈妈营养需要并照顾饮食习惯，应易于消化吸收；要养成合理的膳食习惯。

>> 科学胎教课堂

一般主张孕妇每天水果摄入量不应超过800克。而且应该在饭后食用才不至于影响食欲。有贫血的孕妇不要吃石榴、杏子等，以防加重贫血。

准妈妈要学会自我监护

准妈妈一定要学会一些自我监护的方法，这样可以随时掌握胎儿的情况，如发现异常可立即到医院治疗。现将自我监护的具体方法介绍如下：

(1)监护宫底升高情况。在腹部掌握三个标记，它们是耻骨上缘，肚脐及胸骨剑突(心窝下)。妊娠一两个月时，从腹部还摸不到子宫的底部；妊娠3个月时，可在耻骨上缘触摸到一个半圆形的隆起；妊娠4个月时，子宫底可上升到耻骨和肚脐之间；妊娠5个月时，子宫底在肚脐下边二横指宽的地方；妊娠6个月时在肚脐水平位置；妊娠7个月时到脐上三横指宽处；8个月时在脐和剑突之间；9个月时可达剑突部；10个月时反而下降一些，因为此时胎头已降入骨盆内，孕妇会稍感舒服一些。

(2)听胎心音。听胎心音可以知道胎儿在子宫内生活得是否正常，特别是有妊娠中毒症、妊娠高血压、肾病及宫内发育迟缓、胎盘功能不全的妇女，用这种方法判断胎儿的情况比较可靠。正常的胎心音每分钟120～160次。如果胎儿在宫内缺氧，早期表现为胎心音增快，晚期则呈心音不规则、减慢或消失。

(3)计胎动数。胎儿在子宫内活动是胎儿情况良好的表现。一般怀孕4个月(18周)左右，便可有胎动现象，上午胎动多一些，午后胎动少一些，正常情况下胎动次数差别较大。

本周意念胎教

爱玩是孩子的天性，充分发挥想象，和胎儿玩游戏也是一项十分有趣的胎教活动。

日本大阪胎教中心让妊娠5~8个月的孕妇在沙盘中进行庭院盆景设计，由孕妇按自己的想象，将布娃娃或动物等玩具放入沙盘中，目的是创造母亲与婴儿所处的理想空间。这种游戏和小孩玩泥巴差不多，却能和胎儿很好地交流，对胎儿的身心发育产生良好的影响。孕妇像孩童般做游戏时，肌肉和情绪得到松弛，但又全神贯注，发挥想象力，这样就促使大脑思维活跃，母体分泌大量激素，随血液循环进入脐带传到胎盘，从而刺激胎儿大脑发育，对孩子将来的创造力和想象力起到潜移默化的作用。

此外，让怀孕8~10个月的孕妇想象将要出生的婴儿形象，并用黏土捏成婴儿的脸。此游戏能有效地解除孕妇对分娩的不安和压力，孕妇在游戏中寄托了自己的爱心，仿佛已经看到了诞生的孩子，内心自然也就感到欣慰和安定。

胎儿游戏和幼儿游戏差不多，用的玩具也差不多。

(1)可以在内心深处想象，嘴里念念有词，喊着胎儿的名字和他一起搭积木，设计瑰丽多姿的建筑造型，建造理想中的儿童乐园。

(2)可以想象和孩子在一起玩，甚至将布娃娃当作自己的孩子，想象着与孩子一起唱歌、跳舞、捉迷藏，玩得相当开心。

(3)和想象中的孩子一起折纸，一起做泥塑，一起化妆演戏等。

光敏感训练

在胎宝宝的感觉功能中，比起听觉和触觉，视觉功能的发育较晚，在孕妈妈怀孕7个月时，胎宝宝的视网膜才具有感光功能，对光有反应。光照胎教可以在孕妈妈怀孕6~7个月以后开始。实验证明，适当的光照对胎宝宝的视网膜以及视神经有益无害。可以拿手电筒作为光照胎教的工具。手电筒紧贴孕妈妈的腹壁，光线

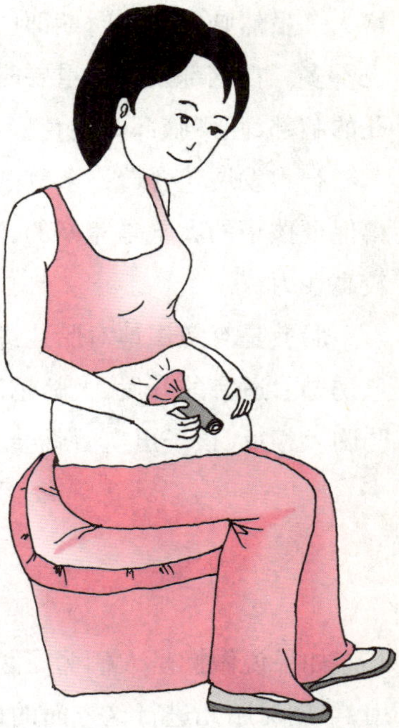

透入子宫，羊水因此由暗变红，而红色正是胎宝宝比较偏爱的颜色，用手电筒进行光照胎教正可谓投其所好。光敏感训练的具体步骤：孕妈妈每天定时用手电筒微光紧贴腹壁反复关闭、开启，一闪一灭照射胎宝宝的头部位置，每次持续 5 分钟。手电筒的光亮度比较合适，不要用强光照射，而且时间也不宜过长。当用光源经孕妈妈腹壁照射到胎儿头部时，胎头可转向光照方向，并出现胎心率的改变，定时、定量的光照刺激是这个时期的一个胎教内容。

不要在胎宝宝睡觉时进行光照胎教，以免打乱胎宝宝的生物钟。光照胎教还是要配合宝宝的作息时间，要在胎动明显时，即胎宝宝醒着的时候做光照胎教。孕妈妈经过这么长时间和宝宝的相处，也应基本知道胎宝宝的作息规律。当然也有作息不太规律的胎宝宝，这就需要孕妈妈细心体察了。只要是不太刺激的光线，皆可给予胎儿脑部适度的明暗周期，刺激脑部发达。孕妈妈利用晴朗天气外出散步时，也可让胎儿感受到光线强弱的对比。

胎教可以促进大脑发育

人类的脑神经细胞非常细密复杂，因此只有神经网的形成，是远远不够的。神经细胞如果裸露，传达信息时不仅会遗漏，而且传达信息的速度也会变慢。

如果将神经细胞的周围包起来，信息便可以迅速准确地传达出去，在大脑生理学上称之为髓鞘化。

神经细胞一旦进行髓鞘化，信息传达的速度会比以往提升近 100 倍。总之，脑部发达的程度，完全在于髓鞘化完成的多与少。而髓鞘化时不可缺少的就是神经胶质细胞。

胎儿出生之后，由于神经胶质细胞增加，并逐渐进行髓鞘化，脑的重量也迅速增大。虽然脑在胎儿时期即已开始髓鞘化，却只是完成少部分而已，神经胶质细胞也不多。在脑部发育的重要时期，母亲所摄入的任何不良物质，都会经脐带到达胎儿的脑部，阻碍脑部的发育。

智力发展包含着许多复杂的因素。智力以脑组织正常发育为物质基础。首先得保证孩子的大脑是完好的，功能是正常的，再加上后天的教育，才会使孩子获得较高智力。

胎教是有意识地对胎儿进行教育，在大脑形成期给予充分的营养和适当的信息诱导。适宜的开发，大脑越发育大脑皮质的沟回相应地也就会越多，孩子也就越聪明。相反，孩子出生后就会表现发育迟缓、智力低下。

胎儿体操

如果说做操是人们为了增强体质，有利于身心健康，那么对胎儿来说同样适用，早期对胎儿进行这方面的训练可以培育出心灵手巧、体格健壮的孩子。例如，有人曾对腹中的胎儿进行长期的体操训练，当孩子出生后2~3个月便可以顺利的完成各种动作，有些动作则是1周岁以后的婴儿才能完成的，如翻身、抓握、爬，还可以自己转动袖珍收音机的旋扭，捡起床上的瓜子皮，抓住小奶瓶自喂等这种超前的运动能力实在令人惊讶，据专家们观察这样的孩子不但身体健康，很少得病，而且精力充沛，智力发育良好。

经常给胎儿做操的孕妇还有利于顺利分娩。在某一妇产医院有一位产妇分娩时发生难产，经医生检查后发现胎儿心跳减慢，心律不齐。当即决定产妇要进行剖腹手术，这位产妇突然想起已经到“做体操”时间了。于是她立即抚摸胎儿为胎儿做操后，奇迹发生了，胎儿很快安定下来了，而且自然分娩，胎儿平安出生。

可见经常为胎儿“做体操”不但对胎儿的发育有利，而且还有助于母亲正常、顺利的分娩。

怀孕第9个月的胎教方法

9个月大的胎儿脑部虽未完全形成，可是部分功能已经非常发达。对于外界的刺激，不仅会传递至身体各感觉器官，也可通过面部显现喜欢或讨厌的表情，这就是胎儿已有"情绪"反应的证明。从羊水镜中，可以清楚地看到胎儿的表情，有时像在微笑，有时像在皱眉，有时像是在哭泣。

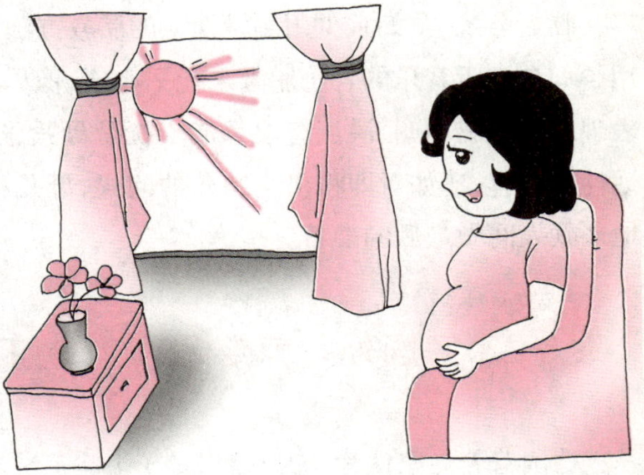

到了妊娠第9个月，如果使用强光照射孕妇腹部，为了避免受到光线刺激，胎儿会将脸转到一旁，或合上眼睑。在母亲腹内，胎儿的视神经和视网膜都尚未成熟，强光对胎儿而言，的确太刺眼了，会成为一种非常不舒服的刺激。而弱光会使胎儿有眨眼的动作，并且会感兴趣地将头部转向光源的位置。室内不太刺眼的光线随着昼夜转换而周期性变化，可给予胎儿脑部适度的明暗周期的感觉，刺激脑部的发育。

但并非用光线刺激胎儿就会生出聪明的孩子。对胎儿而言，他最喜欢的亮度为透过母亲腹壁进入子宫的微弱光线。胎儿到了9个月大，由于已有了视觉能力，对光有了反应，因此可让宝宝通过自己的腹壁，享受一些阳光。

>> 温馨小贴士

在晴朗的日子里，最好到公园散散步。散步时，可将手放在腹上，轻轻地和宝宝说："宝宝，你知道现在的阳光多好吗？"适量的光线和母亲温柔的声音，对即将出生的胎儿而言，是一种良性的刺激。

除了充分利用阳光进行胎教外，母亲这个月一定要做好生产的准备，同时要防止便秘。这时已接近整个妊娠的尾声，面临最后的"冲刺"，孕妇在做好胎教的同时，要积极进行分娩前准备，要特别注意精神应激因素对妊娠的影响，尤其是那些高危孕妇，往往忧虑胎儿是否健康，能否顺利分娩。如果情绪高度紧张，容易导致心理上的不平衡，甚至使整个养胎、护胎与胎教的过程功亏一篑。因此要求孕妇要保持乐观的精神状态，全身心地期盼着与小宝宝见面。

做好最后准备

临近分娩，孕妇宜少用刺激性大的胎教方法，如光照胎教、运动胎教等，最好采用孕妇自己听音乐的音乐胎教来抚平心绪，像乐曲《平沙落雁》之类的天籁之声中表现出的虫鸣鸟叫、溪流海浪都能安抚孕母紧张的心情。语言胎教可进行一些对话性的内容，比如对即将出生胎儿的问候，母儿相互的鼓励和安慰等，为胎儿平安地来到人间做最后的准备。

了解国外营养专家对孕妇加强营养的观点

德国营养专家认为，如果仅以孩子诞生后才开始考虑婴儿的营养问题，那是不够的，孩子身体的素质和智力发育的基础早在母体中就形成了。一个健康强壮的新生儿远比一个体弱的孩子在身体和智力发育方面优越得多，所以母亲在妊娠期间就要重视食物的营养，任何忽略和掉以轻心都将造成不可弥补的缺损。

在欧美，人们十分重视孕妇的体重，认为在整个妊娠期间体重的增长不应超过13千克。体重增加过多势必加重心脏和血液循环的负担。在妊娠期间心脏的主要任务是向胎盘提供高质量血液，孩子通过胎盘得到营养。如果心脏和血液循环因母体太胖消耗过多，那么胎儿得到的营养就会相应减少。心脏负担过重会使孕妇呼吸短促，精神不振，不爱活动；而多活动，经常到户外去呼吸新鲜空气对孕妇健康和维持正常体重，从而使胎儿得到最为理想的营养是甚为重要的。根据体重的重要性，营养专家制定了孕妇的食品清单：

(1)瘦肉、鱼和鸡蛋。后者不可多食，每个孕妇每日只可吃一个鸡蛋。

(2)蔬菜不限量，它含热量不高，却含有大量矿物质和维生素。烹调时少油少盐。

(3)大米、全麦面粉、豆制品为“好”的一类食品，因为它既含热量又含有蛋白质、矿物质、维生素等营养成分。适量吃豆制品是非常有益处的。

(4)精白面食品被列为“坏”的食品，它们仅含有碳水化合物，没有更多的营养价值。而白糖只能为身体提供热量，过多食用，还会造成人体发胖，所以孕妇应尽可能少食用白糖。

美国鲁泽斯大学营养学教授费施经过长期研究列了十种最佳食品：苹果、萼梨、香蕉、鸡蛋、鱼、花椰菜、土豆、甜橙、粗面包、脱脂奶。

另外，海洋动物食品被营养学家称为高级营养品，多吃这种食物的人很少生病。西瓜也是一种营养丰富又廉价的好食品。

智慧养胎

学会宁静愉悦地生活

古人认为“宁静致远”，意思是说，人如果能修炼得耐得住性子、耐得住宁静淡泊的生活，并能保持愉悦心情，他的智慧就会加深，他的思维就会达到原来没有的深度。静是人变得智慧的一大前提，整天生活在乱哄哄的环境的人是很难达到高度智慧的。宁静和愉悦的心态是一种智慧心态，也是增长胎儿智慧、保持胎儿身体健康的一种最佳的气血环境。

当然我们不是说，为了追求宁静，孕妇最好每日静坐不动。我们所说的宁静是一种精神境界，一种心态，而不是具体动作，请不要把这与宁静心态的概念混淆了。前面我们已经提到过，对孕妇来说，每日适当的劳作和轻微的运动都是相当必要的。

多看有益的、能启发智慧的书籍

书籍是通向智慧之城的最好途径，它通过增加人的知识面、扩大人的眼界、提高人的修养而增长人的智慧，孕妇怀孕期间看些好书还能获得不少乐趣。

中国古人给我们留下了丰富多样的文化艺术类好书，尤其是古人写的诗歌散文和哲理文章实在是启迪智慧、开阔心胸的极好材料，孕妇如有时间读一读、细细品味品味，绝对是一种人生的享受和获益匪浅的好事。如能徜徉在好文章的意境中，孕妇不仅自己可得乐趣，胎儿也可能在不知不觉中被熏陶成有智慧、修养好的人了。

当然，学会欣赏文学作品也很重要，否则再好的东西孕妇也会看不进去。陶渊明有句诗叫“采菊东篱下，悠然见南山”，诗中不仅生活味很浓，也有开阔的意境，而且包含了很深的含意，就是平凡的生活其实是最有乐趣的、最实在的，这已经是一种人生哲理和智慧了。你如果读这首诗，就要细细去体会，既体会它描述的事情和场景，也要体会这些事情和场景背后隐藏的哲理和智慧。当然这是要靠逐步积累和训练的，但经常练习总是会有收获的。

>> 科学胎教课堂

妈妈在孕期生活中应避免讲脏话和吵架，更应增加语言、文学的修养，以优美的语言充实、丰富、美化自己的孕期生活。在子宫对话中，应充分体现关心和爱抚。

学会欣赏名画、书法艺术、音乐和工艺品

艺术品欣赏的要点是去看它们的色彩、线条、造型、节奏，由此体会它们所包含的情调和哲理，能受它们感染是一大收获，能从中悟到智慧又是一大收获。一般孕妇要做到这一点不容易，因为这需要较深的文化修养，也需要一定程度的训练，但多看看，多体味体味还是会有好处的。艺术的影响是潜移默化的，有个七八岁的孩子并不懂上面谈的这些道理，但有一次大人带他去看了某位艺术家的作品展，后来孩子画的儿童画竟都带上了某位艺术家雕塑和绘画的味道，可见艺术对人气质和智慧上的影响是潜移默化的。

多欣赏大自然的美

大自然对人智慧上的好处，可能是由于其清新的空气、清澈的水源、鲜明的色彩、丰富多彩的造型和万千的变化对人熏陶的缘故吧。所以孕妇不要整日处于嘈杂、空气肮脏的闹市内，而最好有意识地多去郊外风景宜人之处，并且不要对一切熟视无睹、不入于心，要多看、多体会，要让自己处于灵动状态，处处有感于心。

>> 孕妈妈早知道

大自然是艺术的源泉，也是智慧的源泉、生命的源泉，它不仅能增强人的生命力，也能使人处于灵动状态，增加人的灵气，所谓“山明水秀，人杰地灵”是有其道理的。

讲童话故事《河狸智斗鳄鱼》

今天孕妈妈可以讲一个童话故事——《河狸智斗鳄鱼》。愉快优美的童话故事，可以让胎宝宝静静地聆听，感到安全、舒适，同时也使胎儿感受母亲的浓浓爱意。

河狸在动物世界中有着“房屋设计建造师”之称，他自己造的屋子十分坚固，而且有好几个进出口，里面有卧室、餐厅，还有堤坝呢。

一般河狸的屋筑在河滩上，堤坝用来拦蓄河水，保护洞口，防止天敌侵袭，也便于运送食物。

一天，河狸请来许多朋友参观自己的新居，其中混进了一条鳄鱼。鳄鱼在参观时，看到河狸身体胖胖的，浑身都是肉，馋得口水直流。

鳄鱼问河狸：“河狸先生，你这么漂亮的巢有后门吗？”河狸想告诉它有好几个后门呢，可是一想：鳄鱼肯定是不怀好意，可不能告诉啊！于是就把通向地坑的通道指给鳄鱼看。

到了夜里，鳄鱼鬼头鬼脑地想用泥巴去堵住河狸家的后门，这样，它就好从前门进去，稳稳地把河狸吃掉，滋味一定是美美的！

鳄鱼用破米袋装了许多土，再加些水，调成了泥巴，背在背上，向河狸家后门爬去。

爬呀爬,感到背上泥巴很重,有点爬不动了,但一想到河狸肉滋味美,鳄鱼的力气又来了,他用尽全身的力气好不容易爬上了一堆树枝和干草上,没想到扑通一声,掉进了河狸早就埋好的泥坑里了。

这个坑又深又大,是河狸造巢挖泥巴时留下的,河狸用树枝和干草盖上,是留着专门捉坏蛋用的。鳄鱼本来是想要吃掉河狸的,没想到却掉在河狸捉坏蛋的坑里了,从此再也没有爬上来。

父母通过讲童话、神话故事和生活知识,让胎儿的大脑里储存一些信息,开发他的记忆能力。

胎儿的呼唤

通常在预定日的前后2周都算预产期。即使迟了一些时日,医生也会劝你宽心,不用紧张。当然,生产也不能按照做母亲的心愿:要它什么时候来就来,什么时候结束就结束。分娩开始的信号是由胎儿来决定。

此外,阵痛可以唤出隐藏在母亲心底深处的母性,而全然不会有脱逃的意识或痛苦的感觉。与母亲意识完全无关的阵痛是胎儿在成为人类所发出的求助讯号,也就是呼唤母亲帮助他顺利出生的信号。

>> 孕妈妈早知道

终于接近生产期了。如果有食欲的话,请尽量多吃,并且尽量休息,保证充足睡眠。检查看看入院时的准备东西是否收拾妥当?住院中,希望丈夫做的事是否已经记录完善了呢?已做好随时可以生产的心理准备了吗?

在胎儿出生之前,做父母的应该尽量学习帮助顺利生产的技巧。仔细了解胎儿是如何通过产道的分娩构造,并认真练习帮助生产的呼吸及放松的方法。

分娩的过程中,第一期为开口期、第二期为娩出期(从子宫口全开到胎儿娩出)、第三期为后产期。

第一期,当子宫收缩并感到疼痛时,应该静静地将全身放松,并告诉胎儿:“对!就是现在,加油!”然后深呼吸并且按摩腹部。

第二期,各位可以想象婴儿逐渐下降至狭窄的产道,并时而对腹部加压,产妇应该在不痛时深呼吸。

第三期，如果轻轻地稍微用力则胎盘便会分娩出来。生产中若能记住分娩的过程及帮助胎儿出生的补助动作的话，那么生产便会是件既轻松又神圣的工作了。

为了熟练生产技巧及其补助工作，应该尽量邀请丈夫的协助。实现想象分娩进行中的情况：“现在会痛了，好！深呼吸，一、二、三！”“啊！不痛了吗？好！放松、放松！”等，这种夫妇间的协力声传到胎儿的心中。他说不定会想：“啊！爸爸妈妈都是这么努力。虽然有些担心，但我也得加油才行！”

从妊娠中来加强母与子(父与子)的联系，借着生产时的辅助动作以加强分娩时的顺利性，对婴儿出生后的教育具有莫大的意义。

本周运动胎教

此月应继续对胎儿的按摩胎教，最好每晚临睡前由父母共同参与。结合数胎动和对话胎教一起进行，动作应轻柔有序，时间不宜过长，最好不超过10分钟。

此外，这里要谈谈孕妇吃饭时细嚼慢咽的咀嚼运动对胎儿的影响。

咀嚼胎教对胎儿的大脑发育有着重要的关系。日本牙科中医学会会长松平邦夫博士在《牙齿不好的孩子脑子也不好》一书中说“脑子的发育与咀嚼有很大关系。”“胎儿到3周牙齿就发育了，而且决定胎儿一生牙齿的质量，这时要教给胎儿进行咀嚼练习，胎儿牙齿的质量与母亲咀嚼节奏和咀嚼练习的关系很大。”可见母亲的咀嚼也可以直

接影响胎儿的大脑发育。

研究表明,唾液对人体健康起着很大的作用,它除了有湿润口腔、溶解食物的作用外,还具有杀菌的作用。因此怀孕妇女每天在用餐时最好做到细嚼慢咽,一口饭在口腔内咀嚼达15秒钟为宜,且要坚持经常如此,则不但可以预防很多疾病还可使口腔周围肌肉活动增强,刺激消化器官分泌消化液和功能运动,促进消化吸收,从而有利于胎儿牙齿的发育,进而有助于胎儿的大脑发育。

第三章

天使即将降临的第10月

这个月的胎教，可以多和胎儿说话，告诉他要好好和妈妈配合，乖乖地诞生。“瓜熟蒂落”是世间常理，到了怀孕第10月，就面临分娩。在这万事俱备的时刻，只等待“一朝分娩”了。

幽默故事好心情

情绪胎教，是指通过对孕妈妈的情绪进行调节，使之忘掉烦恼和忧虑，创造清新的氛围及和谐的心境的胎教通过妈妈的神经递质作用，促使胎儿的大脑得以良好的发育。我国传统医学经典《黄帝内经》中率先提出孕妈妈“七情”(喜、怒、忧、思、悲、恐、惊)过激会致“胎病”理论。现代医学研究也表明，情绪与全身各器官功能的变化直接相关。不良的情绪会扰乱神经系统，导致孕妈妈内分泌紊乱，进而影响胚胎及胎儿的正常发育，甚至造成胎儿畸形。

>> 科学胎教课堂

孕妈妈闲暇时不妨放松一下心情，读一些笑话或幽默小故事，给胎宝宝听，也给自己听，心情好了，胎宝宝在腹中也会怡然自得。

胎教仍然很重要

一、聆听专家讲解

现在你的胎儿可能已经有3200克重了，身长也得有52厘米左右了。胎儿的头在你的骨盆腔内摇摆，周围有骨盆的骨架保护，很安全。这样也腾出了更多的地方长他的小胳膊、小腿、小屁股。

很多胎儿这时头发已长得较长较多，大约有 1～3 厘米长，如果父母中某一方头发是自来卷的话，你的胎儿也很可能是个小卷毛头。有的胎儿的头发又黑又多，有的胎儿头发就有些发黄，除了营养因素外，遗传也是重要原因之一。当然也有一些胎儿一点头发都没长。

现在胎儿身上原来覆盖着的一层细细的绒毛和大部分白色的胎脂逐渐脱落、消失，胎儿的皮肤变得光滑。这些物质及其他分泌物也被胎儿随着羊水一起吞进肚子里，贮存在他的肠道中，变成黑色的胎便，在他出生后的一两天内排出体外。

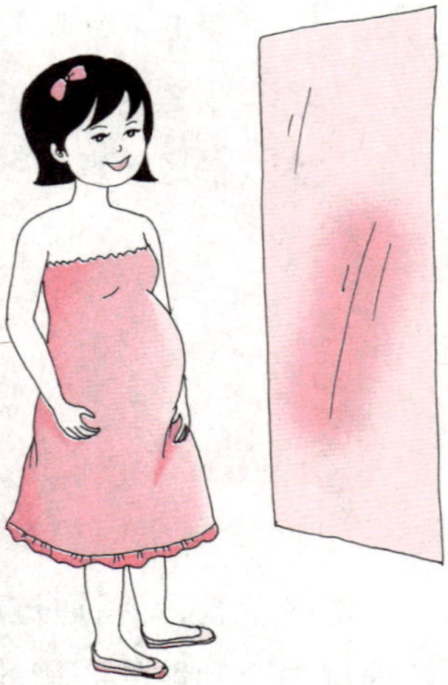

妈妈现在可能会既紧张又焦急，既盼望宝宝早日降生，又对分娩的痛苦有些恐惧。现在应该适当活动，充分休息，密切关注自己身体变化，即临产征兆的出现，随时做好入院准备。孕 38 周胎儿生长发育：双顶径的平均值为 9.08±0.59；腹围的平均值为 30.63±2.83；股骨长的平均值为 7.20±0.43。

二、亲情胎教小知识

妈妈现在可能会既紧张又焦急，既盼望宝宝早日降生，又对分娩的痛苦有些恐惧。现在应该适当活动，充分休息，密切关注自己身体的变化，即临产征兆的出现，随时做好入院准备。这一周虽说随时都有分娩的可能，但是胎教仍是要坚持进行的，孕妈妈要把自己勇敢的心理还有坚持不懈的耐心，融化在各种胎教方式里，让宝宝更能接受到妈妈性格和教育的影响。

本周营养胎教

孕晚期由于胎儿的增大，孕妈妈肠道受压，很容易发生便秘而诱发痔疮。因此，孕妈妈应该多吃富含纤维素的绿叶根茎类蔬菜。同时，不要过多地吃脂肪或淀粉类食品，以免胎儿过胖而造成难产。

妊娠第8个月以后，胎儿在母体内发育基本完善，还需要进一步成熟。此期孕妈妈应适当控制蛋白质、脂肪的摄入量，以免胎儿生长过快给分娩带来一定困难。所以在妊娠的后期，食物以少量多样化为好。此期孕妈妈的体重以每周增加0.5公斤为适宜。

总之，在这一周，要坚持孕晚期的营养原则：食品多样化、量适当、质量高、易消化、低盐（食盐量应控制在7克/日以下）、低脂；适当控制饮水量，但饮水次数不能减少；注意晒太阳，可促进合成维生素，有利于钙的吸收。

重视胎教是人类历史的传承

几年前，曾在日本举办“生产的历史，国际象征”活动。当时，来自我国的医师提出一个报告，在云南省所挖掘的墓碑上记载有怀孕时的注意事项及期望。

虽然是在数千年前，却已提到根据怀孕月数所应进行的胎教。其中怀孕几个月时该注意哪些事情，其月份的重点事项与现代的胎儿医学互相对照，吻合之处还不在少数。例如，四肢（手脚）分化的时期与性别分化的时期，当时的分析与现代医学发现竟完全相同，这一点着实令人吃惊。虽然，其中也有一些局限，却仍然令人感叹当时人类智慧的博大精深。

>> 孕妈妈早知道

胎教的重要性，早在胎儿医学发达以前便极受重视。长期以来，人类智慧一代代积累并流传下来。

这些都是人类为了培育下一代所累积的智慧、本能、经验。总之，期望生下健康强壮的婴儿，是人类共同的愿望。

在民间传承的孕妇禁忌，也有很多被视为胎教的禁忌，其中有些原因不明的先天性畸形也被视为是胎教所影响，于是迷信的胎教禁忌应运而生。例如：吃兔肉会生出唇腭裂的孩子，吃章鱼会使孩子长疣，吃水鸟会生出长蹼的孩子；孕妇不可吃奇怪的食物，否则生出来的孩子也会长得很奇怪；孕妇不可跨过草绳，怀孕期间不可在室内钉钉子等。

事实上这些事情不太可能发生。先天性畸形的原因至今仍有许多无法解释，而在与现代医学无缘的当时，难怪人们会有以上的揣测了。

但是，其中也有一些传说颇令人深思。

看到火灾会生出有胎记的孩子，劝诫女性在怀孕期间不可赶赴看热闹、不可受到异常的刺激。每天打扫厕所，会生出美丽的孩子，意谓孕妇若能常常运动，可以帮助孕妇顺产；从事一些人们一般都嫌恶的工作，可以生出性格优良、贤淑的孩子，因为孕妇此时肯定富有同情心。有些地方甚至流传怀孕期间食用过多油炸食品，会生出长疮的孩子，其实疮就是湿疹。

从1850年至现代，在东方如日本，原本以中医为主的医疗传统，因西风东渐的影响逐渐发展成为以西医为主。当时由于胎儿医学尚未发达，这些传说都被视为迷信而受到摒弃。医学界认为腹中的胎儿被羊水包围，受到母亲厚实腹壁的保护，与外界的变化毫无关系，会传达孕妇的喜怒哀乐只是无稽之谈，胎儿与母体更不可能有所联系。

>> 科学胎教课堂

提到胎教，有过一段不被重视、认为不合科学的时代。但是，大约是从1940年开始，欧洲开始兴起对怀孕中母体身心与胎儿发育密切相关的研究风气。到1960年后，胎儿医学急速发展，胎教又开始受到重视了。现在，几乎没有人会否定胎教了。

妈妈多吃鱼，宝宝更聪明

英国营养生物化学权威学者克劳·福特教授经过数年研究，提出一个奇特的理论：人类是由于吃了江河海中的鱼才进化成具有高度智慧、脑容量大的动物。最佳的健脑食物含有较多的不饱和脂肪酸，而鱼和贝类就含有较多的此类物质。胎教的长远意义，正是优化人种，提高大脑的智力水平。如果孕妇在妊娠期间多吃鱼，无疑对胎儿大脑的发育是有好处的。

研究表明，经常吃鱼的孩子，生长发育比较快，智力发展也比较好；经常吃鱼的人身体比较健壮，寿命也比较长。这是因为：

(1)鱼类含有十分丰富的完全蛋白质，如黄鱼含17.6%，带鱼含18.1%，鲢鱼含11.6%，鲤鱼含17.3%，鲫鱼含13%。鱼肉所含蛋白质都是完全蛋白质，其所含必需氨基酸的量和比值同人体的相似，最适合人体需要，容易被人体消化吸收。

(2)鱼类脂肪含量较低，且多为不饱和脂肪酸。除鲥鱼、鳊鱼含较高以外，大多数只含1%～4%脂肪，如黄鱼含0.8%，带鱼含7.4%，鲢鱼含4.3%，鲤鱼含5.1%，鲫鱼含1.1%，墨斗鱼只含0.7%。鱼肉中的脂肪多由不饱和脂肪酸组成，不饱和脂肪酸的碳链较长，具有降低胆固醇的作用。

(3)鱼类无机盐、维生素含量较高。海水鱼含碘较丰富，每千克鱼肉含碘高达500～1000微克，淡水鱼每千克鱼肉也含碘50～400毫克，还含有磷、钙、铁等无机盐。鱼肉中还含有大量的维生素A、维生素D、维生素B_1和尼克酸。这些都是人体所需要的营养素。

此外，鱼肉的肌纤维比较短，蛋白质组织结构松软，水分含量较多，因此肉质鲜嫩。鱼肉和家禽肉相比，吃起来更觉鲜嫩爽口，也更容易被消化吸收。烹调时放些醋，同时放适量黄酒(料酒)、葱、姜、蒜，即可有助于去除腥味，此外也要注意鱼的保鲜。鱼肉中的结缔组织不但含量比畜禽肉少，而且会在较低的温度下分解，失去其原有的硬韧特性，所以鱼肉更为柔嫩易熟，但烹煮时间过长，反而变得硬韧起来，降低消化率。

因此，孕期妇女可根据自己的喜好，多吃一些鱼类，这样不仅对自己身体好处多多，而且也会有助于胎儿大脑的良好发育。

可以促进胎儿脑部发育的声音

来自母亲的声音,胎儿听起来很清楚,大而令人不愉快的声音会导致胎儿的身体紧张,妻子与丈夫吵架时所发出的高音及哭泣声尤其讨厌。这种声音一旦传到腹中,胎儿的手脚会不断地舞动。

在以猴子为对象的实验中发现,在蜂鸣器的声音、电话铃声或狗叫声之下培育出来的婴儿,情绪极不稳定而暴躁。怀孕期间令人不愉快的声音,会令母猴及胎儿的血压迅速上升。

胎儿在母亲的腹中不断地听着心跳声及血液流动的声音,不断地听到低沉的心跳声、沙沙的血流声,让胎儿留下好的记忆。如果夫妻一味地吵架,母亲的声音不仅听起来讨厌,原本悦耳规律的心跳声和血流声也变得激烈混乱,从而成为令胎儿不愉快的因素。

>> 科学胎教课堂

怀孕期间不停地吵架的母亲所生下来的婴儿,脸上总会流露出慌乱的神情。即使是足月生产,体重却可能只有2400多克,而颈部的发育要到4个月以后才挺直,一切都显示发育似乎有延迟的现象。

那么,胎儿究竟喜欢哪种声音呢?

母亲温柔的声音、风声、流水声、小鸟叫声等自然界中的与母亲心情稳定时的心跳声和血流声类似的规律声音。

音乐自古以来即与人类的生活密不可分。每年一度的祭典,是为了对于大丰收及生命平安表达感谢之意,音乐在典礼中是不可缺少的。

旋律在内心响起,节奏是身体反应。高兴的时候,身体会不知不觉地随着节奏摇摆;愉快的时候,会无意识地随意哼起歌来。精彩的演奏震撼人类的灵魂,不论时代和民族,名曲均受到大众的喜爱。

在大脑生理学极为发达的今天,专家不断深入研究何时、何种曲子对人脑产生何种作用。

或许有人认为,怀孕初期胎儿的耳朵还听不到,音乐没什么意义,其实并非如

此。人脑在松弛时释出 α 波，紧张时释出 β 波。如果让紧张而不断释出 β 波的人听轻松的音乐，就会慢慢地释出 α 波。富节奏的声音及令心情舒适的声音会让身心松懈下来，最终影响到脑部的发育。

母体紧张的时候，子宫会突然收缩，令胎儿感到不适，并受到紧张的压迫。因此，胎儿的脑就会呈现释放 β 波的状态。为了让胎儿的脑释出 α 波，在母体紧张的时候，母体本身一定要先松弛下来。

先前也提到过，母体在脑部释放出 α 波的状态之下会分泌各种激素。那些激素之中，有许多是与成长有关的物质。为了让胎儿的脑顺利发育，脑部一定要随时保持释放出 α 波的状态。

怀孕 5 个月以后，胎儿可以清楚地听到声音，此时就可以和母亲一起聆听音乐了。让胎儿的耳朵听到音乐，使之释出 α 波，才可以顺利地培育胎儿健康的脑部。

音乐的种类中，仍然以古典音乐较能让人心情稳定，节奏感强的电子音乐也可以。古典名曲，超越时空与地域。莫扎特的温柔曲目、维尔第富节奏感的曲子等，对胎教都极为有效。

有的孕妇以前可能未曾听过古典音乐，也可能听不习惯。但是，千万别以为不听这些音乐，就会对胎儿产生不良的影响，只要母体情绪轻松，胎儿也就会随着轻松，为了听古典音乐形成压力反而不好。

听音乐只要是自己喜欢的曲子就可以。有的孕妇一听到与丈夫具有共同回忆的音乐或电子乐曲，就会感到情绪稳定，也有人喜欢听童谣。

到底要选什么曲子？当你感到困扰的时候，不妨选择胎教 CD 或 VCD。由于是大脑生理学专家研究出来的音乐(促进 α 波的释出)，可以无负担地接受。不过，这些音乐虽说对胎教有益，但也不需要专门去聆听，只要一面做家务，一面轻松地听即可。

胎儿讨厌噪声或杂音，所以，也讨厌激烈的摇滚音乐或电子乐曲。听到激烈的音乐，胎儿在母体内会剧烈地颤动身体，血压也会急剧上升，甚至从脑部释放出 β 波，既而分泌各种激素阻碍脑细胞的分化。

纺织胎教也适用

胎教的实践证明，孕期勤于编织艺术的孕妈妈，所生孩子“手巧而心灵”。运动医学研究证明，如用筷子夹取食物时，会牵动肩、胳膊、手腕、手指等部位30多个关节和50多条肌肉，尤其是“右利者”更是如此。而这些关节和肌肉的屈伸活动，只有在中枢神经系统的协调配合下才能完成。管理和支配手指活动的神经中枢在大脑皮层占面积最大。手指的动作精细、灵敏，可以促进大脑皮层相应部位的生理活动，提高人的思维能力。

>> 温馨小贴士

利用这种原理，开展孕期编织艺术，通过信息传递的方式，可以促进胎儿大脑发育和手指的精细运动，“手巧而心灵”。

孕妈妈选择编织的种类可以是给胎宝宝织毛衣、毛裤、毛袜或线衣、线裤、线袜等；也可以用钩针织婴儿用品；或者是绣花。不管编织的东西样式是否好看，只要是用心去做，带着好心情去做，那么胎教目的也就达到了。

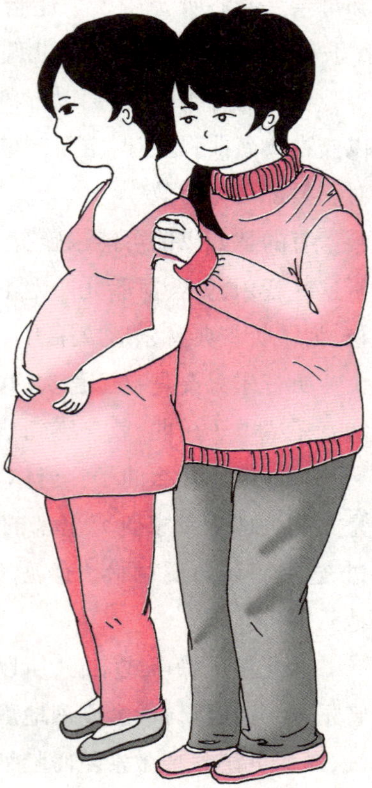

克服临产前的紧张心理

分娩前，孕妇不必多虑，对于你的“高血压怎么办”“心率过速怎么办”，医生自会处理。对于你“能否顺利分娩”的问题，更用不着去担心，还没有发生的事，想它又有什么意义呢？况且你并不一定会难产啊。让还没有发生的事，徒然增添你的精神紧张，这多可笑。孕妇尤其不要听信别人关于分娩如何可怕的说法，生活中自有喜欢夸大其词之人。孕妇应该做的，倒是临产前吃好，睡好，养足精神。同时孕妇要保持坦然的心理，平稳的情绪，冷静的头脑，以必胜的信心迎接生产的来临。

丈夫应帮助妻子消除紧张

对于妻子的紧张心理，丈夫一定要想办法帮妻子消除。妻子紧张的同时，也会造成胎儿心理的紧张，致使母子无法很好地相互配合，造成分娩的障碍。妻子的孕后期生活，全靠丈夫照料，对妻子的挑剔和耍脾气，丈夫要尽量耐住性子。妻子找茬儿，很可能是心情不畅的发泄，在这个时候，可别和妻子"一般见识"。妻子的饮食和睡眠一定要照顾好，这是孕妇产前充分的精力和充足的体力的必要保证，不能马虎对付。孕育一个新生儿，耗费了妻子的大量心血，同样也耗费了丈夫的一腔热血。丈夫和妻子的共同努力，一定能迎来一个可爱、健康、聪颖的孩子。

孕期放松精神的方法

在怀孕期间承受太大的压力，对孕妇本身及胎儿都不好。然而孕妇来自本身及各方面的压力又很难避免，这里为你介绍一种消除紧张压力的方法，只要花 5 分钟，就能得到彻底的放松。怀孕期间最好每天做 1 次。

以轻松的姿势坐在地毯或沙发上，不要让任何人来打扰你。

如果你已经以轻松的姿势坐好了，就先环视一下屋子，选出 3 样东西来。比如柜子上罗马字体的闹钟、墙上特别喜欢的一幅画，以及你正在读的那本书等，你眼睛所能看到的东西都可以。

选择出3种东西后，集中精力，一个一个加以凝视。最好只凝视物体的一部分，例如闹钟正在移动的秒针，画中人的眼睛等。

凝视时间并无严格限制，不过至少要集中视线5秒钟以上。

其次是触觉，同样选择对3种东西的感觉来集中精神。比方说，你正坐着的天鹅绒面椅子之触感、刚才刷牙时牙膏残留的味道，以及呼吸时胸部规律的动作等，都可作为选择的对象。对于这些感觉，都一一集中精力去感受。

接下去轮到听觉，就是在周围所能听到的声音中选择3种来集中精力。例如时钟的滴答声、隔壁传来的小孩叫声，或是窗外刮风下雨的呼啸声都可以。

持续做这些练习，直到你的心灵完全获得平静为止。

时刻注意胎儿给你的信号

当胎儿在孕妇腹中有了问题时，胎儿可以通过其特定的形式如胎动，胎儿在孕妇子宫内的肢体活动、胎心音，给母亲发出信号，使孕妇知道自己胎儿的安危。当然这种信号对胎儿来说不可能是有意识的。

孕妇在怀孕第16～20周时，就开始感到有胎动了，第28～34周时，胎动最为频繁。当胎盘功能不好，如胎儿在子宫内慢性缺氧，胎动次数就会减少。胎心音又是胎儿向外界发出的一种信号，妊娠20～30周起就可听到胎心音（如用特殊仪器，在怀孕第9周时就可测到胎心搏动了）。

胎心过快要考虑是否发生了胎儿窘迫，胎心过慢又要想到胎儿是否存在缺氧情况，胎心遥远要考虑羊水过多，胎心消失要想到胎儿是否死亡。这些来自胎儿发出的信号，孕妇要时常留意，避免不幸的事情发生。

胎儿的情趣培养

我们知道胎儿和母亲是血肉相连的，胎儿与母亲之间有着微妙的心理感应。

已故的苏联著名提琴家列昂尼德·科根曾讲过他自己的一段有趣经历：他在一次音乐会上在他妻子的伴奏下，演奏了前苏联作曲家创作的新乐曲，在此之前曾短期练习过这首乐曲。当时他的妻子临近产期，不久生下了儿子。儿子长到4岁时便学会了拉提琴，有一天他突然奏出了一支从来没有人教过他的乐曲，正是那次音乐会上演奏的乐曲。那支乐曲仅在那次音乐会上演奏过一次。后来从未演奏过，亦未灌制成唱片，他的儿子出生以来也没有听过那支乐曲。

事实说明母亲良好的生活情趣对后代有积极的影响。

>> 科学胎教课堂

科学家经常告诫人们，要保持身心健康，就要适当丰富人们的精神活动。例如：听音乐、看书、旅游或欣赏美术作品等，这些美好的情趣有利于调节情绪，增进健康、陶冶人的情操，而且对下一代也是非常重要的。

护理好自己

这段时间是怀孕的最后时期，孕妈妈在行为上，千万要小心谨慎，对自己做好孕期的最后护理。怀孕的女性在精神和心理上都比较敏感，对压力的承受力也会降低，常常会忧郁或者失眠，这是由体内激素水平的改变而引起的。因此，适度的压力调适以及家人的体贴和关怀，对稳定孕妈妈的心情十分重要。每天晚上应该10点就要就寝，睡足8～9个小时为好。

饮食习惯的改变也会影响孕期质量的好坏，均衡的饮食是一种健康的饮食习惯。必须尽量避免食用影响情绪的食物，如咖啡、茶、油炸食物等。尤其是在这段临产的阶段更要注意。

到了孕后期，许多孕妈妈常常会发生抽筋，这也会影响到睡眠的质量。如果经常在睡眠中抽筋，就必须调整睡姿，尽可能左侧卧位入睡，并且注意下肢的保暖。

也可以让家人帮忙热敷和按摩，以缓解抽筋的痛苦。

妈妈的营养与胎儿智力的关系

孩子的智力发展也与胎儿期的营养有关。在一项研究中，对一组营养不良的孕妇中的一半人给以饮食补充，另一半人给以安慰剂。后来在他们的孩子长到三四岁时进行智商测定，那些接受到饮食补充的妇女所生的孩子比没有接受饮食补充的妇女所生的孩子平均分数高。

怀孕以后，孕妇是一张嘴喂养两个人。因此，妊娠期应合理地、科学地提取营养，这将对孕妇的健康与胎儿的发育，以及婴儿出生后先天体质基础起决定性作用。体质是智力形成的重要条件之一，智力的发展有赖于体质，体质为人的智力发展提供了物质前提，提供了智力发展的可能性。

>> 专家提示

智力和脑的结构与机能相关，脑的结构和机能又与营养密切相连。如果妇女妊娠期营养不好，容易发生流产、早产、死胎、胎儿畸形、胎儿发育不良、体重偏低、智力障碍等。营养不良的孕妇所生的婴儿体质弱，易患病，死亡率高，到入学年龄有30%的人表现出智力低下。

从胎儿的营养需要看，胎儿各种器官组织发育生长需要得到足够的蛋白质、核酸及其他辅助营养素，特别是脑细胞组织发育，尤其需要充足的蛋白质。如果能通过母亲的合理饮食，促进胎儿大脑细胞数量的增多与质量的提高，从而使胎儿出生后就具备发展智力的可能性，也能通过改善母亲饮食达到胎儿体智同时得到发展的可能性。

给宝宝讲《小小喇叭花》的故事

很久以前，地球上所有的花儿都喜欢睡懒觉。因为它们觉得自己很漂亮，所以不愿意早起劳动。每天早上，当太阳公公把阳光洒向大地的时候，这些小懒花们还在呼呼大睡。

“唉！”看这些懒家伙们，太阳公公无奈地叹了一口气。

美丽的花神刚好驾着马车路过，便问：“太阳公公，你为什么叹气啊？”

“你看这些小家伙们。多懒啊！”太阳公公回答道。

花神思索了一会儿，从怀中掏出一个小喇叭，趁花儿们还在熟睡的时候，悄悄地种在它们中间。

太阳公公知道了花神的意思，高兴地笑了。

第二天清晨，花儿们又像往常一样熟睡，正做着美梦呢。

“滴滴答，滴滴答……”一阵清脆的声音从花丛中传出来，把懒家伙们都吵醒了。原来，花神种下的小喇叭，已经开出了一朵朵可爱的喇叭花。它们正扯开嗓子大声唱歌叫醒花儿们呢。

自从有了坚守岗位的喇叭花，花儿们再也不睡懒觉了。它们早早地起床，绽放出五彩缤纷的花朵。

让爱住我家

怎样才能给准妈妈创造一个温馨的家庭环境呢？在这个问题上可是大有学问。从有益于调节准妈妈的精神、情绪来说，置办必要的家庭设施当然重要，但关键是要多搞精神上的“投入”，使夫妻生活更趋和谐。敬爱的周恩来总理和邓颖超同志根据几十年的生活实践，总结出了一首“八互歌”，可以作为夫妻共创温馨家庭的准则。歌词是：

一互敬，多协商。

二互爱，情意长。

三互信，莫乱想。

四互勉，共向上。

五互助，热心肠。

六互让，不逞强。

七互谅，心坦荡。

八互慰，暖心房。

合家欢，乐无疆。八互歌，切莫怠。

努力做，认真想。携手进，路宽广。

夫妻间互信互勉是共同创造温馨家庭的心理保障。婚后的小两口有事共同商量，有困难共同克服，有缺点互相纠正。互相信赖，以诚相见，这是夫妻生活和谐的可靠保障。倘若听见风就是雨，疑神疑鬼，对另一方胡乱猜疑，就很容易引起夫妻感情的破裂。所以，夫妻间必须相互信任，相互理解，相互激励，相互鞭策，感情恩爱，和睦相处。夫妻间互助互让是共同创造温馨家庭的根本。

男女之间由于生理特点不同，在不同的时期夫妻双方在家庭中就有不同的分工和义务。当小两口制订好怀孕计划以后，仍需相互帮助，但更主要的是男方要多帮助和谦让女方一些，使妻子心神愉悦地受孕怀胎。尤其是女方受孕以后，丈夫更应多帮助妻子干些家务，有好的食物也要让着妻子吃。在妻子受孕初期，由于突然的生理改变，导致心理上也相应发生一些变化，易于烦躁，多唠叨，这时丈夫要有君子之风，应更多地帮助、谦让妻子，这是不容忽视的一点。

夫妻互谅互慰是共同创造温馨家庭的关键。在家庭生活中，夫妻之间相互体谅和抚慰，就可以密切夫妻之间的感情。比如在家务劳动中，适合丈夫去做的事丈夫要主动承担，适合妻子做的活妻子也应愉快地介入，只要双方都能主动承担应尽的职责，其家庭生活自然是温馨的。妻子怀孕以后，平日经常干的家务活不能胜任

了，丈夫应体谅妻子，主动去承揽这些家务，并且还要多给妻子一点抚慰，这样才能使准妈妈安全顺利地度过妊娠期。所以，丈夫应当多体谅和抚慰怀有身孕的妻子。

只要按照“八互歌”的要求，夫妻之间做到互敬、互爱、互信、互勉、互助、互让、互谅、互慰，其夫妻感情就一定能融洽，家庭环境也必然温馨，所怀胎儿的质量也较高。

以上着重强调了丈夫应该做的，而不是说妻子在创造温馨家庭当中的责任就小，在此顺便向准妈妈进一言：在妊娠期的妻子，也应该理解丈夫，在这一过程当中丈夫也有一定的心理变化，他既为将要当上爸爸、成为一个真正的男人而喜悦，同时也为担负起丈夫和父亲的责任而惶惑。加之妻子身体的不适、性情的改变、感情的转移，会令丈夫感到无所适从，焦虑不安。因此，妻子也要给丈夫以一定的关怀和理解，与丈夫一道为共同创造温馨的家庭而努力。

讲神话故事《鲤鱼跳龙门》

在这一周，说不定哪一天，宝宝就会在父母为他朗读着优美的散文或者故事时，突然要降临人间。所以，父母要以轻松的心情静静地等待着宝宝的到来。这时，胎教也进行到了最后阶段，除了每天必做的一些胎教外，今天，孕妈妈可以利用画册给宝宝讲《鲤鱼跳龙门》的故事，将自己的想象力传递给胎宝宝。

在很早以前，不知从哪儿飞来一条大黄龙，作恶多端。它不是呼风唤雨破坏庄稼，就是吞云吐雾残害生灵，把整个村庄搞得乌烟瘴气，不得安宁。每年六月六日它的生日这天，更是强迫人们献上一百头猪供它享用。如若不然，它就会破坏田园，害得村民们叫苦连天。

在镇上，有一位聪明俊美的小姑娘，名叫玉姑，她下决心，非除掉这条恶龙不可。有几次，她去找仙子求救，都未找着。她仍不灰心，继续去找。这天清晨，她又去找仙子，仙子被玉姑心诚志坚的精神感动了，就出现在她眼前，向她指点说：“离这儿千里之外有个鲤鱼洞，你可前去会见一位鲤鱼仙子，她定能相助于你。”

玉姑辞别仙子，跋山涉水，历尽千辛万苦，来到鲤鱼洞中，找到鲤鱼仙子，说明来意。鲤鱼仙子对玉姑说：“你想为民除害，这是件大好事，可是必须牺牲你自己啊！你能这样做吗？”玉姑毫不犹豫地说：“只要是为乡亲们除害，我心甘情愿！”鲤鱼仙子见玉姑这样诚恳坚决，十分满意地点了点头，朝玉姑喷了三口白泉，她顿时变成了一条美丽的红鲤鱼。

小红鲤游回家乡。这天正是六月六日清晨，她摇身变还原貌，见乡亲们已准备了一百头肥猪。黄龙见百姓送到盛餐佳肴，早已垂涎三尺，得意地张开大口。就在这时，玉姑抢先上前，拦住父老乡亲们说道："大家在此暂时守候，让我前去收拾这个害人精。"话刚说完，只见玉姑纵身跳入水中，霎时变成一条大红鲤鱼，直朝恶龙口中冲去，一下窜进它的肚中，东刺西戳，把龙的五脏六腑捣得稀烂，恶龙拼命挣扎，挣扎翻滚，但无济于事，终于被玉姑制服了。从此，村民们又过上了安居乐业的日子。

本周对话胎教

这个时候的对话胎教主要是以教一些形象性的语言为主，兼以讲故事或诗歌。注意说话语气要和蔼温柔。孕妇可以想象怀中抱着宝宝，然后告诉他："我是妈妈。"语速要慢一点，将每个字分开来说："我""是""妈""妈"，反复数遍；再教宝宝认乳房，一边摸着乳房一边说："乳房"，再分开每个字教，"乳""房"，再把乳房的柔软告诉他"柔""软"。这时妈妈的心情一定是愉快的，想象着宝宝正在吸吮着甜美的乳汁。妈妈教完后爸爸也要教宝宝"我是爸爸"，"我""是""爸""爸"，重复数遍。

另外，妈妈还可以继续给宝宝讲故事。讲故事时，妈妈最好取半卧位，也可取自己感到舒适的姿势。讲故事的时间要选在胎儿醒着时，每次开讲前，一妈妈先用手轻轻拍一拍胎儿，以确保胎儿清醒，然后告诉他："妈妈现在给你讲故事了，你要认真听哟!”然后妈妈就可以一边抚摸着腹壁,一边讲起动听的故事。讲述时精力要集中,全身肌肉放松,语速缓慢、柔和,吐字清晰,既不能声音太高,也不要平淡乏味地读书,要带着浓浓的感情,绘声绘色地讲。每次讲故事时间不要太长,5 分钟左右即可,以免胎儿疲劳;而且,周围环境一定要安静。

此期,胎儿在宫内的学习能力增强,在教胎儿文字的基础上,妈妈可以教胎儿学数学,如加减算法和认识图形。教的时候应用形象化的语言描述数字和图形的形象,如数字“1”可以想象成竖起来的一支笔或筷子;数字“2”可以想象成一只活生生的小鸭子等。加减法时可以拿来两个相同的小物品,加法时两个放一起 1+1,等于 2;减法时再拿走其中的一个“1+1-1,等于 1”,如此这般,生动而形象的语言无形中就传输到胎儿的大脑中去了。

准妈妈不宜听摇滚音乐

音调柔和的音乐,有利于孕妇机体分泌出一些有益于健康的激素、酶和乙酸胆碱等物质,能起到调节血流量和兴奋神经细胞的作用,从而改善胎盘供血状况,使血液中的有益成分增多,这对胎儿健康发育极为有利。而摇滚乐属于过分激烈的音乐,长期听这种音乐,会使孕妇的神经系统受到强烈的刺激,并破坏心脏和血管系统的正常功能,使其机体中去甲肾上腺素的分泌增多,从而使孕妇子宫的平滑肌收缩,造成胎儿血液循环受阻,形成胎盘供血不足,引起胎盘发育不良。同时,这也是造成流产或早产的诱因之一。

听轻音乐时胎儿活动平缓、心率正常,出生后再听轻音乐时会表现安详,甚至面露微笑;而那些在胎内常听强烈电子舞曲的胎儿,心率较快,活动频繁,出生后再听这种音乐时会显得烦躁不安,四肢不停地扭动,即使停放了这种音乐,也要经过一段时间才能安静下来。因此,听摇滚乐等刺激性音乐对孕妇及胎儿不利。

讲《三个好朋友》的故事

胎宝宝有34周了，妈妈可以正常自如地和胎宝宝“对话”了。不要以为他听不懂，这种胎教形式已经被反复证实很有效。在和胎宝宝谈话的时候尽量把声音放柔一些引起胎宝宝的注意和兴趣（表现在胎动上），每天可以和胎宝宝讲一个好听的故事，一方面锻炼自己以后给幼儿讲故事的能力，另一面也让胎宝宝接受文学故事的熏陶。比如给胎宝宝讲《三个好朋友》的故事：

花园里有三只蝴蝶，一只是红色的，一只是黄色的，一只是白色的。三个好朋友天天都在一起玩，可快乐了。一天，他们正玩得高兴，天突然下起了雨。三只蝴蝶的翅膀都被雨打湿了，浑身冻得发抖。

三只小蝴蝶一起飞到红花那里，对红花说：“红花姐姐，让我们飞到你的叶子下面躲躲雨吧！”红花说：“红蝴蝶进来吧，其他的快飞开！”三个好朋友一齐摇摇头：“我们是好朋友，一块儿来，也一块儿走。”

他们又飞到黄花那里，对黄花说：“黄花姐姐，让我们飞到你的叶子下面躲躲雨吧！”黄花说：“黄蝴蝶进来吧，其他的快飞开！”三个好朋友一齐摇摇头：“我们是好朋友，一块儿来，也一块儿走。”

然后，他们又飞到白花那里，对白花说：“白花姐姐，让我们飞到你的叶子下面躲躲雨吧！”

可是白花也说：“白蝴蝶进来吧，其他的快飞开！”

这三个好朋友还是一齐

摇摇头，对白花说："我们是好朋友，一块儿来，也一块儿走。"这时，太阳公公看见了，赶忙把乌云赶走，叫雨停下。天晴了，这三个好朋友又可以一起在花丛中跳舞玩游戏了。

养胎的最佳饮食

良好的营养是养胎的基础，而怀孕前的体质调整及孕期营养，密切而直接地关系新生命未来的发育与健康情形，尤其是孕期的10个月，生命由6克的胚胎，长成3000克左右的胎儿，500倍的成长全依赖母亲供给营养，孕期营养的重要性由此可见一斑。

大补的食物不宜滥吃。看到孕妇，周围的人总不忘提醒："要多吃点补品。"不过，母体补得过火会造成营养过多，同时因动得太少，反而使分娩不易；特别是怀孕期间不适合服温补药，最典型易被误用的是人参和桂圆。

人参属补元气的补品，而怀孕时母体处于全身阴血偏虚、阳气相对偏盛的状态，这就好像瓦斯(相当于阳)烧开水(相当于阴)，当水开了火还继续烧，最后水便干了。桂圆虽具有滋补作用，却是在辛温助阳生火，怀孕后，阴血聚以养胎，若加上桂圆因温助火，就容易动血、动胎，孕妇吃多了，容易出现漏红、腹痛等先兆性流产的症状。

将以上原则扩大，鹿茸、鹿角胶、胡桃肉等属温补助阳的补品，都不建议孕妇服用。相反的，怀孕期较适合凉补，例如春季可以多吃些莲藕，夏季多吃些西瓜，秋季多吃些山药、马铃薯、地瓜，冬季多吃些枸杞等，都是很好的凉补选择。

讲《聪明的乌龟》的故事

在树林边的小池塘里，住着乌龟聪聪和青蛙闹闹。春光明媚，聪聪和闹闹约好到岸上晒太阳。很快地，聪聪找到了一块平滑的岩石，躺在上面晒起太阳来。闹闹却闲不住，大声“呱呱呱”地唱着歌，四处跑动。

一只狐狸听见了青蛙的叫声，心想，这不是送到嘴边的美食吗？于是，它悄悄地向池塘边的闹闹靠近。

狐狸看准了闹闹的位置，一个箭步冲上前去，咬住了闹闹的大腿。

“聪聪，聪聪，快来救我！我被狐狸捉住了！”闹闹着急地叫聪聪。聪聪听见呼救声，赶紧爬过去，使出全身力气，狠狠地咬住了狐狸的尾巴。

“哎哟，哎哟……是谁在咬我？”狐狸被咬疼了，张嘴就叫。闹闹趁机“扑通”一声跳下了水。狐狸回头看见乌龟聪聪在捣鬼，气愤地说：“哼，多管闲事的家伙！看我不咬死你才怪！”

狐狸龇牙咧嘴地逼近聪聪，聪聪一点儿也不惊慌，反而逗弄它说：“狐狸，狐狸，你来咬我呀！我不怕。”狐狸被气得七窍冒烟，因为从来没有一只小动物敢在它面前如此猖狂。它朝乌龟一口咬去，聪聪急忙将头和脚缩进壳里，随便狐狸怎么咬都不出来。

狐狸气得哇哇直叫：“我要爬到一座高山上去，‘啪啦’一声把你从山顶上摔下来，看还摔不死你？”聪聪平静地说：“好哇，你试试看。反正山顶上风光好，我早就想去了，自己爬不知道要等到什么时候，正好你就带我上去吧！”

狐狸没辙了，正寻思着，忽然看见旁边的池塘。“嘿，有了！”狐狸眉头一皱，计上心来，“我要把你扔进池塘里，‘哗啦’一声淹死你。”

聪聪听了，心里笑开了花，可是它表面上却装出一副很害怕的样子：“狐狸，狐狸，饶了我吧！哎呀，我掉在水里可没法活呀。”

狐狸得意起来：“终于让我找到了治你的方法了吧！不行，谁叫你刚才得罪了我，我一定要把你丢进水里。”聪聪继续苦苦哀求：“狐狸，狐狸，行行好，千万别把我丢到水里去。”

狐狸不理也不睬，只听“扑通”的一声，乌龟被扔进了池塘里。

聪聪一到水里，立刻伸出四条腿快活地划呀划，池塘本来就是它的家呀，聪聪感到惬意极了。

小青蛙闹闹看见了聪聪，向它游过来。聪聪告诉了小青蛙岸上发生的一切。接着聪聪和闹闹浮上水面，看见那只狐狸还在岸边张望，四处寻找它认为已经淹死了的乌龟呢！

聪聪和闹闹大声对狐狸说："嘻嘻嘻，呱呱呱，狐狸是个大傻瓜！"

把亲人介绍给宝宝

孕妈妈可以一边轻轻抚摸肚子里的宝宝，一边对他说："我可爱的宝宝！妈妈给你介绍一下我们这个和睦幸福的大家庭成员：慈祥的爷爷、奶奶——他们是爸爸的爸爸与妈妈。和蔼的姥姥、姥爷——他们是妈妈的爸爸妈妈，还有最热切盼望你到来的爸爸和我。总之，我们大家都在等待宝宝你的到来，你很幸福，有这么多人爱着你，关心着你，希望你健康快乐地来到我们中间！"孕妈妈还可以根据不同情况，把每个人介绍得再具体些，可以包括职业、性格、外貌等。

>> 温馨小贴士

宝宝就要出生了，提前和推后的时间如果不是很长，都属于正常范围，所以，孕妈妈要抓紧时间来为宝宝介绍家庭成员，让宝宝提前感受一下大家庭的温暖。

分娩前要坚持胎教

随着妊娠天数的一天天增加，尤其到了妊娠后期，准妈妈开始盼望孩子早日降生。越往后准妈妈的这种心理越是强烈，临到预产期，有的准妈妈会变得急不可待了。是的，熬过了漫长的孕期，着急看看孩子是什么样的，这种心理可以理解，但不可取。要知道，新生儿所具有的一切功能，产前的胎儿已完全具备，一条脐带，连接了母子两颗心，无论是在情感上，还是在品性上，母亲都会无可辩驳地影响着胎儿心智的发育。母亲着急，心境不好，也会影响到胎儿在最后一段时间里生活不宁，这实在要不得。

十月怀胎，一朝分娩。分娩是早一天晚一天的事，孩子到时候自然会降临，所以，根本不必为最后的几天着急。10 个月都熬过来了，不差这几天，准妈妈要安心度过最后几日。要知道，孕期马上就要终止。准妈妈所能享受的孕育生涯也只有几日之遥，应该好好珍惜。在孕期的最后一段日子里，教一教胎儿出生后该做的事，给胎儿讲一讲他所能看到的这个大千世界。然后告诉胎儿，父母会爱他，保护他，会给他以安全和保障，父母亲在热切地等待他的安全降临。给胎儿以信心，教胎儿愉快地降生。这同时也在增强准妈妈自身的分娩信心，增加分娩的愉快心理。

怀孕 10 个月的胎教要点

此时胎儿的头会进入骨盆中，所以活动量会减少。这个阶段，母体会通过胎盘，将各种免疫能力转送给胎儿。

阵痛仿佛是来自胎儿的信息，仿佛告诉母亲："妈妈，我已准备好要出来了。"孕妇要用努力和爱帮助胎儿诞生，要了解婴儿是如何通过产道诞生出来的，要认真练习呼吸法和怎样放松，并在分娩时正确运用(包括生产的辅助动作)。

胎儿马上就要降世和妈妈见面，这是多么令人喜悦、使人振奋的事情啊！可随着产期一时一刻的临近，孕妇也往往越发心里不安，有着这样那样的忧虑。这时孕妇应该知道，只要胎儿在没有降生以前，你肩负的养胎、护胎与胎教的任务就还没有完成，一定要精神振奋，全身心地演完养胎、护胎与教育胎儿的最后一步。

近视会遗传吗

病理性近视通常指近视程度在 300 ~ 600 度，有的甚至超过 600 度；有的虽然屈光度不一定很高，但有严重的眼底病变，这些都表现为高度近视。这类近视通过家系的调查证明，基本是一种常染色体隐性遗传病，如父母双方均为高度近视，则所生子女 100% 为高度近视。如父母一方为高度近视，另一方为该有害基因携带者，则后代中近视患病率为 50%。

>> 专家提醒

近视是由遗传因素和环境因素引起的。调查分析证明，近视眼约 65% 是由遗传决定的，35% 由环境决定。

如果父母双方都不是高度近视，只是致病基因的携带者，子女的发病率可能是25%。如果父母一方是高度近视，另一方正常，子女是不会出现高度近视的，但有可能是致病基因的携带者。

生理性近视是一种比较轻度的近视，近视程度在300度以下，而且多发生在中小学生中，其近视的程度变化也较小，一般到中年后会趋于稳定。这种近视受环境影响较大。遗传的表现型是通过该人所带有的全部基因在一定环境条件的作用下表现出来的，从胎儿、婴儿到成年的过程中，环境始终是造成近视的潜在因素，也就是遗传上的表现型=遗传型+环境。除此以外，如果孕妇缺乏蛋白质和维生素等营养成分，对于胚胎的眼球、巩膜组织的发育有很大的影响。早产也是近视的一个患病因素。双胞胎近视患病率高达40%以上，显著高于非双胞胎的患病率。这是因为双胞胎孕妇在胚胎发育期间要将营养分配给两个胎儿，从而易引起胎儿营养不良，会直接影响其眼球和巩膜组织的发育。双胞胎早产率占40%，早产儿巩膜易发育不完善，或提前接受过多的氧气，会使婴儿的视网膜发生水肿，造成玻璃体容积增加，眼轴拉长，成为近视的患病因素。

助产音乐的玄妙

自古以来，分娩对于产妇来说，就是一桩巨大的痛苦事情，而每一个母亲又非经历不可。如何消除产妇的恐惧，减少分娩的痛楚，成为有关专家们研究的课题。专家们首先从缓解产妇的紧张情绪入手，特制了助产音乐唱片。

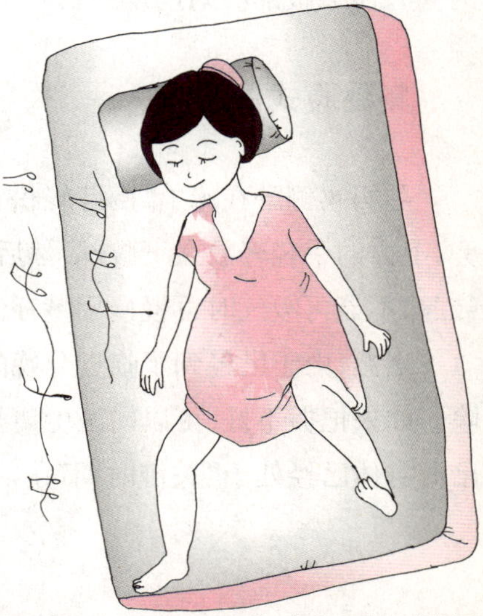

乐曲长达70分钟，其中除了有各种乐器声如小提琴、和弦和敲击乐器声外，还有胎儿的心跳声。

乐曲从16节拍的主旋律着手，不断重复节奏，使母亲产生相应的节奏感，呼吸变得更有规则和有层次，提高了母亲在分娩过程中的呼吸技巧。不论乐曲从何处开始播放，母亲都能很轻易地进入主旋律。

这首乐曲只有在产房中正式播放，产妇在临盆时聆听，方能奏效。一位听音乐顺利产下婴儿的太太说："……没播音乐时我只感到孤独和害怕，音乐使我感到除我之外，整个空间都和我一起移动。"

产妇若能一边听音乐，一边分娩，应该说是在痛苦的过程中体验即将为人母的幸福和自豪。

做深呼吸操

第 36 周，胎宝宝离出生的日子不远了，因此，孕妈妈要选择合适的运动方式，以利于分娩。深呼吸操就是一种对分娩很有帮助的运动。方法如下：

仰卧腹式深呼吸

孕妈妈躺在床上，膝盖稍微弯曲，两脚轻松分开，两手轻松放在下腹部两侧，两拇指位于脐正下方，小指位于耻骨联合上 3 ~ 4 指远，围成三角形。深呼气，用鼻深深地吸一口气，吸气时使下腹部隆起，当不能再吸气时，慢慢地用嘴呼出气体，呼气的同时使下腹部凹陷恢复原状。

侧卧腹式深呼吸

孕妈妈侧卧在床上，两膝轻松自然弯曲，身体下方的手向上弯曲，手掌放在脸旁，上方的手轻轻放在下腹部，然后如腹式呼吸法，用鼻子深吸一大口气，使下腹部鼓起，不能再吸气时再慢慢用嘴呼气，使下腹部恢复原状。

当然，由于已经到了临近分娩的孕晚期，运动也要适量，不能过度，以免出现危险。如果把握不好，可以向医生请教。运动时稍微感觉不适就要停下来，要知道自己的身体已经处于"关键时期"了。

积极应对分娩

母亲的情感，如怜爱胎儿以及恐惧、不安等信息也将通过有关途径传递给胎儿，进而对胎儿发生潜移默化的影响。当母亲散步时，心情愉快舒畅时，胎儿会体察到母亲恬静的心情，随之安静下来。而母亲盛怒时，胎儿会变得躁动不安。在十月怀胎的最后一周里，分娩即将来临。有道是“生产痛是人间至痛”，每位女性对分娩都有一定程度上的恐惧心理，这是十分正常的。但是千万不要将这种负面情绪持续下去，要学会调节自己的情绪，准爸爸也要照顾到妻子的情绪，时常宽慰妻子临产的紧张心情。一起创造和谐的胎教氛围，让宝宝安然无忧地降临这个世界。

分娩的过程尽管相对于孩子的一生来说是极为短暂的，但这一过程将影响一个人未来的性格、脾气和气质。母亲分娩的过程中，子宫是一阵阵收缩，产道才能一点点地被攻开，孩子才能由此生下来。在这一过程中，母体产道产生的阻力和子宫收缩帮助胎儿前进的动力相互作用，给产妇带来不适，这是十分自然的现象，不用紧张和害怕。母亲这时的承受能力、勇敢的心理以及积极乐观的态度也会传递给胎儿，是胎儿性格形成的早期教育。

分娩是胎教的总结

卵子和精子相遇以后，已经过了 39 周——宝宝即将诞生了。

在妈妈子宫中显著成长的胎儿，开始用尽所有的力量，通过妈妈的产道。

接近生产时，产道由于激素的作用，会变得柔软。尽管如此，胎儿还是无法顺利通过，所以对妈妈而言，生产实在是一大苦事，而胎儿也要努力。以往，胎儿在胎内所听到的妈妈的声音与歌声，成为其勇气来源，使他伸缩手脚，努力地通过产道，钻出腹外。

通过黑暗而狭窄的产道时，是胎儿接受妈妈最后一次胎教的时刻。出生以后，就必须立刻呼吸的胎儿，身体紧紧抵住狭窄的产道壁，接受皮肤刺激。借着皮肤刺激，使脑的呼吸中枢产生活力。离开产道的胎儿，立刻就能吸取流入肺部的空气，脑的呼吸中枢也已经完全做好了准备。动物的母亲通常在生下胎儿以后，立刻就会舔其臀部与下腹部，因为刺激这些部位能使其排尿。

婴儿在出生以后即能排尿和排便，即由于在产道接受皮肤刺激的结果。

此外，刚出生时不会哭泣的婴儿，要拍打其背部和臀部，就是为了促进其肺呼吸，因而使其哭泣。这就是出生以后所给予的皮肤刺激，与动物舔其出生的幼崽具有相同的作用。

胎儿通过产道时，就是对胎儿胎教的总结。